华北理工大学学术著作出版基金资助出版

河北省煤炭产业供给侧结构性改革问题研究

李忠华　朱洪瑞　戴雯玉　著

哈爾濱工程大學出版社
Harbin Engineering University Press

内 容 简 介

在我国化解过剩产能的大背景下，本书按照"产业发展、煤炭产业发展、河北省煤炭产业发展"的思路，研究河北省煤炭产业实施供给侧改革的理论和具体实践。本书立足河北省煤炭产业发展实际，借鉴国内外煤炭产业转型发展的实践经验，提出"新常态"背景下河北省煤炭产业供给侧改革的思路、动力体系构建、改革方向及措施建议。

本书可为产业经济学研究人员、煤炭产业改革决策者、煤炭企业管理者等关注煤炭产业改革与发展问题的人员提供一定的参考。

图书在版编目(CIP)数据

河北省煤炭产业供给侧结构性改革问题研究/李忠华，朱洪瑞，戴雯玉著. —哈尔滨：哈尔滨工程大学出版社，2018.5

ISBN 978－7－5661－1897－4

Ⅰ.①河… Ⅱ.①李… ②朱… ③戴… Ⅲ.①煤炭工业—经济体制改革—研究—河北 Ⅳ.①F426.21

中国版本图书馆 CIP 数据核字(2018)第 084426 号

选题策划 刘凯元
责任编辑 马佳佳
封面设计 博鑫设计

出版发行 哈尔滨工程大学出版社
社　　址 哈尔滨市南岗区南通大街 145 号
邮政编码 150001
发行电话 0451－82519328
传　　真 0451－82519699
经　　销 新华书店
印　　刷 北京中石油彩色印刷有限责任公司
开　　本 787 mm×1 092 mm　1/16
印　　张 10.75
字　　数 284 千字
版　　次 2018 年 5 月第 1 版
印　　次 2018 年 5 月第 1 次印刷
定　　价 48.00 元
http://www.hrbeupress.com
E-mail:heupress@hrbeu.edu.cn

前　言 PREFACE

全书主要研究内容共分13章:第1章是绪论,主要提出本书的研究背景与意义、内容与创新点、研究方法与技术路线,并对煤炭产业供给侧结构性改革代表性相关研究进行了综述;第2章是煤炭产业供给侧结构性改革的理论分析,介绍相关"供给理论"、基于经济学的基本原理(西方经济学和马克思主义经济学)以及产业经济学相关理论,梳理了产业升级转型发展的相关理论,为后续研究奠定理论基础;第3章介绍河北省煤炭产业发展状况;第4章介绍河北省煤炭产业供给侧结构性改革的现实背景;第5章为河北省煤炭产业供给侧结构性改革问题的成因分析;第6章为河北省煤炭产业供给侧结构性改革困境分析;第7章为河北省煤炭产业供给侧结构性改革路径选择分析;第8章为河北省煤炭产业供给侧结构性改革路径设计分析;第9章介绍国内外煤炭产业供给侧结构性改革实践;第10章介绍新常态背景下煤炭产业供给侧结构性改革动力体系构建;第11章为新常态背景下河北省煤炭产业供给侧改革思路;第12章为新常态背景下河北省煤炭产业供给侧结构性改革方向及措施建议;第13章为河北省代表性资源型城市煤炭产业供给侧改革评价与预警。

在化解过剩产能的过程中进行的供给侧结构性改革除了应该遵循经济学的基本原理外,还应尊重产业、地区、技术等客观差异的存在。本书在遵循供给侧改革基本原理的基础上,结合河北省煤炭产业发展的客观实践,提出针对河北省煤炭产业供给侧结构性改革的主要观点:

观点一,煤炭产业转型升级问题不仅是煤炭企业是否能够存活的问题,更是国家、地方的发展战略决策问题,需要按照幼稚产业理论进行培育。目前,煤炭的使用虽然导致环境污染,但人类因此要彻底"离煤而去"还不现实。过去,河北省煤炭产业为河北省乃至中国的经济发展做出过贡献,在未来,仍将起重要作用。不争的事实是:德国、日本等发达国家也将煤炭作为发电的长期燃料。

观点二,京津冀地区的环境治理压力非常大,河北省煤炭产业供给侧结构性改革问题到了不可再拖、必须正视和重视的关键时刻。河北省煤炭产业已经做了煤炭产业供给侧结构性改革的前期探索并取得了一些成绩,河北省有动力、有能力保证煤炭产业供给侧结构性改革的顺利进行,但在成本、技术、动力体系构建等方面依然存在巨大挑战。

观点三,煤炭对环境的不友好根源于人类对煤炭的不当使用及环保措施的缺位,煤炭使用者受利益驱使没有很好地采取环保措施。在河北省煤炭产业供给侧结构性改革过程中,必须要处理好洁净煤技术与各行业之间的关系。

观点四,河北省煤炭产业两大主体开滦集团和冀中能源均在世界500强之列,其在产能过剩的背景下严重亏损，与世界500强称号相去甚远。企业自身核心竞争力不足、抗风险能力差，是河北省煤炭产业供给侧结构性改革必须要关注的问题。

观点五，煤炭产业在新常态下实现供给侧结构性改革，任重道远。由于产业间固有的千丝万缕的关系，煤炭产业供给侧结构性改革对其他行业的影响不容忽视。在煤炭产业供给侧结构性改革过程中，可能会发生大规模的用人数量和质量的调整，关乎民生和社会稳定。当前的煤基多联产系统的实现需要一段时间消化、吸收和再创新，这是煤炭产业供给侧结构性改革的主流方向，有助于解决煤炭污染环境问题，还可助推煤炭企业形成核心竞争力。

本书在研究内容上的创新体现为：把河北省煤炭产业的供给侧结构性改革置于中国经济发展的新常态、化解产业过剩产能改革的大背景之下，提出河北省煤炭产业发展应遵循的基本规律及河北省煤炭产业供给侧结构性改革的具体思路、方向和措施建议，突出研究结论的实用性。

本书是三位作者在深入煤炭行业调研、历时三年研究的基础上撰写而成，希望能够对河北省煤炭产业的供给侧结构性改革提供借鉴。由于作者水平有限，书中难免有错误和不妥之处，敬请广大读者批评指正。

著　者

2018 年 2 月

目 录

第1章 绪 论

煤炭产业是我国国民经济的重要基础性产业，煤炭也是我国的主体能源。改革开放以来，我国煤炭产业步入快速发展阶段。1989年，我国的煤炭产量突破10亿吨，跃居世界第一位，2014年达38.7亿吨，接近全球一半产量，我国成为名副其实的煤炭生产大国。近年来我国经济的高速增长加大了对资源的引致需求，我国以煤为主的资源供给结构特点，也使煤炭产业得以快速扩张。煤炭产业为我国各行各业的稳定快速发展提供了有效的能源保障，同时其自身也积累了巨大的生产能力。随着我国经济进入新常态，国内需求增速放缓，国际市场也处于持续低迷的状态，煤炭产能过剩，供求失衡的矛盾日益显现。2015年底，我国的煤炭产能已达到57亿吨左右，而实际产能利用率约为65%，这种情况不仅影响到煤炭产业自身的健康发展，同时也加大了经济下行的压力，拖累了整体经济。煤炭产业的产能过剩诱发了很多经济运行的矛盾，如煤炭产业是典型的资本密集型产业，产能过剩带来巨大的投资风险，这也就导致银行的相关贷款不良率攀升，如果处理不当，可能进一步引发一定的金融风险；煤炭产业产能过剩导致煤炭企业大面积亏损，失业、待业人员随之增加，影响地区社会的稳定与安全。如果过剩产能不能及时化解，甚至有可能引发系统性和区域性风险。更值得关注的是，目前仍存在项目新建、拟建的现象，如果不及时采取措施，矛盾还会进一步加剧。因此，系统地分析我国煤炭产能过剩问题、寻找有效的煤炭产能过剩化解路径是提升煤炭产业竞争力，实现煤炭产业健康发展亟待解决的问题。

2015年11月16日，中央财经领导小组会议首次提出“供给侧改革”。制度经济学代表人物之一、美国著名经济学家舒尔茨的观点是：任何制度都是对实际生活中已经存在的需求的响应。我国当前正在开展的改革同样也是在实际供给和市场需求之间出现矛盾的背景下进行的改革。供给侧改革的含义是：用改革的办法推进结构调整，减少无效和低端供给，扩大有效和中高端供给，增强供给结构对需求变化的适应性和灵活性，提高全要素生产率，使供给体系更好适应需求结构变化。具体到煤炭产业而言，严重的产能过剩从数量上难以与不断下降的需求数量相适应；使用煤炭产品过程造成的环境污染，难以符合全社会的诉求；煤炭生产过程中造成的环境破坏以及不安全的生产技术条件也不符合社会的发展要求，所以煤炭产业必须向着安全、绿色、高效的方向发展。煤炭资源作为一种不可再生资源，我国在以煤为主的能源结构特征下，对于煤炭的开采和使用，应保持高效率地科学使用，实现资源使用的可持续性；从产业的健康发展角度，在煤炭产业严重产能过剩的背景下，应认真分析总结产能过剩的形成原因以及过剩程度的判定，在以后产业发展的过程中，通过采取各种有效措施，重点突出产业质量的提升，创造产业发展的内在动力。只有产业自身具有适应环境的柔性，才能实现产业与时俱进的发展，降低产业发展的风险，提高产业生存与发展的质量。

煤炭产业在新的历史时期，面对新的微观市场经济运行环境，必须主动进行供给侧结构性改革。煤炭产业的供给侧结构性改革内容包括煤炭产业的转型升级和去产能。分析转型升级和去产能二者之间关系，表面上来看，转型升级是煤炭产业质量的提升，去产能是利用各种手段去掉多出市场需求的产能，是对生产能力的去除，是煤炭产业总体数量上的改变，即转型升级和去产能二者是煤炭产业发展的数量与质量调整的并列关系。从更深层次来看，煤炭产业的转型升级和去产能两个内容存在内在关系。在当前煤炭产能过剩的背景下，如果不能认真地审视煤炭产业发展过程中哪些是过剩产能，就无从知道哪些应该被列入过剩产能清单，最终也将无法有效去除。因此，去产能既是市场经济调整背景下政府对煤炭产品供求失衡采取的应急措施，同时其也是实现煤炭产业长久健康发展、国家培育长久发展动力源的必然选择。因此，从这个意义上，煤炭产业的去产能工作是为煤炭产业的转型升级奠定坚实基础，是煤炭产业转型升级中的首要必经环节，即在过剩产能背景下，去产能是实现煤炭产业顺利转型的必要组成部分。

1.1　研究背景与研究意义

1.1.1　研究背景

2014 年 5 月，习近平总书记在河南考察时指出："我国发展仍处于重要战略机遇期，我们要增强信心，从当前我国经济发展的阶段性特征出发，适应新常态，保持战略上的平常心态。"[1]此后，中央经济工作会议把"新常态"作为我国经济发展的主旋律。按照中央经济工作会议的解读，对新常态的核心理解主要体现在以下三个方面：第一方面是我国经济增长速度的变化，由高速增长转为中高速增长，国内生产总值（GDP）增长将低于两位数的速率，保持在目前的 7% 左右；第二方面是对我国经济结构的调整，努力达到经济结构的优化升级，与此同时调整我国"三驾马车"在经济增长结构中的比重，由原"重投资"转变为"重消费"，投资比重减弱，鼓励消费，稳定进出口；第三方面是我国未来一段时间里经济增长动力的转变，由要素驱动、投资驱动转向创新驱动，通过创新改革，实现追求质量效益的集约化内生增长。这些变化影响到各个行业。

改革开放以来，我国经济的快速发展持续了 30 余年，创造了世界奇迹，经济增长速度一度在世界上遥遥领先。过去几十年中国经济的快速发展主要靠我国大量的廉价劳动力以及大规模的投资驱动。大量的投入，后期无疑会释放出巨大的产能，最终导致我国从短缺经济转变为过剩经济。这就暴露了我国长期经济快速发展背后深层次的矛盾。当前我国最迫切需要解决和关注的宏观经济风险就是产能过剩（excess capacity），它不仅影响我国的传统产业，如"高污染、高消耗、高排放"产业，还会影响一些战略新兴产业，如光伏产业等。并且，在新的经济形势下的产能过剩表现出"产业涉及更广泛、持续时间更长、情况更为复杂"等新特点。根据《国务院关于化解产能严重过剩矛盾的指导意见》（国发〔2013〕41 号）中披露的数据，2012 年我国钢铁行业的产能利用率为 72%，水泥行业的产能利用率为 73.7%，电解铝行业的产能利用率为 71.9%，而且平板玻璃、船舶等行业的产能利用率均明显低于国际公认的正常水平[2]。林毅夫教授认为产能过剩不仅会影响本行业的健康发展，还会导致金融市场的恶性循环，情况严重时很可能会引发金融危机[3]。

煤炭作为基础性的能源资源，在我国的能源消费结构中占据着主导地位，对整个国民经济具有重要影响，是我国能源安全的基石。随着中国经济大环境的变化，经济结构不断调整优化，能源消耗强度逐步下降，煤炭需求增长显著放缓，我国煤炭产业的外部环境也随之发生改变。换言之,随着经济进入“新常态”,煤炭行业发展的“黄金十年”在2012年彻底结束,目前煤炭需求也进入一个“新常态”。

然而我国在煤炭供给方面的步调并没有与煤炭需求一致,主要原因是前期新建和通过资源整合改革扩建的矿井较多,而且近两年煤炭产能依然保持较快增长,因此煤炭供需严重失衡,煤炭市场进入了一个剧烈调整期,虽有部分煤炭企业停产,但由于新投产能增量较大,产能增加仍在继续。由煤炭产能过剩风险引发的直接后果是煤炭价格大幅下跌,行业整体利润下滑,下岗员工增多,金融机构贷款风险增大,生产设备和员工等大量生产要素闲置,等等。事实上,2012年以来煤炭连续40个月处于下行状态,整个行业困难重重。

加之当前世界能源格局深度调整,能源供求关系发生深刻的变化,我国作为世界上最大的能源生产国和消费国,既要保障国家发展和能源安全,又要积极顺应国际能源发展新趋势。因此,积极推进能源生产和消费革命具有重大意义。能源革命的到来是对煤炭能源战略核心地位的一大冲击,虽然在未来可预见时期内,煤炭仍然是我国基础性能源,根据《能源发展战略行动计划(2014—2020年)》,到2020年煤炭的消费总量仍在62%左右[4]。但是由于煤炭产能过剩所引发的各种矛盾已经开始显现在我国经济社会的某些领域,并且在较长一段时间内会持续存在,如不及时解决,矛盾会越发尖锐。因此,为我国煤炭产业能够走出“寒冬”,本书将在探究我国煤炭产能过剩形成机理的基础上,对我国过剩煤炭产能困境化解进行分析,找出过剩产能化解“痼疾”所在,并对化解煤炭产能过剩的路径进行比较分析,在得出最现实路径的基础上提出相应的建议。

2015年11月,中央财经领导小组会议首次提出“供给侧改革”,煤炭产业也在结束了黄金发展十年后,从2012年底跌入非常时期。受经济发展变缓的影响,煤炭产业的转型升级之路也受到了严重影响,典型的表现有:由于市场煤价的不断下跌,微观煤炭企业主体经营业绩下滑,部分企业还出现严重的亏损,煤炭企业发展资金缺乏,员工队伍因减薪而工作积极性受挫。转型升级发展大多是战略性的,具有长期性特征,同时还需要高水平的技术支持、大量的资金支持,但其又具有较大的风险性,资金的缺乏,迫使企业经营者首先考虑保证企业的生存,因此基本停止对转型升级投入较高的项目,结果是难以形成煤炭产业发展的核心能力和竞争力。由于煤炭产业整体表现特征相似,除行业龙头外,其他企业的境况如出一辙。大部分规模较小、技术条件较差的煤炭企业并未在转型升级上做长远打算,所以这方面基本没有投入。总之,煤炭产业供给侧提供的产品质量和数量不能有效满足市场需求已是既定的事实,进行结构性改革是必然选择。需要特别提出的是,供给侧结构性问题需要通过一套机制来实现,概括起来就是需要通过改革推动煤炭产业供给侧结构的优化和升级。

1.1.2 研究意义

1. 本研究的理论意义

(1)丰富煤炭产能过剩的形成机理,并对化解过剩产能的路径选择提供理论依据。前人对煤炭产能过剩形成的研究成果,大多数从产业投资的“潮涌现象”、企业盲目扩张、政府过度干预等角度进行阐述。本书认为,针对目前我国煤炭产能过剩的局面,不仅要系统分析煤炭过剩产能的形成原因,还要分析煤炭产能过剩困境的化解,过剩产能不能有效化解,也是导致过剩的一个重要原因。因此,应同时从这两个方面进行分析,深入研究造成我国煤炭产能过剩的原因。

(2)进一步丰富煤炭产业转型升级的相关理论,并对煤炭产业转型升级的路径选择提供理论依据。前人对煤炭产业转型升级的研究成果,大多数从煤炭产业资源枯竭、煤炭企业生产经营环境不安全、煤炭产业出现的恶性竞争对产业自身发展以及影响经济发展等角度进行阐述。

本书认为,目前分析我国煤炭产业供给侧结构性改革,要突出供给侧的产能而不是只关注市场变迁带来的高库存产品,关键是提升煤炭产业的生存质量;突出结构性改革,即煤炭产业应该培养适应新时代市场需求、社会需要的能力,实现对社会的有效供给,增加产业适应的灵活度。

2. 本研究的实践意义

(1)基于我国能源供求现状,在理论研究的基础上提出我国化解煤炭产能过剩的现实路径以及化解过剩产能过程中应该注意的重要问题,为我国国民经济的健康稳定发展提供重要保障。能源是支撑经济社会发展的力量源泉,我国煤炭资源赋存量占一次能源总量的94.2%,在我国能源消费结构中占65%左右。煤炭产业作为国家的基础能源产业,其稳定与发展是保障国民经济发展的基本条件。“十二五”以来,产能过剩成为干扰我国煤炭产业发展的一个重大问题,煤炭市场波动起伏,企业亏损面积大,对社会经济的发展产生了重大的影响。因此,煤炭过剩产能的有效化解,能够有效保障我国的能源安全,为国民经济的发展保驾护航。煤炭产业作为工业产业中的重要力量,不仅为国家经济的快速增长作出了巨大贡献,更为繁荣地区经济贡献了不可小觑的力量,同时也为社会提供了一定的就业岗位,缓解了资源城市的就业压力。因此,化解目前煤炭产业的过剩产能、帮助煤炭产业转型升级、确保其健康发展,具有一定的现实意义和实用价值。

(2)通过研究国内外煤炭产业转型升级的实践,对各国转型升级背景及具体过程和措施进行对比,分析总结国内外煤炭产业转型升级的共性和不同,在对比分析中找到适合我国煤炭产业今后发展的方向,丰富煤炭产业转型的实践经验,对我国煤炭产业转型升级具有现实意义。单纯考虑转型,英国与我国煤炭产业的转型背景极其相似,尤其是基于煤炭产业对于环境造成污染的视角,政府均采取了主动引导甚至深度参与的形式。中国当前的煤炭产业遇到的现实背景是供给严重超过需求,这一点区别于历史上各国煤炭产业转型的实际情况。所以煤炭产业市场化改革应该也是具有充分的理论依据的现实选择。

1.2 研究内容与创新点

1.2.1 研究内容

全书主要研究内容共分13章。

第1章 绪论。本章主要提出本书的研究背景与意义、研究内容与创新点、研究方法与技术路线,并对煤炭产业供给侧结构性改革代表性相关研究进行了综述。

第2章 煤炭产业供给侧结构性改革的理论分析。介绍相关“供给理论”、基于经济学的基本原理(西方经济学和马克思主义经济学)以及产业经济学相关理论,梳理供给理论的演进过程和重要观点,梳理国内外对于产能过剩的内涵概念、形成机制、评判依据、治理措施,梳理产业升级转型发展的相关理论,为后面的研究奠定理论基础。

第3章 河北省煤炭产业发展状况。本章主要从河北省煤炭产业“十二五”期间发展状况、河北省煤炭供求平衡状况、河北省煤炭产业发展面临的严峻形势和主要问题、河北省煤炭产业发展目标及河北省煤炭重点企业几个方面对河北省煤炭产业发展状况进行描述。

第 4 章 河北省煤炭产业供给侧结构性改革的现实背景。我国煤炭产能过剩是基本事实，产能过剩是当前我国煤炭产业实施供给侧改革的直接原因。按照前人总结的产能过剩特点，从煤炭价格下滑、库存高位运行，煤炭全行业利润水平恶化，煤炭市场供求失衡以及煤炭进口规模下降等四方面进行分析，得出我国煤炭存在产能过剩的结论；我国煤炭产业在发展的过程中，遇到了来自经济放缓、能源结构转型、环境标准提升、产业发展不健康等多方面的问题，直接导致我国煤炭产业不得不寻求新的发展动力。

第 5 章 河北省煤炭产业供给侧结构性改革问题的成因分析。首先结合经济周期理论、预期理论、规模经济理论、产权理论和政府干预理论，对我国煤炭产能过剩形成原因进行分析，并运用统计描述、边际分析和实证分析的方法，对相关理论分析进行论证。

在产能过剩分析的基础上，提出我国煤炭产业供给侧结构性改革问题的直接原因是产能过剩，根本原因是在煤炭产业自身缺乏发展动力而导致产能过剩以致亏损的情况下，依然存在扩充产量、以量补价等不符合市场经济发展规律的决策路径选择。

第 6 章 河北省煤炭产业供给侧结构性改革困境分析。我国煤炭产业供给侧结构性改革无论是现实改革措施的实行还是长远改革战略的确定，以及具体落地实施，都面临着很多的困难。从当前来看，煤炭产业供给侧结构性改革主要涉及煤炭企业的生存、企业员工的就业，具体来讲就是去产能问题，本章主要从煤炭企业视角、利益相关者视角以及保障机制视角三个方面进行分析，得出目前我国煤炭产能过剩化解的具体困境。从长远发展来看，煤炭产业的转型升级是必由之路，但是这条道路充满了很大的不确定性。比如，整个国家乃至世界的能源需求结构构成情况，转型升级过程中的融资问题，转型升级过程中的要素释放与获取问题，转型过程中的技术先进性和可获得性问题等均会影响其转型升级。

第 7 章 河北省煤炭产业供给侧结构性改革路径选择分析。河北省煤炭产业供给侧结构性改革路径的分析将从两个方面进行：一是河北省煤炭产业过剩产能化解路径，将经济学理论与河北省煤炭产业具体实际相结合，是当前最现实的选择；二是将转型升级理论与河北省煤炭产业转型升级问题相结合，提出河北省煤炭产业转型升级路径选择。

第 8 章 河北省煤炭产业供给侧结构性改革路径设计分析。本章分为两部分内容：一是对最现实路径进行具体的设计并提出在产能化解过程中应该注意的问题；二是针对我国煤炭产业转型升级路径进行具体的设计并提出在产能化解过程中应该注意的问题。

第 9 章 国内外煤炭产业供给侧结构性改革实践。煤炭产业供给侧结构性改革不仅是煤炭行业自身的问题，而且关系到我国能源结构调整问题，关系到未来的社会经济增长问题。本章内容立足于分析煤炭产业供给侧结构性改革遇到的前所未有的困难，按照去产能和转型升级两个方向进行研究，结合国内外煤炭产业去产能和转型升级发展的实践，在比较中发现煤炭产业供给侧结构性改革的共性和差异，在以上分析的基础上，提出如何实现煤炭产业供给侧结构性改革。

第 10 章 新常态背景下煤炭产业供给侧结构性改革动力体系构建。本章主要从经济发展动力的构成、研究成果入手，借鉴新常态下中国经济发展动力来源、经济新常态下煤炭产业发展特征、煤炭产业供给侧结构改革动力体系构建等方面进行探讨。

第 11 章 新常态背景下河北省煤炭产业供给侧改革思路。本章内容分为两部分：一是去产能，首先分析河北省煤炭产业“去产能”的背景，总结河北省煤炭产业“去产能”取得的成果，在此基础上，进一步分析河北省煤炭产业“去产能”后仍存在的问题，河北省煤炭产业“去产能”后的发展思路；二是河北省煤炭产业转型升级的发展思路。

第 12 章 新常态背景下河北省煤炭产业供给侧结构性改革方向及措施建议。本章的主要内容是河北省煤炭产业供给侧结构性改革方向及措施建议。基本思路是先进行河北省煤炭产业独特的生存环境分析，接下来总结河北省煤炭去产能的实践、河北省煤炭产业转型探索实践，之后提出河北省煤炭产业供给侧结构性改革的困难与风险，最后提出河北省煤炭产业供给侧结构性改革的措施与建议。

第 13 章 河北省代表性资源型城市煤炭产业供给侧改革评价与预警。本章主要内容是从河北省代表性资源型城市煤炭产业转型的角度对河北省煤炭产业供给侧改革情况进行评价，并在此基础上对河北省代表性资源型城市煤炭产业供给侧改革进行预警，本章还以河北省最具代表性的资源型城市唐山市作为案例进行了具体分析。

1.2.2 主要观点

观点一，煤炭产业转型升级问题不仅是煤炭企业是否能够存活的问题，更是国家、地方的发展战略决策问题，需要按照幼稚产业理论进行培育。

国际能源机构 IEA 预测：除非政策发生变化，煤炭很可能在 2017 年超越石油，成为全球头号能源消费品。德国、日本等发达国家也依然将煤炭作为发电的长期燃料。

虽然煤炭的大规模使用带来了环境污染，但人类因此要彻底“离煤而去”还不现实。过去，河北省煤炭产业为河北省乃至中国的经济发展做出过贡献，在未来，仍将起重要作用。

观点二，河北省煤炭产业供给侧结构性改革问题到了不可再拖、必须正视和重视的关键时刻，河北省有动力、有能力实现煤炭产业供给侧结构性改革的顺利进行。

根据《大气污染防治行动计划》，京津冀到 2017 年将基本完成燃煤锅炉、工业窑炉、自备燃煤电站的天然气替代改造任务。这意味着：直接用煤量将减少，用气量将较快增长。目前，用气成本高于用煤成本，能源消耗企业难以承受，这也为煤炭产业供给侧结构性改革提供了喘息的机会。

河北省煤炭产业已经做了煤炭产业供给侧结构性改革的前期探索并取得了一些成绩，但依然存在成本、技术、环境等方面的问题，需要通过转型升级进行解决。

观点三，煤炭对环境的不友好根源于人类对煤炭的不当使用及环保措施的缺位。

我国 50% 的煤炭用于发电，其余 50% 则用于钢铁、冶金、水泥等行业以及小锅炉和家庭取暖等，后者的污染更严重。而最为严重的是：煤炭使用者受利益驱使没有很好地采取环保措施，所以在河北省煤炭产业供给侧结构性改革过程中，首先要注重洁净煤技术与各行业的关系。

观点四，煤炭产业供给侧结构性改革问题的核心是立足煤炭主业，延伸产业链，实现从“做大”到“做强”的转变。

在河北省煤炭产业构成中离不开开滦集团和冀中能源两大主体，二者均在世界 500 强之列。但从其当前严重亏损的状况看，似乎名不副实。分析其原因，有经济大环境问题，也有自身核心竞争力不足、抗风险能力差等问题，需要通过进一步调整解决。

观点五，煤炭产业在新常态下实现供给侧结构性改革，任重道远，困难重重。

由于产业间固有的千丝万缕关系，煤炭产业供给侧结构性改革对其他行业的影响不容忽视。在煤炭产业供给侧结构性改革过程中，可能会发生大规模的用人数量和质量的调整,因此煤炭产业供给侧结构性改革关乎民生和社会稳定。从煤炭产业技术水平来看,当前的煤基多联产系统的实现需要一段时间消化、吸收和再创新,这是煤炭产业供给侧结构性改革的主流方向,有助于解决煤炭的污染环境问题,有助力推动煤炭企业形成核心竞争力。河北省煤炭产业供给侧结构性改革过程中还会遇到资金、技术、人员、政策障碍等问题,同时还需承受来自周边煤炭大省以及进口煤炭的竞争。

1.2.3 创新点

本书的主要创新点体现在以下两个方面:

1. 研究内容

本书将我国煤炭产能过剩的形成原因与煤炭产能过剩化解困境相结合,可更加全面、系统地认识我国煤炭产能过剩问题;把河北省煤炭产业的供给侧改革置于中国经济发展的新常态、煤炭产业的供给侧改革的大背景之下,在此共性基础上,提出河北省煤炭产业发展应遵循的基本规律,之后,再结合河北省的具体情况和煤炭产业的发展状况,突出河北省煤炭产业供给侧改革的不同之处。

2. 研究结论

本书将经济学原理与我国煤炭产业实际情况相结合,提出化解我国煤炭产能过剩问题应选择的现实路径;提出河北省煤炭产业供给侧结构性改革的具体思路、方向和措施建议,突出研究结论的实用性。

1.3 研究方法与技术路线

1.3.1 研究方法

1. 文献分析法

经研究发现,前人对产能过剩的相关研究比较丰富,因此需要对大量的文献进行梳理和总结。文献分析法是通过对相关文献进行搜集和整理分析,进而找寻相关事物本质属性的一种研究方法。通过广泛的文献阅读,可全面了解国内外关于产能过剩的成因、治理对策等相关领域的理论和实证研究进展,为进一步开展研究提供经验借鉴和理论准备。

2. 定性分析和定量分析相结合

在研究过程中,本书采用定性分析与定量分析相结合的方法,在定性分析煤炭产能过剩形成原因的基础上,选取适当的指标构建计量模型,以便对影响煤炭产能过剩的因素进行定量分析,使分析结果更具有说服力。

3. 均衡分析与边际分析法

本书利用均衡分析法,结合经济学相关理论,分析价格机制化解煤炭过剩产能的机理;运用边际分析法,将经济学理论与数学微分知识相结合,分析产权因素与煤炭产能过剩之间的关系。

1.3.2 技术路线

本书的技术路线图,如图 1-1 所示。

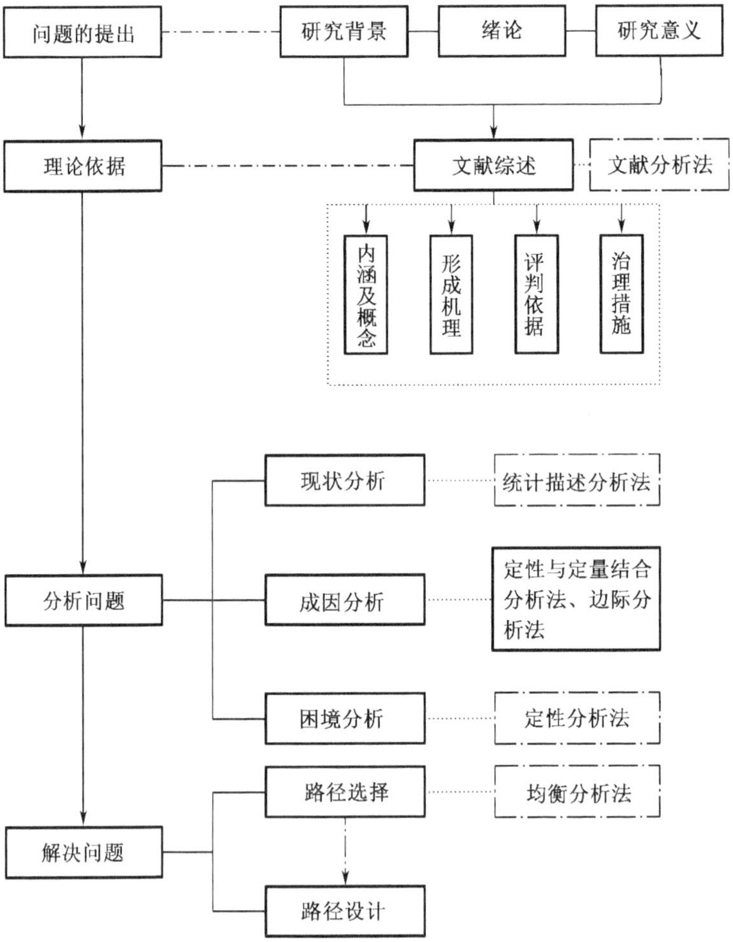

图 1－1　技术路线图

1.4　煤炭产业供给侧结构性改革相关研究综述

在 2015 年 11 月中央财经领导小组会议首次提出“供给侧改革”之后，陆续出现了一批关于煤炭产业供给侧改革的研究成果。具有代表性的研究成果如下。

1.4.1　2017 年吴达的博士论文《我国煤炭产业供给侧改革与发展路径研究》

文章选取能源消费增速、能源弹性系数、能源消费强度等指标，采用弹性系数法和部门需求法预测了中国煤炭需求趋势，得出未来十年我国煤炭需求总量整体逐步下降的结论；文章从国家资源禀赋和产业发展阶段、矿产资源微观生产供应成本角度，阐述了我国煤炭“去产能”的整体规划以及寻求煤炭产能多元化发展消化利用的任务的艰巨性；文章还探讨了“去产能”的空间、煤炭产业在后工业化时代多元清洁化发展路径，并指出在适度发展煤制油等供给侧改革背景下煤炭产业升级转型的可行路径。总体来说，文章侧重分析了煤炭产业未来发展趋势，其研究方法有所创新，但是研究结论的创新性还不足。

1.4.2 2017年金岩辉的《供给侧改革背景下煤炭企业转型升级的战略选择分析》

文章主要内容包括:供给侧改革的大体背景及其重要意义,关于供给侧改革道路的煤炭企业转型分析以及中国煤炭产业推进企业转型的供给侧改革措施。整体分析比较宏观,最后文中提出了"积极推动煤炭产业的机械化、信息化、智能化以及自动化的四化建设工作,实现无人开采,支持煤炭产业向清洁能源以及可再生能源发展,鼓励煤炭产业对传统商业模式进行创新,充分利用互联网对传统煤炭交易模式进行改革创新、努力转换成由需定产"等对策建议,突出了通过技术对煤炭企业进行转型升级的思路。但具体战略选择体现不突出。

1.4.3 基于具体某视角的煤炭产业供给侧改革研究

2016年王妍在《煤炭产业供给侧改革下的规划体制机制探讨》一文中总结了规划对煤炭产业供给侧的作用,分析了规划(计划)与煤炭产量形成的关系,指出我国煤炭规划体制机制存在的问题,并提出了深化煤炭规划体制机制改革的建议。从研究视角来看,突出了"规划"二字。

2017年路亚楠在《供给侧改革背景下煤炭产业生态化转型中员工安置问题的政策分析》一文中论述了在煤炭产业生态化的过程中,职工分流安置不仅被认为是最重要产业优化问题,同时也是企业与有关部门最感头疼的问题,对此提出了明确的指导意见。从研究视角来看,突出了"员工安置"问题。

2016年肖长江在《供给侧改革背景下娄底市煤炭产业转型发展研究》一文中为娄底市煤炭企业设计了一条"包括充分利用政府支持、加深与高校合作,打造产学研体系、推动企业兼并,整合资源、进行跨产业尝试、积极引入高新技术等要素在内"的转型路径,并为娄底市煤炭企业的转型提出"发展清洁能源与高端养殖业"两个方向,还提出了在政府与企业层面对煤炭产业顺利实现转型的保障措施。整体来讲,这篇论文为地方煤炭产业转型提出了具体的针对性建议。由于各地情况客观上存在差异,因此,可供研究人员在进行地区煤炭产业转型发展问题研究时作以参考。

1.4.4 2017年王鑫瑀硕士论文《供给理论的历史演进及其在中国的最新发展》

文章主要研究了不同经济时期代表性经济学家的供给理论,阐述了具有代表性的经典马克思主义经济学家的供给理论,回顾了供给理论在中国的发展历程,全面阐述了供给侧结构性改革的提出背景、内涵及任务。通过西方经济学供给理论和马克思主义供给理论对供给侧结构性改革的指导分析,阐明供给理论在中国的最新发展状况。最后通过借鉴供给理论在美英两国的改革实践经验借鉴,提出适合中国国情、富有中国特色的供给侧结构性改革的具体实施路径。该论文能够从经济理论角度系统地分析我国供给侧结构性改革的实际,具有高度的理论价值,但在具体实施结合产业角度方面还有很大的深入研究空间[5]。

河北省是工业大省,拥有钢铁、煤炭、化工、电力、玻璃等重要工业产业,煤炭产业的发展对于河北省经济发展尤其是产业链的安全顺畅运行具有重要意义,同时,河北省煤炭产业发展历史比较长,老矿山较多,从这个意义讲,历史厚重的同时,部分矿山资源面临枯竭,微观主体企业现实负担也比较多,加上河北省环京津的独特地理位置,煤炭产业的发展受到需求的制约,过去强调的需求拉动因产能过剩无法继续有效拉动,新的产业增长源仍在探索中。目前,关于河北省煤炭产业供给侧改革的具体学术性研究还是一项空白,在学术期刊网上尚无公开的研究成果。

第2章 煤炭产业供给侧结构性改革的理论分析

本章内容从经济学意义的供给、供给侧、供给侧结构性改革等概念的界定进行研究，主要目的是厘清煤炭产业供给侧结构性改革的基本内涵，将供给侧结构性改革的一般理论应用于煤炭产业，进行供给侧结构性改革的分析。当前背景下的煤炭产业供给侧结构性改革，首先要解决的是煤炭产业产能过剩问题，然后是培育煤炭产业长期发展的转型升级动力问题。

由于短期内国内外经济发展动力的形成较困难，通过经济周期波动以及较长时间的L形预期分析可看出，产能过剩问题不仅是影响我国经济发展的重要障碍，也是世界很多国家需要共同面对的问题，虽然产能过剩问题的研究历时较长，但是研究领域比较分散，目前针对煤炭产能过剩的研究较少。鉴于本书的研究目的，下面将从煤炭产能过剩相关的概念界定、产能过剩的形成机制、产能过剩的判定及治理措施等方面进行综述。

煤炭产业的转型升级可能贯穿在化解煤炭产能过剩问题的过程中，也可能出现在煤炭产业顺利化解产能过剩问题之后。鉴于本书的研究目的，下面将从供给侧结构性改革研究相关理论、煤炭产能过剩研究相关概念和理论、煤炭产业转型升级含义和相关理论等方面进行多视角分析，从而为煤炭产业以及河北省煤炭产业的供给侧结构性改革思路的形成、改革方案的设定以及具体措施的实施提供科学、丰富的理论依据。

2.1 相关“供给理论”

2.1.1 西方经济学的供给理论

梳理经济学理论的发展脉络可知，古典经济学是供给理论的萌芽，最具代表性的经济学家有魁奈、杜尔阁、亚当・斯密、李嘉图、萨伊及李斯特等。总结这一时期的供给理论，其核心思想是强调生产力对经济发展的作用和进行分工的意义，特别是“萨伊定律”，认为供给会创造出与之匹配的需求，供给决定了需求，因而市场不可能出现生产过剩的情况。

1. 亚当・斯密的有关供给理论

亚当・斯密是古典学派的创始人，1776年出版其代表作《国富论》，提出了大量的重视供给的思想和理论，其主要观点概括如下：

(1)分工理论

在《国富论》的第一篇第一章“论分工”中，亚当・斯密认为分工是提高生产率的关键。书中以制针业这个很微小的制造业为例，得出了“如果他们各自独立工作，不专习一种特殊业务，那么他们不论是谁，绝对不能一日制造二十根针，说不定一天连一根也制造不出来。他们不但不能制出今日由适当分工合作而制成的数量的二百四十分之一，就连这数量的四千八百分之一，恐怕也制造不出来”的结论。尽管斯密分析这个例子时认为分工的起源由于人的才能而具有自然差异，但是对于今天的供给侧结构性改革问题分析、细化分工以及对生产要素的进一步扩展仍具有借鉴意义。

《国富论》中还进一步分析了生产效率得以提升的具体原因：

第一，分工可以提高劳动的熟练程度；

第二，分工可免除不必要的工作环节转换所需时间；

第三，劳动者在生产过程中会熟能生巧。

煤炭产业链的延伸就是煤炭产业内部分工进一步细化的过程。煤炭产业分工细化有助于进一步提高现存煤炭产业的生产效率和促进煤炭产业的创新，为煤炭产业的发展提供新的动力源。

(2)关于劳动的划分

在《国富论》的第二篇第三章“论资本积累或论生产性劳动和非生产性劳动”中，斯密认为劳动分为生产性和非生产性的。生产性劳动是一种将劳动投入到劳动对象后，能增加价值的劳动；反之不能增加价值的是非生产性劳动。以制造业工人和家仆为例进行说明，“制造业工人的劳动一般会把维持自身生活所需的价值与产生雇主利润的价值，加入到所加工的原材料的价值上。相反，家仆的劳动却不能增加什么价值”。煤炭企业目前的状况是大量的人员虽然也能够增加劳动对象的价值，但是总体来看，由于产业整体产能过剩，致使劳动力冗余。在这种特殊的阶段，劳动很难固定在劳动对象或者可出售的商品上。因此，在煤炭产业就业的劳动力已经由生产性劳动转变成非生产性劳动。由于生产性劳动才能实现资本的有效积累，因此，煤炭产业要实现顺利转型升级，需要将非生产性劳动尽早从煤炭产业中导出或者将非生产性劳动尽早转换成煤炭产业内部的生产性劳动。

(3)商品的自然价格与市场价格理论

在《国富论》的第一篇第七章“论商品的自然价格和市场价格”中，斯密认为商品应该是按自然价格出售(即包含利润的价格)，这个利润有时并不是商人出售其货物的最低价格，但却是他在任何一个时期愿意出售其货物的最低价格，至少是在完全自由的地方，或者是在他可以经常随意改变其交易的地方。当进入市场的商品数量超过有效需求时，这一商品就必须卖给那些出价较低的人。商品数量会自行适应有效需求。由此可见，斯密认为市场具有很好的调节供求平衡功能，正所谓“看不见的手”的作用。

借鉴斯密的思想，煤炭产业在供给侧结构性改革中，过剩产能的化解也应充分依靠市场的力量，除非出现市场失灵，否则政府不应参与。

2. 李嘉图的有关供给理论

李嘉图发展了斯密的基于自由贸易的绝对成本理论，从供给的角度提出比较成本理论。他认为，无政府干预的自由贸易能够带来最有效的分工，只有如此，国家才能更高效地发挥其资源禀赋，实现全社会共同利益的增加。李嘉图的比较成本理论就是倡导各国按照比较成本参与国际分工，应专门生产对自己有利且比较成本最低的产品，实现互利共赢。这一理论被认为是古典学派成熟的国际贸易理论，至今仍是各个国家推行的贸易准则。

3. 萨伊的有关供给理论

萨伊学说将斯密的理论予以系统化和通俗化，萨伊定律中有关供给的核心内容为生产可以给产品创造需求。他认为,供给会自行创造需求,因此生产过剩是不可能的,局部的生产过剩是暂时现象,是政府愚昧无知或横加干涉的结果[5]。他认为货币只是流通工具,据此得出的结论有:生产者越多、产品越多样化,产品销售就越快,生产者的利润也就越大;一个企业的成功可帮助其他企业也获得成功,号召生产者努力使本部门生产达到最大限度的增长;购买外国产品不损害国内生产;鼓励生产的政策是合理的,刺激需求的政策是拙劣的,诱导消费是容易的,诱导消费供给的手段是困难的[5]。

分析萨伊的主要观点,比较供给和需求两个方面,他认为强调供给远远比强调需求更重要,生产力的增长主要取决于生产要素的有效供给,然后通过市场的自由贸易而不是政府的深度干预实现供求平衡,从而更好地消除生产过剩现象。

萨伊定律对当前煤炭产业的产能过剩问题具有较强的启发:煤炭产业产能过剩问题的形成有政府干预的结果,比如说长时期的高速经济增长和较低的环境标准、安全标准等;在产能过剩的背景下,煤炭产业选择转型升级发展,需要解决的问题有各种生产要素的有效供给、各种生产要素如何有效结合形成先进产能;对于煤炭,不宜采取排斥进口的做法。目前,政府诱导的重点应该为煤炭产品的有效供给,而非对煤炭产品的消费过度反诱导,在这方面政府干预过度。

4. 李斯特的供给理论

德国经济学家弗里德里希·李斯特在其代表作《政治经济学的国民体系》中提出有关供给的思想,内容如下:

(1)生产力论

李斯特认为,对一个国家而言,财富的生产力是至关重要的,财富的生产力比财富本身不知道要重要多少倍,其不仅使已有或已经创造的财富获得保障,而且可以使已经消灭的财富获得补偿,可以使文化得到繁荣。生产力起源于两大要素,一是国家所掌握的自然资源和生产工具,二是精神资本(国民的身心力量、公共制度与法律对于自由和公道是否有所促进,农工商业是否受到一视同仁等)。较之物质资本,精神资本更为重要,决定着国家未来的社会生产力。优先发展精神资本是必然选择,国家对于物质生产势必多少有所牺牲或放弃,借以获致文化、技术和生产的力量。政府还应加大对教育的投入。

(2)国家干预论

自由贸易理论家认为国家应该是"消极的警察",只负责国家的安全和公共安全保障。李斯特把国家比喻成国民生活中如慈父般的有力指导者。个人的勤奋与节约、创造与进取,如果没有适当的公共制度和法律,就绝不会有任何重大的成就。

(3)经济发展阶段论

对于现实世界,自由贸易与完全竞争是非常令人向往的,但仅适合于各国经济地位平等、经济实力相当的世界。现实世界里,自由贸易的经济基础并不存在,各贸易国处于不同的经济阶段。所以,各国应根据自己所处的发展阶段选择不同的贸易政策。具体的政策取向应该是关税保护制度,保护的重点是幼稚产业,通过培育使产业能够自立,适应自由贸易环境。

李斯特的上述观点对煤炭产业供给侧结构性改革的启示:煤炭产业目前出现的过剩产能是一种结构性的供给失衡,需要借助科学技术的实力提升产业的发展,需要一场技术性的革新,而这些新技术的形成需要时间、人力、资金等各种要素的投入,不是一蹴而就,因而需要政府采取保护性手段,通过合理的保护期以及适当的保护措施,一方面淘汰落后产能,一方面培育先进产能，尤其是培育产业发展所需的技术人才，因此在煤炭产业发展不佳的背景下，更应该加强专业高质量人才的培养，如果完全按照市场自由选择规则，在若干年后，煤炭产业可能无人才可用，这对于我国能源安全将是巨大的威胁。当前，我国可将煤炭产业视为幼稚产业予以保护。

2.1.2 马克思经济学的供给理论及其发展

马克思在《资本论》中虽没有专门使用“有效供给”一词，但在第三卷阐述了其供求思想和理论，最核心的思想是有效供给决定和创造需求。马克思认为：供需失衡才是绝对的正常状态，均衡是偶然的、相对的。对于生产过剩问题，马克思做了具体分析：资本主义生产过剩是无政府状态的要素之一；社会主义公有制条件下生产过剩是社会产品进行再生产的前提条件，是经济运行的客观规律。马克思认为，社会能够实际对生产进行规划和制定时，生产和需求才会建立起联系。

从马克思的观点可得到的结论：政府权力和社会控制对供需均衡有着重要的调控意义。只有政府权力导向正确，才能实现供给和需求方面的平衡。目前，煤炭产业存在供给结构和需求结构不匹配的情况，本质上是有效供给不足。马克思的观点突出了供给和需求的平衡调节需要政府的权力导向，但对权力导向与资源以及要素的效率探索未进行综合考虑。煤炭产业今后的生产和发展短时期内需要政府权力的干预，政府权力干预的出发点基于产能过剩的现状是正确的，但是局限于实现短期而不是更长久和更高质量的供求平衡是错误的。

2.1.3 近期国内外关于供给侧结构性改革的研究现状

供给侧结构性改革在2015年11月由中国首次提出，主要是针对中国经济发展过程中出现的产能过剩问题提出的化解手段，因此国内已有一些研究成果；由于与全球经济的逐渐融合和千丝万缕的联系，国外对于供给侧结构性改革也有所关注，也有一些研究成果。关于市场经济运行过程中出现的基本问题无非是两个，供过于求和供不应求。对于供过于求问题，国外利用西方经济学供给理论和马克思主义供给理论对其已有较为深入的研究，形成了诸多关于供给学派政策主张的研究成果。

1. 视角一：有效需求

亚当·斯密作为经济学的鼻祖，首先立足分工视角，强调了供给端的管理，其代表作《国富论》中指出供需买卖同样是创造财富的手段，把需求分为绝对需求和有效需求，认为市场上的需求是有效需求。

C. Magazzino 提出凯恩斯的宏观经济管理思想主要从需求侧出发，通过“拉动经济的三驾马车”实现经济增长，供给侧主要强调从生产者的角度进行调控来实现经济增长。

2. 视角二：完全主张有效供给或以有效供给为主

J. D. Gwartney 从供给的角度分析了经济增长的影响因素，充分强调了供给的重要性，认为只有供给满足需求实现供需匹配，才能实现经济的快速增长。

贾康于2015年提出解决中国突出的结构性问题是迫在眉睫的，在“新常态”下的经济结构转型升级是释放潜力的过程，应从供给端进行发力，实现短板上的有效供给。

宁国富提出目前中国经济存在严重的供需错配，解决供给结构的失衡问题要首先从供给端入手。国家从需求刺激政策导向转变为供给管理，是凯恩斯主义到供给学派的转变。

刘伟和蔡志洲认为供给管理和需求管理的核心理论不同,所调控的目标对象也不同,所以其在市场经济发展程度不同的国家具体的应用也是不同的。国家进行宏观调控应注重供给和需求两端,两端的改革都是必须继续推进的,但是目前中国改革的重点应放在供给端,一些伴随经济发展和政策导向带来的失衡问题需要供给端的改革来改善和解决。

3. 视角三:有效需求与有效供给

赵盈认为萨伊提出供给会创造与之相匹配的需求,其前提条件是市场是放任自由的完全竞争状态,是一种长期分析。

胡培兆提出马克思的有效供给思想,概括起来主要包括有效供给的含义、社会总产品的有效供给、出口产品的有效供给、有效供给决定和创造需求、有效供求均衡及其实现、有效供求失衡及其宏观化控制六个方面。

Atho Fitzgibbons 认为斯密的分工论以及供需思想为供给理论的发展提供了基础,供给和需求对经济增长的推动作用都是极为重要的。

刘东亮提出中国在实施供给侧改革的同时也不应放松对需求侧的管理,供给侧结构性改革与总需求刺激政策并行不悖。

还有一些研究成果分析了供给侧结构性改革的经济背景和对改革的展望。文建东和宋斌认为 2008 年后,中国经济增速呈现逐年下滑的趋势,如果供给侧结构性改革能够成功落实,那么中国经济可按照生产潜能全速增长。冯志峰分析认为造成中国目前经济状况的原因为:产品供需错配、生产成本过高、资本边际效率低下、市场机制运行不畅及杠杆率高。罗良文和梁圣蓉认为中国经济发展的制约因素主要为产业结构协调度不高。

2.2 煤炭产能过剩研究相关概念和理论

2.2.1 煤炭产能过剩的内涵及相关概念

1. 产能和煤炭产能

产能又称为“生产能力”,R. K. Lawrence 认为产能是在不延长额外时间,在常规的工作条件下所能完成的最大产出量[6]。国内学者岳福斌将产能定义为“是生产某种产品的实际能力,是生产主体在既定的组织结构和生产技术条件下,充分利用生产性资本投入,在生产要素满负荷运转条件下所能实现的最大产量”[7]。

关于煤炭产能的概念,岳福斌将煤炭产能划分为五类:煤矿产能、企业产能、基地产能、区域产能和行业总产能,划分主要依据是研究对象的规模。其中,煤矿产能是指在特定期间内该煤矿所具有的生产力;企业产能指煤炭企业在特定期间内,生产技术和人员设备在已定的条件下,该企业所能生产的煤炭产品数量的总值;基地产能主要指我国十四大型煤炭基地的产能;区域产能主要指省际煤炭产能;总产能是针对国家层面而言,是宏观上煤炭产业所拥有的生产能力的总和[8]。

2. 产能过剩

经济合作与发展组织(OECD)从企业层面把“产能过剩”定义为企业目前的生产能力要低于运行前期规划时的生产能力,是指企业实际达到的生产能力低于其预期所能达到的生产水平[9]。针对我国目前相关领域的研究,产能过剩并没有明确的概念,表面理解是指生产能力过剩,但是这一理解并没有概括出产能过剩的内涵,所以并不能称其为产能过剩的基本概念。关于产能过剩的内涵,主要有以下阐述:

(1)从生产厂商的视角出发,指实际生产能力低于理想生产能力,导致产能过剩。卢峰认为产能过剩多发生于特定的商品或部门等微观经济活动中,主要发生在工业部门的闲置富余产能超过某种合理界限时。比较企业实际产量和预期生产能力,二者总会有一定差距,当前者低于后者差值为一定程度时称之为产能过剩[10]。关于此差异程度的判断,将是后续判断指标需要进一步研究解决的问题。

(2)从市场供求角度来定义产能过剩。李平、江飞涛和曹建海等指出产能过剩是一个相对的总量概念,是相对于市场需求而言的,在市场经济条件下,均衡的市场状态往往是相对而言的,并且持续时间较短,不均衡才是绝对的、较为长期的[11]。此观点将产能过剩定义为一个市场经济现象,当市场上总体生产能力远远高于该市场的有效需求,并对经济的发展造成一定的影响时,这种情况才构成产能过剩,把供过于求笼统地概括为产能过剩是不科学的。我国部分学者对产能过剩问题的研究,按照不同的依据,有不同的理解。

表 2-1　产能过剩概念总结

作者	年份	定义依据	对产能过剩概念的表述
王岳平	2006	时间	产能过剩分为“即期过剩”和“预期过剩”,“即期过剩”主要指目前生产能力和需求量的比值已超过了正常市场良性竞争所必要的限度。“预期过剩”是指未来某时间内预期的生产能力与预期需求的比值超过正常的范围[12]
张新海	2010	形成机理	产能过剩分为“需求萎缩型产能过剩”和“投资过渡型产能过剩”。前者主要是指市场环境发生突变,有效需求急剧萎缩,产能并没有随着减少。后者主要是指企业对市场预期普遍看好,出现投资上的“羊群效应”[13]
周劲等	2011	与经济周期的关系	产能过剩分为“周期性产能过剩”和“非周期性产能过剩”。前者指的是有效需求的减少主要是由于经济周期性的萧条或衰退造成的。当经济复苏时这种“产能过剩”会自动化解。除此之外其他因素导致的产能过剩称之为“非周期性产能过剩”[14]
阮正福	2000	微观、宏观	产能过剩分为微观产能过剩和宏观产能过剩。微观产能过剩是指单个企业的实际生产能力过剩,即企业的生产能力与实际产量之间存在较大差额;宏观产能过剩则从总量上考察整个行业的供需平衡关系,表示行业产量与市场需求间存在较大差额[15]

本书对“煤炭产能过剩”问题的研究主要是着眼于中观行业层面，只考虑煤炭行业的整体生产能力，对区域煤炭产能和单个矿井产能不作考虑。在市场经济条件下，产能利用程度是随着市场需求的变化而变化的，由于市场需求的变动会传导给企业的生产活动，行业需求的萎缩会导致大范围的微观个体产能过剩，从而也就体现在了行业产能的过剩上。存在于煤炭产业中的全部企业生产能力的总和构成了煤炭产业产能，通常是指在特定的一段期限内，技术组织条件既定的情况下，该产业中的企业运用全部生产性固定资产所能生产产品数量的最高上限，计算公式可表达为

$$Y^* = \sum y_i^*$$

其中，Y^* 表示该产业的生产能力，y_i^* 表示该产业中某一企业的产能。

2.2.2 产能过剩的形成机制

通过整理关于煤炭产能过剩形成机制的相关文献，发现针对此处的研究并不是很丰富，我国进入 20 世纪 90 年代以来，产能过剩问题就开始在中国显现，政府政策文件中涉及的“重复建设”“过度投资”等说法基本上与产能过剩是相通的。从本质上讲，某个产业或者是某个行业的产能过剩是指在一定条件下供给与需求相对变化从而导致了供给和需求关系严重失衡，外在表现为该产业或者行业的有效需求不足或者供给能力相对旺盛。下面将从需求和供给两个方面对关于产能过剩的文献进行总结。

1. 需求萎缩导致产能过剩

李平等认为目前我国这一轮产能过剩，是和中国经济与世界经济进入深度调整期紧密相关的，经济增长阶段的转换是导致本轮产能过剩的直接原因[10]。周劲认为当经济衰退或萧条时，经济周期会通过影响社会总需求导致供需矛盾，多数产业会因需求萎缩而呈现出产能过剩的态势；经济周期也可能改变市场需求结构，新兴需求不断替代传统需求，从而导致结构性的产能过剩[13]。尹中立认为出口放缓、国际需求减少是影响光伏产能过剩的主要原因，房地产投资增速放缓是导致我国钢铁产能过剩的重要因素[16]。李江涛认为由于经济周期的波动导致有效需求远低于产品实际生产能力，从而引发了产能过剩[17]。王立国和张日旭认为产能过剩是由于周期性、结构性及体制性原因造成实际产量和消费量与一定技术水平下全要素投入的最佳产出产生严重偏离现象[18]。J. H. Yuan 和 L. Peng 等认为煤炭的消耗主要集中在火力发电，然而近年由于经济环境的变化，电力消费正在经历从高速到中速的激进调整，这就影响到了煤炭的消费，对煤炭的产能过剩造成影响[19]。

2. 供给扩张导致产能过剩

Angelo Amorelli 等人提到在 2013 年以后，中国是世界上最大的能源生产和消费国，在任何经济发展的条件下，低价的风险投资和盲目追逐增长目标，均会导致产能过剩，其已经成为中国严重的经济问题，尤其是在煤炭、钢铁、化工等领域[20]。Sarkar 和 Chaturvedi 均认为产能过剩的发生与生产要素的大量投入以及供求信息的不确定性有很大的关系[21,22]。国内文献从供给角度引发产能过剩的主要观点如下。

(1)过低的市场集中度以及低进入高退出壁垒导致的重复建设严重

吕政和曹建海认为“在进入壁垒低、退出壁垒高的情况下，若政府不能有效阻止企业的过度进入，某种程度上就会导致企业之间的过度竞争，迅速扩大的生产能力会不断聚拢在该产业，从而引起产能过剩，进而收益下降”[23]。杨惠馨也指出“在中国制度因素与制度壁

垒是刺激企业进入和阻止企业退出的关键，市场导向的改革将不可避免地刺激盲目进入”[24]。

(2)基于企业预期，导致企业过度投资

A. E. Korkut 认为 20 世纪 90 年代东亚地区的产能过剩主要是由于大量的投资狂潮引起的[25]。林毅夫、邢亦青分析了“潮涌”现象和产能过剩的形成机制，主要观点是从企业的市场预期角度出发，如全社会对某行业均有良好前景预期，其主要的判断标准是总需求，从而导致大量企业进入某个行业[26]。

(3)地方政府对于投资的不正当干预

Hideko Terada 认为州政府和地方政府通过预算制度和收入分配制度影响资源的合理分配，是影响日本集装箱港口发生产能过剩的重要因素[27]。Blonigen 和 Wilson 以美国钢铁出口企业为研究对象，认为对出口企业的过度补贴是造成该产业产能过剩的重要原因[28]。李军杰、钟君认为，过分注重经济增长、招商引资的政绩考核体制决定性地引导了政府官员的行为，不完善的市场体制使地方政府能够控制稀缺资源，进而保障地方企业的意愿得以实现[29]。

2.2.3 产能过剩的评判依据

在市场经济条件下，正常范围内的产能波动是允许存在的，某种意义上讲，适当的产能过剩反而会加强市场竞争，有助于产业的发展，但过度的产能过剩会造成严重的资源闲置浪费，使整个产业发展停滞，无论是对产业自身还是国民经济的全面发展都是极其不利的，所以对一个产业产能过剩情况的判断很重要。通过大量阅读国内外文献，对产能过剩的评判依据主要有两种。

1. 产能利用率

对于产能的估算，目前还存在很大的困难，学者常用产能利用率来衡量产能利用的情况，也有部分研究用设备利用率来衡量。国家行政学院经济学教研部课题组在 2014 年发表的文章中指出，设备利用率为 79% ~83% 是合理的范围，如果设备利用率低于 79%，说明设备没有被充分利用，可以判定为存在产能过剩的情况[30]。伯纳德·鲍莫尔在《经济指标解读》一书中记载了国外发达国家产能利用率指标的变化，20 世纪七八十年代的美国经济，产能利用率低于 83% 算是产能过剩；到 20 世纪八九十年代，产能利用率低于 81% 就算是产能过剩；进入 21 世纪，78% 为判断产能过剩程度标准。欧洲的相关研究发现，1991—2008 年，产能利用率的评价标准最高为 85%，最低为 77.4%，平均中枢水平为82.3%，并且在金融危机之后，这项指标直线下降[31]。国家发改委认定的合理产能利用率为 80% ~85%。每个国家的产能利用率标准都有所差异，因此，没有一个统一的产能利用率值或区间来作为判断产能过剩的依据。国际上认为 81% ~82% 是一个大致的分界点，高于 85% 表示产能不足，低于 75% 表示产能过剩[32]。张言方利用柯布道格拉斯生产函数法对我国煤炭最优产能进行测算，并借此计算出我国煤炭产业的产能利用率，得出当前我国煤炭产能过剩率超出 5% 警戒线的结论[33]。

2. 社会和经济效应

判断是否存在产能过剩，一方面可以从计算产能利用率入手，另一方面可以从产能过剩所引起的正负面影响来进行判断，也可以说成是“效应分析”，并依此构建产能过剩的评价体系。王兴艳认为单纯地应用产能利用率不足以来评判产能的利用情况，发生产能过剩的原因有很多种，比如，原材料问题、技术不够先进等[34]。原则上来讲，任何一个产业不可能持续存在百分之百的产能利用率，每一个产业都应该具有一定的富裕生产能力来应对市场的变化，这一部分能力称之为“缓冲能力”（缓冲能力 = 1 - 产能利用率）。由此看来，评判产能过剩情况时应该构建一个整体的、系统的评价体系，通过评价体系的判断，可以使得产能过剩各方面的状况和特性反映得更加全面、客观、准确。因此，王兴艳从系统层面和基本变量层面提出相应的评价指标[34]。周劲认为产能利用率虽然是评价产业产能过剩程度的指标，但并没有反映产能过剩带来的社会和经济效应如何，是“利大于弊”还是“弊大于利”。产业发生产能过剩时会对经济社会发展产生正面和负面效应，且对产能过剩的判断须兼顾经济效应、社会效应和环境效应三方面的评价，因此，仅仅依靠经济效应进行分析是不够全面的[14]。

2.2.4 产能过剩的治理措施

产能过剩给我国经济社会带来了广泛和深刻的影响，因此引起了人们越来越多的关注，国内外学者也纷纷为化解产能过剩献计献策。邱青森认为国内产能过剩的化解应当从产业投入、产出价值视角建立起关于产业价值新的评价价值体系，发展价值高端产业，提升改造价值中端产业，转移淘汰价值低端产业[35]。付保宗、周劲认为化解产能过剩的根本之策是要强化市场的监督管理、完善法律法规和深化体制机制改革，建立长效机制[14]。Wojciech Suwala 以波兰的煤炭产业为研究对象，通过应用模型构建了一个煤炭供应平衡系统，并仿真模拟应用，为波兰煤炭工业发展的合理规划提供支持[36]。Z. Yujiang 和 R. J. Swersey 指出尽管中国拥有庞大的煤炭储量，但面临着煤炭资源的大量提前消耗，又由于中国的能源结构在短期内不会改变，因此，提出一个延迟煤炭资源枯竭的办法十分迫切，文章中认为抑制新矿山的建设，提高开采技术水平，改善矿区环境能够有效缓解过度的煤炭资源开采浪费。在解决煤炭产能过剩问题当中，要区别对待不同地区的过剩情况，着重解决中国东部煤炭供需的失衡[37,38]。Wang Di 和 Nie Rui 通过运用系统动力学模型对中国煤炭生产能力进行科学预测，指出中国的煤炭生产能力和产量将在 2020 年达到峰值，建议从供给侧方面进行改革，以达到控制煤炭产能增长的目的[39]。Tim Wright 认为关闭乡镇中小煤矿，对改善煤炭生产安全情况，减少煤炭产量，平衡煤炭供需有很大的帮助[40]。Suwala 以波兰的煤炭行业的市场转型和区域调整为研究对象，得出通过产业调整和改善市场竞争环境能够达到提高煤炭行业劳动生产率和控制产能的目的[41]。Andrews-Speed 通过探寻中国煤炭落后产能，尤其是小型的煤炭矿区难以退出市场竞争的原因，认为与产能调控政策缺乏连贯性以及治理体制的高度复杂性有很大的关联[42]。左小蕾认为“过剩经济”是市场经济的本质，市场可以通过自身拥有的功能进行调节，政府的角色只是保障公平竞争的市场环境，并深化经济体制改革[43]。殷保达主张中国政府在处理产能过剩问题时应学习借鉴日本政府的做法，降低对企业的干预，但又不是完全放开，在市场失灵的情况下要及时予以控制，防止投资过于集中，引导产业投资多方向发展[44]。也有部分学者提出与上面两位观点相对应的解决方式，郭海涛通过分析美日化解产能过剩的应对措施，提出相关建议，如政府实施减免税收的财政政策，刺激国内消费，同时加强在技术、教育、研发等方面的投资，从而达到化解过剩产能和调整产业结构的目的[45]。

2.2.5 文献述评

产能过剩问题不仅仅是我国经济社会的一大难题，在世界其他国家同样有产能过剩的困扰。综合国内外的研究成果,目前对产能过剩的研究多集中于产能过剩的形成原因、产能过剩的判定方法以及产能过剩的治理措施,对产能过剩的化解困境涉及较少。国内外前人的这些研究成果为本书的研究奠定了良好的基础。

本书以煤炭产业产能过剩为研究对象,综合分析了煤炭产能过剩的形成原因与化解困境,并为煤炭过剩产能的化解提出了有效的路径。

2.3 煤炭产业转型升级含义和相关理论

2.3.1 煤炭产业转型升级含义

产业转型升级也可称为产业结构高级化,是向更有利于经济、社会发展的方向发展的行为。

从目前的研究成果来看,对煤炭产业转型升级的含义的理解具有代表性的有以下几点。

(1)郭晓梦认为:煤炭产业转型升级是一个整体、系统的过程;转型升级是对煤炭传统产业的继承和发展,转型升级的完善过程是渐进式的;煤炭产业转型升级的根源来自改革驱动和创新驱动。促进煤炭产业的转型升级,最主要的就是通过改革促使煤炭产业结构、组织以及布局等转型,使其趋于合理化,使煤炭产业实现产业链延伸发展,使煤炭生产过程实现循环发展。

(2)李忠华认为:产业转型升级中的"转型",转变的核心是经济增长的"类型",将煤炭产业的粗放型发展转为集约型发展,把高投入、高消耗、高污染、低产出、低质量、低效益转为低投入、低消耗、低污染、高产出、高质量、高效益,在转型过程中,尽管转型方案不能完全满足上述转型目标,但是在转型的过程中应该按照这几个方面的相对重要性进行方案选取;转型并不是要转行业,二者之间没有必然联系,要转型未必就要转行业,转了行业未必就能转型。按照产业经济学的理论,产业转型升级中的"升级",既包括产业之间的升级,如由第一产业占较高比重逐渐转变为第二、第三产业占较高比重;又包括产业内部的升级,即沿着产业链条的前向和后向关系,实现产业内部的加工和再加工逐步向纵深化发展,不断提高生产效率,实现集约化。

虽然我国在推进煤炭产业结构转型升级上已经取得了一些成绩,但仍存在诸多误区,具有代表性的误区观点是:煤炭转型升级就是淘汰煤炭产业转而发展其他新兴产业。这种错误的观念直接导致在经济发展过程中,出现了一哄而上追逐新兴产业的局面,忽视主体自身的条件,加大了经济风险。从对煤炭产业转型升级方向选择而言,发展新兴产业确实是一条重要路径,但绝非唯一路径。在全国三产产值超二产产值的背景下,一些地方搞"一刀切",要求第三产业增加值必须要超过第二产业增加值、无视地方实际情况的做法并不科学。把第三产业增加值大于第二产业增加值当作煤炭产业转型升级的重要体现,是一种非常牵强甚至是严重敷衍的认识,无法直接实现煤炭产业的转型升级,无论是从逻辑方面还是实际效果方面,都是无法实现的。

2.3.2 煤炭产业转型升级理论依据

1. 帕累托效率

帕累托效率又称为帕累托最优,是指在不使任何人境况变坏的前提下,无法使得至少一个人变得更好。如果资源分配已经达到帕累托最优,就是资源分配达到了一种理想状态再也没有帕累托改进的余地。在煤炭资源利用过程中,理论上通过市场或者非市场手段可以实现帕累托最优,但是现实中很难完全实现。因此,通常煤炭资源的利用不能长期呈现帕累托最优状态,即帕累托最优不是常态。为实现煤炭资源利用的公平和效率,应该尽可能采用补偿方式使因煤炭资源开发而受损的情况得到补偿,既包括经济福利又包括生态福利。

2. 政府职能

政府职能是国家行政机关依法对国家和社会公共事务进行管理时应承担的职责和所具有的功能。政府和市场的功能讨论自古以来非常多,但是从未否认过政府在经济发展中发挥的应有的作用,当前实践也都认为政府的必要干预依然很有必要。

政府职能包括经济调节、市场监管、社会管理、公共服务和环境保护。在市场经济条件下,政府应具有纠正市场失灵和超越市场、引导市场的职能。当市场经济自身运行有效时,政府无须介入干预。当市场偏向或失灵时,就需要政府进行作为,解决问题。当然,政府在什么时间、通过什么样的措施进行干预,既体现政府的职能,又体现政府干预水平和效率。在煤炭产业转型升级工作中,尤其是过剩产能背景下,煤炭资源的开发与利用已经畸形,政府干预显得极其必要。

3. 增长极理论

法国经济学家弗朗索瓦·佩鲁于20世纪50年代提出增长极理论,其核心思想是:“增长并非同时出现在所有的地方,它以不同的强度首先出现于一些点或增长极上,然后通过不同的渠道向外扩散,并对整个经济产生不同的终极影响。”“增长极”所起的功能是围绕主导部门组织有活力的高度相关的产业群组,通过乘数效应,带动相邻地区共同发展。1966年,法国经济学家布代维尔进一步拓展该理论,认为增长极是通过某些主导部门(企业、行业)在地域上聚集并且通过技术创新与扩散、资本的集中与输出形成的。

通常认为增长极理论适用于经济发展水平较低的国家或地区。但是对于一些典型的煤炭资源型城市,曾经严重依赖煤炭资源的开发利用带动经济发展,当煤炭资源枯竭或产能过剩之后,城市经济开始出现衰落,资本、人才等要素开始流失,城市经历由荣变衰的过程。因此,资源型地区找到新的增长极至关重要。

根据增长极理论,河北省需要充分挖掘新的带动产业,为了培育新的增长极以及确保新增长对河北省经济发展的驱动力,需要投入大量的资金和技术,引进相关增长的高端人才,顺利实现河北省煤炭产业在去产能的大背景下转型升级,并且能够健康可持续发展。

4. 循环经济理论

传统经济是一种单向流动的经济,通常路径是“资源—产品—污染排放”,而循环经济本质上是一种生态经济,通常路径是“资源—产品—废弃物处理与再利用”,最终使物质和资源在经济发展过程中得到最大限度的合理、循环使用。资源“减量化、再使用、再循环”是循环经济发展的基本原则。

煤炭资源是一种不可再生资源,鉴于我国能源资源构成特征,在相当长的时间内,我国能源结构中煤炭资源主体地位具有不可替代性，因此，循环经济理论是我国煤炭资源的开发使用必须遵循的基本理论。河北省在实施煤炭产业转型的过程中，同样必须以循环经济理论为基础，大力发展循环经济。在发展经济的过程中，应将人、自然、科技三个要素统一于一个系统内，既要让煤炭资源的开发利用服务于河北省经济的发展，又要让煤炭产业在开发利用过程中符合生态的承载能力，尽可能节约资源，提高资源的利用效率，使煤炭产业实现从传统工业的粗放式到集约化的工业发展模式转变。对于瓦斯气体和煤矸石等废弃物实施进一步的加工利用。

5. 主导产业理论

该理论由美国经济学家托斯提出。主导产业是指一国或一个地区在经济发展的进程中，那些对产业结构和经济发展起到导向和主导作用，并具有广阔市场前景的产业部门。他认为，一国或地区经济增长是这个国家或地区主导部门迅速扩大的结果，主导产业的发展牵动与之具有高度相关性的产业进而波及国民经济其他部门，最终实现整个经济体的快速增长。在实施产业转型的过程中，主导产业的选择至关重要。

不同的国家或地区，应该结合自身的实际情况，通过比较优势的选取和综合分析，确定自己的主导产业。以自然资源为主的国家或地区，应根据其自然资源禀赋的状况、区位优势、生产要素可获得性等各方面来确定自己的主导产业。尤其是转型升级过程中通常会涉及新型主导产业的选择和培育，需要充分考虑技术、资金、环保要求等综合因素形成的投资环境。河北省在实施煤炭产业转型的过程中，主导产业的选择至关重要，在充分发挥煤炭资源优势的同时，更应注重科技的创新、生产效率的提高，加强技术转化为现实生产力的能力，同时还应对煤炭、电力、化工三大产业间的技术衔接、开发和深度合作予以高度重视，形成具有竞争优势的产业链和区域产业群。

2.3.3　煤炭产业转型升级相关文献综述

1. 产业转型升级的近期典型研究成果

蒋兴明就产业转型升级的内涵、路径作了详细论述，提出了产业转型升级是由产业链转型升级、价值链转型升级、创新链转型升级、生产要素组合转型升级四个部分构成，路径主要包括研发、品牌、标准等。

贾建忠认为产业转型升级问题应从集群效应视角入手，把产业转型升级的集群效应分为共生共享型、共用生产平台型、供应链型和龙头带动资源整合型四种。他认为不同的方式将产生不同的集群效应，但都能起到有效增强产业转型升级的效果，并在此基础上提出了产业转型升级群效应的发生条件。他认为产业转型升级的重要构成是企业，政府制定的产业转型升级政策会指导和影响企业转型升级的方向和力度。

2. 煤炭产业转型升级的动态研究成果

白中科提出煤炭产业链的延伸在重视科技要素和人力资源培养的同时，还需解决劳动力转移问题，努力实现社会和谐发展。

易开刚、林肖肖总结了研发创新能力、市场参与控制能力等煤炭产业发展的制约因素。在煤炭产业转型升级过程中，企业应重视科研投入强度，构建人力资源培育体系。

3. 对河北省煤炭产业转型升级发展的研究动态

靳素颖通过构建河北省能源消费结构的计量模型，对河北省能源消费与经济增长的关系进行分析研究，利用生长曲线模型，得出了“目前河北省煤炭产业正处于成熟期、预计

2023 年开始进入衰退期”的结论，并依据深绿色发展、大循环发展、超低碳发展的准则，得出了“在当前形势下河北省煤炭产业发展转型的时机应选择在成熟期的中后期”的结论。

戴雯玉、李忠华对河北省煤炭产业转型升级研究的研究成果：在全球经济放缓、我国进入经济发展“新常态”的背景下，河北省煤炭产业实现转型升级是大势所趋。本书将煤炭产业转型升级理论与河北省煤炭产业转型现状相结合，首先分析了河北省煤炭产业转型升级的必然性和紧迫性；接下来分析河北省煤炭产业转型遇到的诸多障碍；最后从技术、经营、宏观环境等角度提出了对河北省煤炭产业转型升级的建议。

赵勇珍对唐山市这个中国典型的资源型城市的产业结构、发展现状以及资源禀赋条件进行了分析，采用生态足迹模型研究方法对唐山市 2013 年的生态健康性进行了整体的评价，并从生态需求、生态供给以及生态盈余三个方面研究了唐山市面临的生态环境问题，揭示了唐山市当前经济发展方式对物质的依赖性以及造成的直接的环境压力，并揭示了制约唐山市转型发展的重要因素。

刘文秀从投融资视角分析了河北省产业转型问题，认为要从根本上实现产业转型升级必须依靠政府引导，完善并不断跟进与创新投融资政策。

4. 对国内外研究的评价

综上所述，对于产业转型升级方面的研究已经比较完善，形成了清晰的研究体系。对煤炭产业转型升级方面的研究也有了一定的扩充，但现在的研究方向主要侧重于企业、产业和城市角度，综合视角方面的研究还比较少。

对于煤炭产业的研究多局限在“谈及”的宏观政策分析，对快速变化的产能以及煤炭市场行情的及时认识和把握不够，前瞻性和时效性还不够强；提出的转型升级政策措施与河北省煤炭产业发展的实际结合还不够紧密，针对性、实效性、有效性还不够强。

2.4　产业组织理论——SCP 理论

煤炭产业结构的调整必然借助于产业组织的基本理论。煤炭产业发展方式的转变，在微观领域中表现为煤炭企业的生产方式的转变。煤炭企业的市场行为的转变会影响煤炭企业的市场结构，进而影响煤炭企业市场集中度，而产业组织理论则是研究分析产业内部企业以及企业之间的竞争和垄断关系。

产业组织是指同一产业内部企业之间的关系。在市场经济中企业之间的关系是通过市场形成和体现的利益关系，具体来说就是市场交换关系、竞争和垄断关系、市场占有关系、资源占用关系等。

产业组织理论是以产业内部之间关系为研究对象的理论，主要任务是分析同一产业内部企业之间的关系，揭示企业之间关系变化的规律及其对企业经营绩效的影响。产业组织理论主要是由市场结构、市场行为、市场绩效等三大部分构成的体系。无论是在理论上还是在实践上，市场结构、市场行为、市场绩效都存在密切的逻辑联系。市场供求环境造成市场结构，市场结构制约企业的市场行为，企业的市场行为决定市场经营的绩效。产业组织或者说同一产业内部企业之间的关系正是在市场结构、市场行为、市场绩效中体现出来的，分析市场结构、市场行为、市场绩效，也就是分析产业组织，或是同一产业内部企业之间的相互关系说明产业内部资源的优化配置。

产业组织模式是企业间竞争与合作的具体关系，而企业间的关系并不是一个静态过程，是伴随着经济发展的变化过程，那么产业组织模式的实质到底是什么呢？

2.4.1 产业组织模式是企业间关系的自发秩序

所谓制度，它可以理解成一组规则或者规矩，规定在某些场合哪些人可以作出决策，或者说规定哪些人有资格决定一些事情，这些事情可以是行为举止的限制或允许，也可以是某些场所的规则的适用。例如，公司的制度就需要明确员工在公司应该遵循什么样的程序，必须或不必须提供什么信息，以及基于个人绩效的付款条件等。肖特(Schotter)认为，制度是一种被全体社会成员公认的社会行为规则，明确规定某种周而复始的特定情境下的行为，并且认为制度要么是自我维系的，要么通过外部力量维系。该系统即制度，提供了一种用于日常生活活动的标准，以减少不确定性。产业组织模式的实质是关于产业内企业之间关系的制度安排。这个制度安排约定了产业内企业之间的竞争与合作的具体关系。

举例进行说明，某品牌手机外壳的生产集中在 A 企业，那么作为手机组装 B 企业就需要购买 A 企业生产的手机外壳才能够完成组装。这样就形成了 A 企业与 B 企业之间的分工与合作的关系。产业组织模式作为一种制度安排，就指引着 A 企业与 B 企业进行分工与合作，减少 A 与 B 不合理的竞争。

产业组织模式作为一种制度，也可以解释成一种秩序。秩序是一个词语，意思是有条不紊地组织安排其中的每个组件，从而实现正常运行或良好的外观状态。可见秩序是一种规则或制度，为人们的行动提供某种依据。而自发秩序，是指人与人之间为了追求属于自身的利益，相互之间自觉地形成的一种秩序，是人们通过相互之间的行动而达到的一种状态，并不是人们故意设计的结果。哈耶克指出“在各种人际关系中，一系列具有明确目的的制度的生产，是极其复杂但却条理井然的，然而这既不是设计的结果，又不是发明的结果，而是产生于诸多并未明确意识到的其所作所为会有如此结果的人的各自行动”。可见，自发秩序的最大特点就是它是自发生产的，而非人为设计。“人造秩序”是指安排、指导以及控制各要素的运动方式，与“自发秩序”相对立。在哈耶克的理论中，秩序和组织是相对的概念，组织有人类设计的明显含义，各种组织的出现通常都具有某种特殊设定的目标，与不具有任何具体目的的自发秩序正好形成了对照。而产业组织模式的“组织”实际上是沿用了一种习惯的称呼，并不具有任何的人为设计的意思。产业组织模式作为一种秩序，是自发生成的，而非人为设计的结果，是一种自发秩序。

2.4.2 产业组织模式是企业间关系的博弈均衡

产业的组织模式是关于产业内企业之间竞争与合作关系的制度安排和一种自发秩序。而企业间的竞争与合作关系不是固定不变的，伴随着经济环境的变化它是一个动态的变化过程，那么企业间的关系到底是合作还是竞争，实际上是取决于管理者的决策，因此可将产业组织模式看成一个基于企业家的主观博弈过程的博弈均衡。

2.4.3 产业组织模式的动态变迁

伴随经济的发展和改革，产业组织模式也历经了一系列的变化，从“单体企业”到“纵向一体化”的变迁,一直持续到第二次工业革命。之前,产业组织模式都是以“单体企业”主导的产业组织模式,这种时期的企业一般只掌握着一种经济功能,只生产单一的产品,各个企业之间几乎只是通过价格进行相互的竞争,而合作关系几乎不存在;但是,到了第二次工业革命之后,企业间的关系就发生了变化,开始有了以纵向一体化的大型层级制企业为主导的产业组织模式,其中,纵向一体化是指在本企业核心技术范围内,对生产的连续阶段实行的一体化,当一个企业不在市场获得产品货物,而是自行生产时,就出现了纵向一体化。目前,产业组织模式已经从“纵向一体化”向“网络组织模式”发展;原本采取纵向一体化组织模式的企业出现了纵向分离,或者说垂直解体。也就是说企业将原本在企业内部的纵向链条上的生产过程分离出去,依靠外部供应商提供所需要的产品和服务或功能,垂直整合的企业垂直解体后,并非简单重新回归了市场,而是形成了介于企业与市场之间的一种中间组织。这种中间组织既有市场的特点,也有企业的特点,就是网络组织。网络组织的特点如表2-2所示。

表2-2 网络组织与企业、市场的比较[46]

制度形式	企业	中间组织	市场
资源配置方式	权威	价格与权威	价格
调节力量	供求	谈判	计划
合作稳定性	强	较强	弱
交易频率	重复性交易	重复性交易	一次性交易

综上所述,产业组织模式是从“单体企业”到“纵向一体化”的变迁,再从“纵向一体化”到“网络组织模式”的变迁,所以产业组织模式会伴随经济的变化而发生变迁。

2.5 基于“三链”协同的资源型产业链延伸[47]

2.5.1 对产业链延伸的科学认识

1.产业链延伸的内涵

产业链是产业各部门间基于一定的技术经济关联,依据特定逻辑关系和时空布局关系形成的链条式关联关系形态,产业链延伸即是这种关联关系的增加和拓展。产业链延伸分为纵向和横向,纵向延伸是产业上下游间的延伸,即从上游原材料、能源基础、产业环节直接向下游中间产品以及产成品产业拓展或反向延伸的过程;产业链横向延伸是在产业链的某个环节向着与之配套的关联产业延伸,如研发、设计、材料供应、营销、市场开拓等环节。产业链延伸的空间特点是在同一个地区内上游产业向下游产业的延伸,或下游产业向上游产业的延伸,还可能存在中间产业向两端延伸的情况,但是,区域间不存在产业链延伸的问题。产业链在区域间是一个完整的系统,是依据区域间比较优势形成,而资源匮乏的地区面对市场需求,在中间产业或下游产业上具有比较优势,这些都是长期形成的区域分工,区域专业化水平较高。现代产业发展对自然资源的依赖程度逐步减弱,区域产业专业化水平降低，区域间产业趋同成为现代区域产业发展的趋势，也是在这种背景下各个区域都在产业链延伸上做文章，以期取得产业结构升级，实现资源优化配置的效果。然而，产业链延伸能否取得预期效果，需做分析才能确定。

2. 产业链延伸效益分析

产业链延伸效益主要体现在空间上减少了运输、销售等环节，使生产环节具有连续性、紧密性和便利性，在废弃物再利用、环境保护、产品价值链升值、产业技术水平提高等方面具有巨大的潜在效益。

(1)推动产业技术持续创新

处于产业链上的企业，相对于外部孤立的企业而言更易于创新，原因主要基于以下三点：空间位置的彼此接近性增加了企业间的信任，并能够用特别低的成本来共享产业链区域的所有必要资源；产业链上的企业之间紧密的合作为持续创新创造了机会。由于创新活动的高风险性，使得产业链内的各个单元间的联系更加密切；产业链所在区域内各类支撑机构的存在降低了持续创新的成本。

(2)促进产品价值持续上升

从上游产业向下游产业的纵向延伸过程，是一个产品价值不断提升的增值过程，下游产业以上游产品为投入品经过加工使其价值增值。依据行业性质不同，产业链上各个环节价值存在很大的差异，追求产业价值升值是产业链延伸内在动力的主要来源。

(3)催生共生产业群快速成长

产业链延伸对于促进相关产业群的成长具有可靠的功效。产业链延伸不仅仅是一个环节的延伸，其形成在特定地理区域内，催生大量互相联系的企业群(包括直接满足特定需求或进行特定产品生产及服务提供的企业集合以及相关配套性的组织集合)，这些企业在某一产业或产品生产中形成具有竞争优势的群体。

(4)提升产业综合竞争力

产业链的延伸促进产业技术的持续创新，产品价值的持续提升以及产业群落的衍生，最终将会提升区域的产业竞争能力，推动产业转型升级，推动区域经济持续增长。此外，产业链延伸还通过产业链的前后向延伸，使得生产过程更加紧密，缩短流程，为循环经济的实现奠定基础，有助于形成“低能耗、低物耗、低污染、高技术含量、高附加值”的产业结构，通过生态产业环节的衍生和原有产业环节的绿色改造，形成稳定的生态产业链网，从根本上实现产业发展与生态环境的协同。

3. 产业链延伸的制约因素及风险

通过产业链延伸可促进产业升级，但优化产业结构目标的实现是有前提条件的，不是任何产业链的延伸都能实现这些目标的，更不是产业链延伸越长越有效益，产业链延伸存在一定的风险。实施产业链延伸过程中，存在如技术创新能力、投资能力、市场开拓能力、相关配套产业协调程度、人才要素供给等很多不确定的因素，产业链的延伸必须全面考虑这些制约因素，只有对产品链、价值链和技术链“三链”协同关系进行系统分析和评价后谨慎决策，才能实现既定目标。产业链延伸具有双重作用，产业链延伸过程中存在以下风险：

(1)市场风险

产业链延伸只是在本区域内实现了向下游产业延伸的目的，但摆脱不了市场饱和的困境,下游产品市场依然是一个饱和甚至过剩的市场,由于延伸后生产的产品质量、成本都难以与老企业竞争,所以市场销售困难、市场效益差是最大的风险因素。产业链的延伸,只有在下游市场短缺或竞争不激烈的情况下才能减少市场风险,取得成功的机会才可能更多。

(2)技术风险

产业链延伸对于原企业来说是进入了一个全新的领域,如煤炭行业向化工行业延伸、钢铁行业向制造业行业的延伸都是本企业技术解决不了的新行业,要取得成功,就需要在新产业技术创新上下很大的工夫,对于我国多年从事生产而不搞研发的企业来说,技术风险是制约产业链延伸的重要因素。

(3)产业生态残缺风险

产业链延伸后不仅仅是一个生产环节的延伸,与之配套的横向关联产业生态群是否形成对产业链延伸成功与否尤为关键。

(4)投资风险

产业链延伸的边际效益取决于边际投入与边际产出之间的比较。投资风险来源于产业链延伸投资的边际效益风险。由于市场、技术、产业服务在产业链延伸中存在不确定性,投资的风险因此而产生。

2.5.2 "三链"的内涵及其协同效应

1."三链"的内涵

(1)产品链

产品链延伸是产业链延伸的最直接体现。产品链是产业链的实物形态,即从原有的产品向上下游产品扩大业务范围的产品系列。产品链多表现为产品的深度加工,特别是资源型产业,一般是从原材料的中间产品向下游最终产成品延伸的过程。产品链能否延伸最重要的因素是技术,技术的功能解决的是产品延伸的可行性问题。

(2)价值链

价值链延伸是产业链从一个环节延伸到下一个环节产品价值提升的过程。产品价值提升体现于边际投入与边际产出的比较。价值链提升是否满足企业的利润目标决定着产业链延伸是否合理。产业链延伸的目的不是能否把产品生产出来,而是追求价值的增值,其是企业延伸产业链的根本目的。影响价值链的因素,既包括下游产品的市场供求状况,更取决于本企业产品的竞争力状况(技术、成本、营销渠道、获得资源的能力等)。

(3)生态链

生态链是指产业链延伸过程中形成的产业生态系统,既包括资源环境的生态,如资源的综合利用、环境的改善,又包括产业生态,即延伸后的产业能否得到相关产业的支持,也就是说能否形成一个具有关联性的产业群,这是最重要的因素。所有的老产业都是一个产业群,即寄生在该产业上的所有产业形成的产业系统,很多延伸了的产业失去了相关产业的支撑,使得该产业延伸不能享有正的外部资源支持。

2."三链"协同效应分析

产品链是价值链实现的载体,价值链是产品链实现的目的,生态链是产品链、价值链延伸的制约因素。产品链体现产业链延伸的可能性,生态链体现产业链延伸的可行性,价值链体现产业链延伸的合理性。“三链”协同效应体现在产业链延伸可行性和合理性的有机统一上。“三链”协同的应用价值体现在为产业链延伸决策提供了一个全面分析，并给出一产业链延伸是否可行、合理的分析路径。只有“三链”协同发展，产业链延伸才能达到预期效果，只考虑产品链能否生产，对价值链、生态链不做深入研究的行为，是导致决策失误的根本原因。

2.6　本章小结

本章主要梳理了供给侧改革的经济学理论，并从产能过剩和转型升级两个方面进行理论分析，二者共同构成煤炭产业实施供给侧结构性改革的理论基础。本章首先对国内外关于产能过剩的概念及内涵、形成机理、评判依据以及治理措施等方面进行总结和梳理，通过国内外的相关研究，一方面找到本书研究的突破口，另一方面为下文的研究奠定了理论基础；其次，结合产业转型升级、城市转型升级、煤炭产业的转型以及河北省煤炭产业转型升级的理论研究成果，通过比较，认为这些理论可概括为全球价值链理论、转型升级的群效应理论、动态比较理论、核心竞争力理论等方向，整体研究较为全面，但是对于具体转型方向和路径选择研究还有待深化。

第3章　河北省煤炭产业发展状况

河北省是全国重要的炼焦煤产地,是国家十四个大型煤炭基地之一,是产煤和消费煤炭大省。近年来,随着天然气、太阳能、风能等清洁和可再生能源的推广利用,煤炭占一次能源消费比例下降到86.6%,在相当长的时期内,以煤炭为主的能源结构难以改变。煤炭工业健康发展是河北省工业化、城市化、现代化发展的重要保障,也是河北省建设沿海经济强省,实现又好又快和谐发展的重要条件之一。因此,促进煤炭产业持续健康发展,保障煤炭安全稳定供应,对各个资源型城市以及河北省经济持续健康发展具有重要意义。

3.1　河北省煤炭产业“十二五”发展状况

“十二五”期间,全省煤炭工业认真贯彻落实国家和省委省政府的决策部署,加快冀中煤炭生产基地建设,淘汰落后产能,提高煤炭生产集中度,进一步优化结构,奠定了下步继续发展和改革的良好基础。

3.1.1　煤炭产量保持稳定

2015年底,全省共有合法在籍煤矿198处,产能12 136万吨/年。2015年河北省煤炭产量8 215万吨,比2010年下降9.2%,精煤产量4 741万吨,比2010年增长118.8%;国有重点煤矿原煤产量8 089万吨,占全省总产量的98%,比2010年占比持平,保持了主导地位。“十二五”期间河北省煤炭年产量保持在8 000万吨以上。

3.1.2　淘汰落后产能成效显著

“十二五”期间,河北省强力实施煤矿兼并重组、资源整合,累计关闭小煤矿237处,淘汰落后产能1 650万吨/年,煤矿主体企业压减到22家。开滦集团、冀中能源集团煤矿133处、产能10 415万吨/年,分别占全省的67%和86%。产能结构上,60万吨以上(含)矿井54处,产能8 912万吨,占总产能73%;30万吨(含)至60万吨(不含)矿井63处,产能2 106万吨,占总产能17%;30万吨(不含)以下矿井81处,产能1 118万吨,占总产能10%。

3.1.3　项目建设取得新进展

全省以生产矿井外围补充勘探为重点,同时兼顾平原深部资源勘探,五年间共新增详、精查资源量18亿吨,新增普查预测资源量124亿吨。煤矿建设上,先后竣工投产北阳庄矿井、聚隆矿、太行煤矿、阜平矿等4对矿井,能力330万吨/年,开工建设榆树沟煤矿、邢台矿西井、许庄煤矿等3对矿井,能力240万吨/年。

3.1.4　资源综合利用得到加强

“十二五”期间，全省共利用煤矸石 3 000 万吨左右，占排出量的 63%，主要用于发电、充填、制砖和修路等领域。2015 年，全省国有重点煤矿利用矿井水 1.709 亿立方米，矿井水 100% 达标排放；瓦斯抽采量为 2.6 亿立方米，利用量 1.21 亿立方米，利用率 46.5%。

3.1.5　对外合作和科技进步成效显著

“十二五”期间，全省煤炭工业实施“走出去”战略，与山西、内蒙古、新疆等省（自治区）广泛开展战略合作，合作建成投产煤矿 35 处、能力 4 265 万吨/年、在建煤矿 4 处、能力2 390 万吨/年，开展前期工作煤矿 4 处、能力 3 100 万吨/年。2015 年开滦、冀中能源两个集团报告省外煤炭产量 1.15 亿吨。开滦集团深部开采主要水害问题研究方法与工程应用、峰峰集团村庄下矸石膏体综采技术研究、冀中能源集团煤矿井下跳汰高效排矸工艺系统设备研究与开发等多个项目获得国家能源科技进步二、三等奖。

3.1.6　安全生产形势持续好转

“十二五”期间，全省煤矿事故起数由 2011 年的 98 起减少到 2015 年的 59 起，事故起数下降了 40%；死亡人数由 2011 年 184 人减少到 2015 年 74 人，下降了 60%。全省煤矿重大、特别重大事故起数和死亡人数分别由“十一五”期间每年平均 3 起 45 人，下降到 1 起 13 人，分别下降了 66% 和 71%，无特别重大事故发生。煤矿百万吨死亡率由 0.48 下降到 0.17，下降了 65%。

以开滦化工股份为例，作为一家能源化工企业，公司安全生产的风险除煤炭企业共同面临的顶板、沼气、矿井水、火灾和煤尘五大自然灾害外，还存在煤化工企业存在的高温、高压、易燃易爆、有毒有害气体等不安全因素，如果发生重大安全事故，将影响公司的生产经营，造成公司一定时期内的经济效益下滑。为有效防范煤炭、煤化工产业可能出现的风险，公司始终坚持依法生产，积极倡导保护环境、保障员工安全健康的“绿色生产”模式，以建立本质安全型企业为目标，积极贯彻落实“安全第一、生产第二”的安全理念，积极推进矿井和煤化工园区的质量标准化建设，确保公司实现持续安全发展目标。一是完善安全长效机制，进一步提升持续安全管控能力。公司将继续完善公司安全管理架构，健全安全责任保障体系，推进自主安全监督、检查、验收、考核等职能的落实。二是健全零目标管理体系，进一步提升安全考核管理水平。根据公司安全生产发展状况，公司进一步拓展零目标期值考核体系，实现对自主强化安全管理的科学激励。三是做实质量标准化，进一步提升安全环境创建水平。公司将继续以“按规范设计、按设计施工、按标准检查”为切入点，细化安全质量标准，坚持把安全质量达标作为一项重点安全基础工作进行动态考核，稳步推进公司整体质量标准化工作，提升公司生产环境的本质安全度。四是切实保证安全投入，进一步提升公司防灾抗灾能力。公司将以防范矿井一通三防、水灾和煤化工火灾、爆炸、环保等重特大事故为重点，科学合理使用安全专项资金，完善各安全生产系统，加快更新安全监控手段。

3.2 河北省煤炭供求平衡状况

2015 年,河北省消耗煤炭 2.9 亿吨,占一次能源消费总量的 86.6%。根据国家京津冀大气污染防治行动计划等有关要求,2020 年河北省煤炭消费控制在 2.7 亿吨以内,煤炭生产能力掌握在 7 000 万吨左右,年产量保持在 5 000 万吨左右。与需求相比,河北省 2020 年煤炭需求缺口 22 000 万吨左右,需通过省外调入解决。

根据国家煤炭工业发展"十三五"规划,2020 年全国煤炭产量预计 39 亿吨,煤炭需求约 41 亿吨,加上进口部分煤炭,总体平衡。预计 2020 年,全国煤炭调出省区的净调出量 16.6 亿吨,其中晋陕蒙地区 15.85 亿吨,主要调往华东、京津冀、东北地区及四川、重庆,河北省调入量占晋陕蒙三省调出量的 13%。目前,山西省煤炭年产量 8.5 亿吨,内蒙古煤炭年产量 8.7 亿吨,陕西煤炭年产量 5.3 亿吨,预计 2020 年还将有部分增长。河北省处于三省煤炭调出通道,已形成较为完善的综合交通网络,"十三五"期间境内铁路运输能力可达 10 亿吨以上,加上公路运输的有效补充,煤源和运力能够满足煤炭调入需求。

近两年来,煤炭产品的价格保持相对稳定。2016 年,河北省平均(每吨)动力煤 396 元,炼焦用洗精煤 631 元。河北省拥有肥煤、炼焦煤等优质稀缺煤品种,2017 年主焦煤等优质煤种平均价格维持在 1 300 元/吨左右。价格稳定在一定程度上反映了产品供求市场的相对平衡。

3.3 河北省煤炭产业发展面临的严峻形势和主要问题

3.3.1 严峻形势

"十三五"期间,河北省煤炭工业发展面临错综复杂的国内外环境。国际方面,全球经济复苏乏力,不确定性增加,能源结构清洁化、低碳化进程加快,煤炭消费比例下降。国内方面,能源需求放缓和清洁能源替代加快,天然气、核能和可再生能源快速发展,开发利用规模不断扩大,预计到 2020 年,全国非化石能源消费比例达 15% 左右,煤炭消费比例由 2015 年的 64% 下降至 2020 年的 58% 左右。从省内看,能源结构清洁化调整和大气污染防治工作深入推进,"6643"工程压减煤炭消费硬任务的逐步完成,河北省煤炭消费"天花板"已经形成,煤炭消费强度会逐渐减弱。国家优化生产开发布局,要求压缩东部开发规模,三年内不核准新建、改建、资源整合等新增产能项目,实施化解过剩产能政策,势必对河北省煤炭生产开发产生直接影响。部分煤炭资源枯竭、开采条件复杂、生产成本高的煤矿,将逐步退出,河北省煤炭产能和产量将大幅度下降。

3.3.2 主要问题

当前,河北省煤炭产业发展遇到的主要问题有:

1. 煤炭企业经营困难

受全国经济增速放缓、能源结构调整等因素影响,全国煤炭产能过剩明显,煤炭需求低迷,煤炭企业货款回收难度加大,经营普遍困难,如表 3－1 和表 3－2 所示。

表 3－1　河北省主要煤炭企业总资产净利润率国内对比

时间	开滦股份	冀中能源	中国神华	兖州煤业
2004/12/31	12.39%	12.34%	8.32%	16.84%
2005/12/31	10.34%	13.96%	13.49%	12.70%
2006/12/31	9.63%	10.76%	12.61%	8.44%
2007/12/31	9.96%	10.41%	11.51%	11.24%
2008/12/31	9.05%	23.00%	11.53%	22.57%
2009/12/31	6.83%	10.01%	11.80%	8.28%
2010/12/31	5.94%	10.73%	13.08%	13.34%
2011/12/31	4.48%	9.63%	13.98%	10.15%
2012/12/31	2.53%	5.92%	13.10%	5.10%
2013/12/31	1.54%	2.76%	11.59%	0.24%
2014/12/31	0.76%	－0.40%	8.92%	1.45%
2015/12/31	－2.52%	0.74%	4.28%	0.62%
2016/12/31	2.77%	0.38%	5.25%	1.61%

数据来源：Wind 资讯。

表 3－2　河北省主要煤炭企业成长性指标国内对比（营业总收入同比增长率）

时间	开滦股份	冀中能源	中国神华	兖州煤业
2005/12/31	67.42%	33.22%	33.04%	4.07%
2006/12/31	22.08%	21.03%	22.97%	13.80%
2007/12/31	72.66%	36.48%	25.96%	14.78%
2008/12/31	71.71%	74.96%	30.48%	57.41%
2009/12/31	16.76%	－4.24%	13.24%	－18.41%
2010/12/31	38.06%	49.61%	25.35%	62.06%
2011/12/31	28.90%	24.03%	32.05%	39.96%
2012/12/31	－2.26%	－19.95%	19.61%	19.83%
2013/12/31	－10.03%	－14.10%	11.48%	－1.59%
2014/12/31	－16.77%	－29.33%	－12.49%	8.85%
2015/12/31	－27.12%	－31.33%	－30.03%	5.64%
2016/12/31	12.56%	8.76%	3.42%	47.78%

数据来源：Wind 资讯。

2. 安全生产压力加大

2015年底,河北省采深大于600米矿井30余处,采深超过1 000米矿井4处,矿井地应力、瓦斯压力、奥灰水压增大,高瓦斯、煤与瓦斯突出矿井增多,耦合灾害加剧。先进产能煤矿比例仍然偏低,大部分整合技改煤矿复工复产条件难以满足要求,给安全生产管理带来挑战。

3. 资源接续储备不足

河北省已探明保有资源中,已利用资源占80%,未利用资源占7%,勘探区占13%,可用资源/储量保有率和储量保有系数同全国水平相差较大,国有控股重点煤矿剩余地质储量约80亿吨,其中"三下压煤"46亿吨,占57%。在"三下压煤"中,村庄压煤33.5亿吨,占42%。由于村庄搬迁征地难、费用高,村庄压煤得不到解放,影响矿井正常接续开采。

4. 体制机制有待完善

煤炭行业去产能、降成本、处置"僵尸企业"任务艰巨。国有企业职工下岗安置、债务违约和防范社会稳定风险的难度进一步加大,干部职工进退机制不活。资源整合、兼并重组民营煤矿管理难度大,整合主体企业不能完全行使决策权、经营权,管控体制亟待完善。

3.4 河北省煤炭产业发展目标

按照《河北省煤炭工业发展"十三五"规划》的要求,到2020年,煤炭开发布局科学合理,大集团、大煤矿主体地位更加突出,安全生产形势进一步好转,生产效率和企业效益显著提高,安全绿色开发和清洁高效利用水平显著提升,职工生活质量得到改善,煤炭治理体系和能力进一步现代化,基本建成集约、安全、高效、绿色的现代煤炭工业体系。

3.4.1 压缩煤矿生产规模

关闭退出煤矿123处,淘汰生产能力5 103万吨/年。到2020年河北省煤炭产能7 000万吨左右,煤炭产量控制在5 000万吨左右,煤炭企业减少到20家以内,单个企业生产规模达到300万吨/年以上。

3.4.2 提高安全保障程度

煤矿安全生产长效机制进一步健全,安全生产能力显著提高,杜绝重特大事故,有效防范较大事故,努力减少零星事故,全省煤炭生产百万吨死亡率控制在0.1以下,煤矿职业病危害防治取得长足进展,煤矿本质安全水平得到明显提升。

3.4.3 提升机械化装备水平

全省煤矿采煤机械化程度达到80%以上,掘进机械化程度达到60%以上,加快推进煤矿安全质量标准化建设,提高安全生产保障能力,到"十三五"末三级以上安全质量标准化水平煤矿达到90%以上;数字化矿山信息技术得到全面运用,推广使用创新矿井、选煤厂管理手段和信息化技术,逐步实现采掘、洗选自动化和智能化管理,推动产业技术升级。

3.4.4 推进绿色生态矿山建设

生态文明矿区建设取得积极进展,煤炭生产开发对环境影响进一步减轻。资源综合利用水平提升，煤层气(煤矿瓦斯)抽采总量9亿立方米以上，利用量4.22亿立方米以上，利用率47%左右。煤矸石综合利用率达到95%以上，矿井水利用率达到80%以上，矿井水达标排放率100%，土地复垦率达到65%以上，新增瓦斯发电装机容量0.24万千瓦，装机容量3.14万千瓦。生产煤矿全部配套建设洗煤厂，原煤入洗率达到90%以上。限制灰分高于16%、硫分高于1%、挥发分高于10%的散煤销售，主流推动张家口、承德、秦皇岛、保定4市加快成为“基本无煤矿市”。

3.5　河北省煤炭重点企业概况

3.5.1　开滦(集团)有限责任公司概况

开滦集团地处环渤海经济区腹地，与京、津相毗邻，地理位置优越，交通便利，京山、京秦铁路纵横其中，秦皇岛港、塘沽港与之相接，在唐山港、曹妃甸港建有开滦业主码头、国家级数字化煤炭储配基地、煤化工产业园区，煤炭可直抵华东、华南市场，远销海外。开滦(集团)有限责任公司前身是开滦矿务局，始建于1878年，迄今已有一百多年的历史，是国有重点煤炭企业，隶属于河北省国有资产管理委员会。开滦集团享有“中国煤炭工业源头”“北方民族工业的摇篮”等盛誉，是世界500强企业，中国500强企业，中国煤炭100强企业，河北省煤炭、煤化工、现代物流领军企业。

开滦集团已成为集煤炭生产、洗选加工、煤化工、现代物流、金融服务、文化旅游、装备制造、热电、建筑施工等多产业并举的大型企业集团，形成五大区域、七大战略基地的生产格局，主要分布在河北唐山、河北张家口蔚州、内蒙古鄂尔多斯、新疆准东、山西介休和国外加拿大盖森地区。

公司地处华北重要的炼焦精煤基地、钢铁生产基地和煤炭焦炭集散地，拥有良好的区位优势、资源优势和相对完善的产业链条。近年来，受国内宏观经济增速放缓，煤炭下游钢铁及焦化行业需求持续低迷等因素的影响，煤焦市场延续调整态势，相关产品价格不断下降，煤炭和煤化工行业遭受较大冲击，企业的生产经营出现亏损。面对严峻复杂的经济形势，公司着力实施提质降本增效工程，加大企业转型升级力度，加强生产经营管控，努力降低煤焦市场持续调整给公司经营带来的负面影响。在煤炭业务方面，公司推动管理体制和经营机制改革，实施洗煤中心专业化整合，搭建电商采购平台，科学摆布采掘衔接和生产布局，深挖内潜，实现了煤炭产业安全生产和均衡稳定。在煤化工业务方面，公司充分发挥一体化经营和循环经济优势，多层次拓宽炼焦配煤、焦油采购渠道，狠抓大宗原料成本控制，保证了煤化工产业的稳健运营。同时，公司聚甲醛、己二酸项目投入试生产，甲醇燃料示范项目启动试点运营，焦油加工项目具备了联合试运转条件，促进了集团产业结构向精细化工、新材料和新能源领域的进一步延伸。在安全生产方面，集团秉承打造本质安全型企业理念，主动落实企业安全生产主体责任，强化“红线意识、底线思维”，实施“以人为本、依法治企、科技兴安、预防为主”的主动安全战略，依照新版《安全生产法》等相关法规重新修订了公司《中化人民共和国安全生产责任制》。

为进一步延伸开滦新材料、新能源、化工环保产业链，适应公司转型发展要求，集团重点在纤维级聚甲醛产品开发、煤焦油下游萘系聚酯产品合成、NO_x工业尾气处理、车用甲醇燃料、工业催化剂制备、低阶煤利用等方面开展了技术研发与成果转化工作。报告期内，2

项技术成果转化项目得到河北省、唐山市科技计划项目专项资金支持,并取得1项省级鉴定科技成果,1项发明专利获得授权。同时,起草制定的河北省地方标准《车用甲醇汽油变性醇》通过审定。目前,集团总资产超700亿元,在册员工6万多人,是国有特大型企业。开滦集团,下辖45个分公司、70个子公司,拥有1个能源化工上市公司,其中开滦集团能源化工股份有限公司下属有包括范各庄矿业分公司在内的2个生产矿井,下属6个二级煤炭生产分公司,即开滦能源化工股份有限公司、开滦集团煤业分公司、开滦集团蔚州矿业分公司、开滦集团内蒙古公司、开滦集团新疆公司、开滦集团承德兴隆矿业有限责任公司。2015年,公司积极面对宏观经济带来的机遇与挑战,全面落实能源化工发展战略,继续稳步推进聚甲醛、己二酸、甲醇燃料等项目的建设步伐,公司还投资1 000万元设立子公司唐山开滦化工科技有限公司。此外,公司积极推进的项目还有曹妃甸百万吨级焦油深加工项目一期工程、加拿大盖森煤田勘探项目、加拿大墨玉河煤田勘探项目等。

集团2012年进入世界500强,排名第490位;2014年在世界500强中排名394位,三年前移96位,在中国500强企业排名第81位,五年前移101位。

"十三五"时期,开滦集团将坚持"以煤为基、多元发展"的发展战略,着力转变发展方式,深入推进结构调整和转型升级,加快优化煤炭产业、煤化工产业、煤电热产业、现代服务业等"四大板块"产业发展新格局,形成河北、内蒙古、山西、新疆、海外等"五大区域"空间布局,努力实现经济增长、产业结构和经营模式"三大转型",自身最终建设成为"主业突出、结构合理、治理科学、效益领先"的国际化大型企业集团。

3.5.2 冀中能源集团有限责任公司概况

冀中能源集团有限责任公司(简称冀中能源集团)成立于2008年6月,是一家以煤炭为主业,制药、现代物流、化工、电力、装备制造等多产业综合发展的大型省属国有企业,企业总部设在河北省邢台市。冀中能源集团下辖峰峰集团、冀中能源股份公司、邯郸矿业集团、张家口矿业集团、山西冀中能源集团、邢台矿业集团、井陉矿业集团7家产煤子公司,以及华北制药集团、河北航空投资集团、机械装备集团、国际物流集团、华北医疗健康公司5家非煤子公司,控股冀中能源、华北制药和金牛化工三个上市公司,并拥有一家财务公司,产业主要分布在河北、山西、内蒙古、新疆等省区。2016年完成煤炭产量8 009万吨,精煤产量2 651万吨,营业收入2 216.6亿元,利税58.87亿元。目前,全集团从业人员12.6万人,资产总额2 142亿元。自2011年以来,连续7年跻身世界500强,位列第320位。

我国煤炭消费地区主要分布在沿海等经济发达地区。煤炭价格中运费所占比例大,煤炭的运输距离和运输的便利程度对煤炭生产企业在一定区域内的竞争能力有很重要的影响。公司煤炭资源主要分布在京津唐环渤海经济圈腹地,京九铁路、京广铁路、京深高速和107国道等干线穿境而过,交通运输极为便利。此外,区域内焦化、钢铁、发电等煤炭下游产业发达,具有明显的经济区域优势。

2017年1月至7月,全集团完成原煤产量4 639万吨,实现营业收入1 252亿元,利润9.42亿元,实现了安全生产。当前,冀中能源集团树立了"创新、协调、绿色、开放、共享"新发展理念,抢抓京津冀协同发展的战略机遇,以开放合作的崭新姿态,强力推进强基固本、改革创新、转型升级,致力实现更高质量、更有效率、更可持续的发展。到2020年,冀中能源集团煤炭产量将稳定在1亿吨左右,煤炭板块销售收入占比10%左右,利润贡献率30%左右;打造"煤炭、物流、制药"三个年销售收入300亿元以上、年盈利10亿元以上战略支撑产业；培育形成一批掌握关键技术、具有较强品牌影响力的非煤产品和项目，基本形成“能源为基、多元支撑”产业格局。为破解结构效率低下，华药集团管理再造使企业重塑筋骨，重新设计了扁平化的组织架构，采取全新的“10 +6 + *N*”模式。“10”指10家重点骨干型企业，这些企业都将成为华药的创效大户，“6”是将原来小而分散的资源集成在一起形成6个平台型企业，“*N*”指*N*个合资合作企业。目前，10家重点公司均保持良好的态势，6家平台型单位即将进入实体化运行阶段，集团公司已与5家公司签署了战略合作协议，两家合资公司已经成立，为企业改革发展注入新的活力。

2017年上半年，受供给侧改革等政策的有利推动，煤炭产品价格持续回升，公司盈利能力大幅改善。公司董事会以“质量效益”为中心，以“提质增效、转型发展”为主线，深化改革，强化管理，推动公司稳健运营和健康持续发展，取得了良好效果。在煤炭业务方面，完成原煤产量1 473.69万吨，同比增加174.42万吨，同比增长13.42%；合计生产精煤681.23万吨，其中，冶炼精煤530.17万吨，同比减少9.87万吨，同比降低1.83%。非煤业务方面，生产焦炭67.21万吨，同比增加53.48%；生产玻纤制品3.72万吨，同比增加7.20%；发电4.37亿千瓦时，同比降低27.22%。公司实现营业收入1 022 690.67万元，同比增加82.02%；发生营业成本778 036.84万元，同比增加77.12%；实现营业利润89 849.48万元，同比增加2 509.53%；实现归属于上市公司股东的净利润57 054.60万元，同比增加6 128.65%。

3.6 本章小结

本章主要从河北省煤炭产业十二五发展状况、河北省煤炭供求平衡状况、河北省煤炭产业发展面临的严峻形势和主要问题、河北省煤炭产业设定的发展目标以及河北省内开滦集团和冀中能源两大企业状况六个方面展现了河北省煤炭产业发展状况。

第4章　河北省煤炭产业供给侧结构性改革的现实背景

河北省煤炭产业供给侧结构性改革的现实背景主要有：煤炭产能全国性过剩、煤炭产业面临转型发展的压力以及河北省煤炭产业面临的恶劣生存环境。

截至2015年，我国国内实际煤炭产量约为37亿吨，而我国的煤炭产能已达到57亿吨左右，产能利用率大概约为65%，按照前面总结的国内外产能利用率标准，属于产能过剩的范围。国内学者通过比较国内外产能过剩的案例，总结出产能过剩时的产业经济运行特点：一是商品价格大幅度回落，库存高位运行；二是行业出现大面积的企业亏损；三是供求关系失衡，供需矛盾严重；四是进口规模下降。下面运用几大指标衡量煤炭产业的经济运行情况。

4.1　产能过剩

4.1.1　煤炭价格持续下滑，库存高位运行

价格是市场供给和市场需求博弈的综合反映结果。在煤炭市场上，煤炭价格是煤炭市场运行的晴雨表。煤炭的需求量和供给量直接反映到煤炭的市场价格上。在激进的投资狂潮中，必然会导致产能过剩，为了消耗大量闲置的过剩产能，扭转库存积压严重的产业发展现状，各个煤炭企业之间展开激烈竞争，竞相降低煤炭价格，煤炭的市场价格一度低于生产成本。通过纵向对比煤炭价格，可以明显看出，在煤炭发展的“黄金十年”，煤炭价格一直是高位运行，但是最近几年煤炭价格明显回落。以秦皇岛港5 500大卡动力煤平仓价为例，如图4－1所示。

从图4－1可以看出，从2004年到2011年，煤炭价格大致一直处于上升阶段，从2011年第四季度之后我国的煤炭价格开始出现持续下滑，2011年10月煤炭价格为855元/吨，到2016年的2月份下降到364元/吨，跌幅达57%，个别月份偶有上涨，但是幅度有限，总体还是呈现下降的趋势，煤炭市场价格低位运行。影响煤炭价格的因素有很多，刘艳敏把影响煤炭价格形成的因素分为“内部因素”和“外部因素”，“内部因素”主要指煤炭生产、运输等环节，“外部因素”主要指煤炭的供需状态、国民经济的发展状况，等等[45]。按照经济学的一般原理，产品的供需状况决定了产品的价格。供给过剩，需求缩减，最终导致供过于求的市场现状，以致煤炭价格下滑。

“全社会煤炭库存量”这一指标反映一定时间段内煤炭供给超过需求的情况，而煤矿企业、电力企业、港口煤炭库存量的激增，则反映了煤炭供应增加而需求不足形成的滞销和过

剩情况。截至2016年1月底，煤炭全社会库存已经连续46个月处于3亿吨左右的高位。煤炭企业存煤1.08亿吨，全国重点电厂存煤6 919万吨，主要港口存煤3 527万吨，产品处于严重滞销的状态。2014年1月—2016年1月全社会煤炭库存具体情况如图4-2所示。

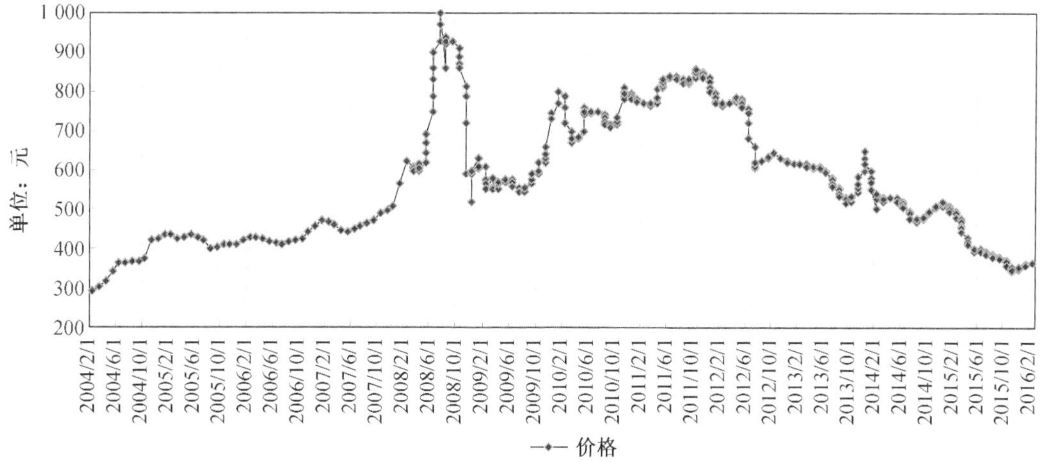

图4-1　2004年2月—2016年2月秦皇岛港5 500大卡动力煤平仓价变化

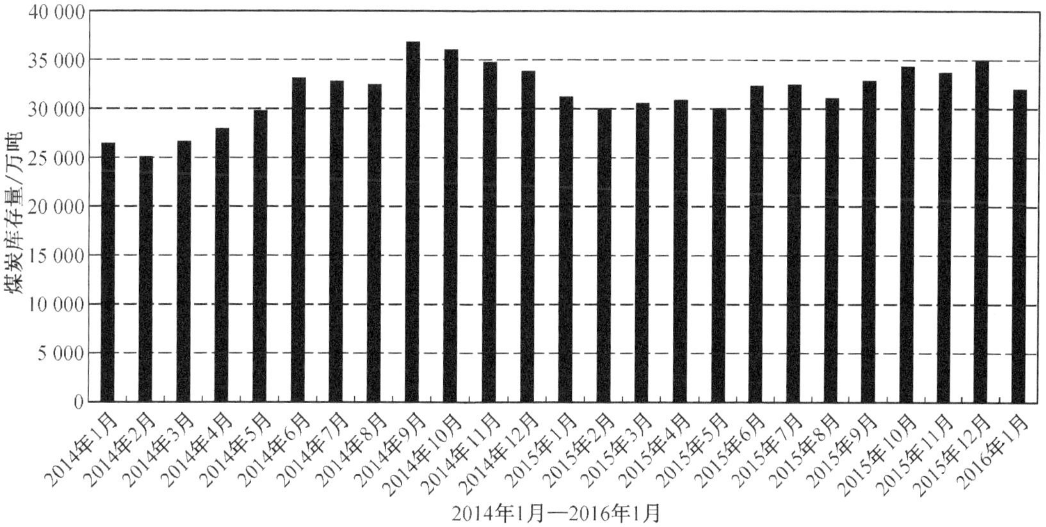

图4-2　2014年1月—2010年1月全社会煤炭库存量

煤炭库存增长背后所暗含的深层次的矛盾还是供给和需求之间的矛盾，供给端的增长加之需求端的不足，导致产品积压，周转周期拉长，煤炭价格进一步下降。

尽管目前我国煤炭价格有小幅上涨，库存量逐渐回落，体现了行业化解过剩产能与脱困工作取得的阶段性成果，某种意义上讲是短期“控量”的结果，而我国煤炭产能存量依然很大，相对需求而言，煤炭产能过剩的状态从根本上讲并没有改变，因此这种煤炭价格的回升、库存下降是缺乏支撑的。

4.1.2 煤炭全行业利润水平恶化

从2011年第三季度开始,煤炭行业利润基本上呈现下滑的趋势,结束了之前在其他工业经济发展不景气的情况下“一枝独秀”的发展态势。从2001起,煤炭行业发展迅速,利润十分可观,到2011年的十年间,煤炭行业的利润一直处于直线上升的状态,2001年的利润总额为42亿元,2011年的利润总额为4 342亿元,是历史最高水平。但是,2015年煤炭行业利润总额为441亿元,仅为2011年的十分之一,与2004年和2005年水平相当。销售净利率与利润总额走势大体相似,在2011年销售利润率维持在14%的水平,随后销售利润率呈现大幅下滑的趋势,2015年仅为1.8%,跌幅达87%。2001—2015年煤炭行业利润总额和销售利润率变化情况如图4-3所示。

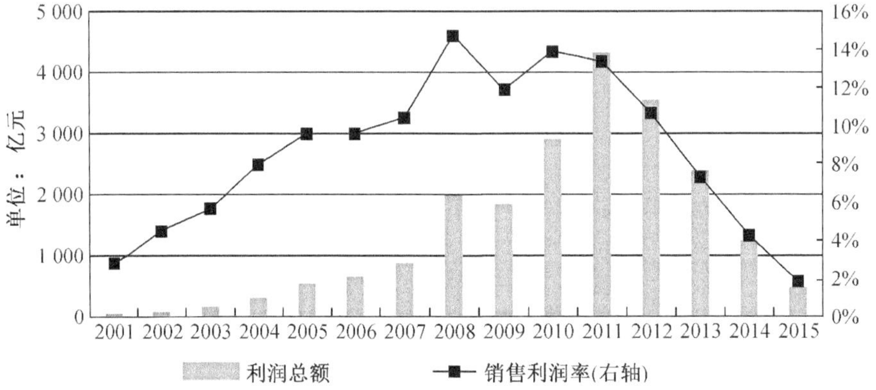

图4-3 2001—2015年煤炭行业利润总额和销售利润率变化情况

截至2015年底,煤炭行业的经营情况不容乐观,大中型煤炭企业亏损面达90%,处于停产、半停产的“僵尸企业”数量明显提升。半数以上煤炭企业减少发放甚至欠发工资和欠缴社保,并且这种形势到目前为止越来越严重,员工工资水平普遍下降,甚至出现待岗、裁员的现象。根据中国煤炭资源网公布的数据,2013年我国煤炭开采和洗选业实现销售收入32 404.73亿元,同比减少3.23%;实现利润总额2 369.87亿元,同比减少33.34%;销售利润率比2012年下降约4%。煤炭上市公司2015年前3季度归属净利润同比下降67.72%,剔除中国神华后21家公司归属净利润亏损28.04亿元,亏损额环比扩大4.43亿元。中国神华的三季报披露,前三季度的净利润165.55亿元,同比下降44.13%。煤炭行业资产负债率和销售利润率变化情况如图4-4所示。

从图4-4可以明显地看出:在2011年第四季度之前,煤炭行业的利润是可观的,在2012年第四季度以后,煤炭行业的资产负债率明显高于销售利润率,而且按照目前的煤炭行业发展行情来看,这种情况会逐渐加剧。这种结果可以简单地理解为:煤炭行业面临的财务风险上升,并且获利能力逐渐降低。

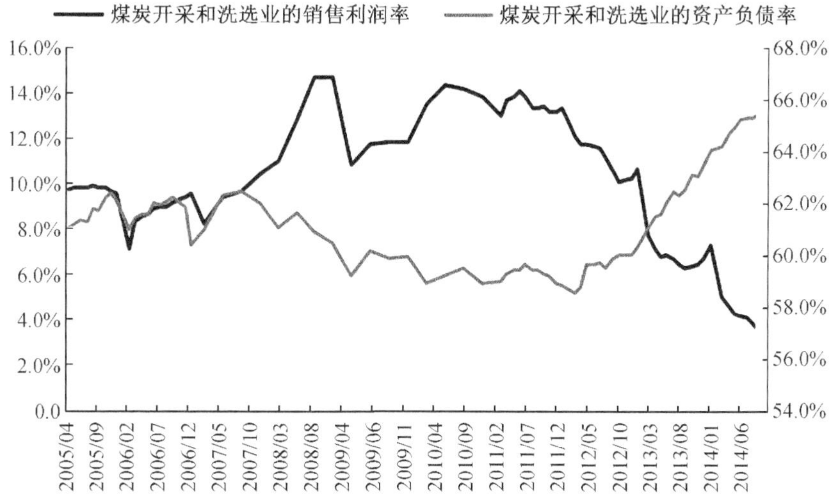

图4－4 煤炭行业资产负债率和销售利润率变化情况

4.1.3 煤炭市场供求失衡

供求关系严重失衡是产能过剩的一个明显外部表现。随着我国经济社会环境的发展变化，我国煤炭市场的供求关系由“卖方市场”转变为“买方市场”。供给大于需求，卖方竞相抛售。煤炭市场的具体供需链条如图4－5所示。

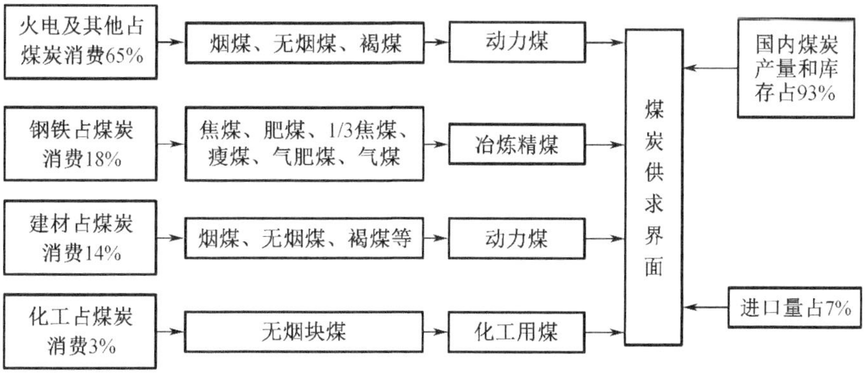

图4－5 煤炭供需链条

1. 供给方面

我国煤炭市场供给分为国内和国外两个来源。国内供给来源包括当期生产和库存。由图4－6可以看出，国内煤炭的生产是煤炭供给的主要力量，用来满足煤炭下游主要的煤炭消费行业。自2006年以来，全国煤炭投资累计完成36 000亿元，累计新增产能近30亿吨。其中，按照《煤炭工业发展“十二五”规划》测算，规划期间我国煤炭产能年均增加1.5亿吨，年均增速约为3.5%。国家统计局的统计结果，“十二五”前四年，我国煤炭开采和洗选业固定资产投资分别为4 907亿元、5 286亿元、5 263亿元、4 682亿元，累计2.01亿元，年均超过5 000亿元，远超2002年煤炭开采和洗选业固定资产投资为301.19亿元以及“十一五”期间总共 1.25 万亿元的投资额。从图 4－6 可以看到煤炭相关生产环节的固定资产投资及变化情况。

需要说明的是虽然近两年的投资增速有所下降，但是煤炭固定投资基数比较大，且产能从建设到释放会有一个滞后期，煤炭的建设周期大概在 2 年左右，因此，现阶段的煤炭产能是新建产能及已经完成产能的集中释放；加之，全国煤炭资源整合与煤矿改造后的陆续恢复生产，使全国煤炭产量快速增加。据煤炭工业协会公布数据，全国煤炭产量由 2005 年的 23.5 亿吨快速增到 2013 年的 40 亿吨。截至 2015 年底我国有规模以上煤炭企业约 6 850 家，煤矿 1.08 万处。全国煤炭产量变化如图 4－7 所示。结合图 4－6 和图 4－7 分析，从煤炭年生产量发展趋势可以明显看出，煤炭的产量与固定资产投资的增长态势基本一致，从 2000 年的 13.8 亿吨，连续增长到 2013 年的产量峰值 39.7 亿吨。2015 年底，全国煤炭总规模 57 亿吨，其中，正常生产及改造的煤矿 39 亿吨，停产煤矿 3.1 亿吨，新建改扩建煤矿 15 亿吨，还包括约 8 亿吨未经核准的违规项目。如果按照 2015 年煤炭行业总产能 57 亿吨、原煤产量 37 亿吨计算，中国煤炭产能利用率只有 65%，煤炭产能过剩明显。

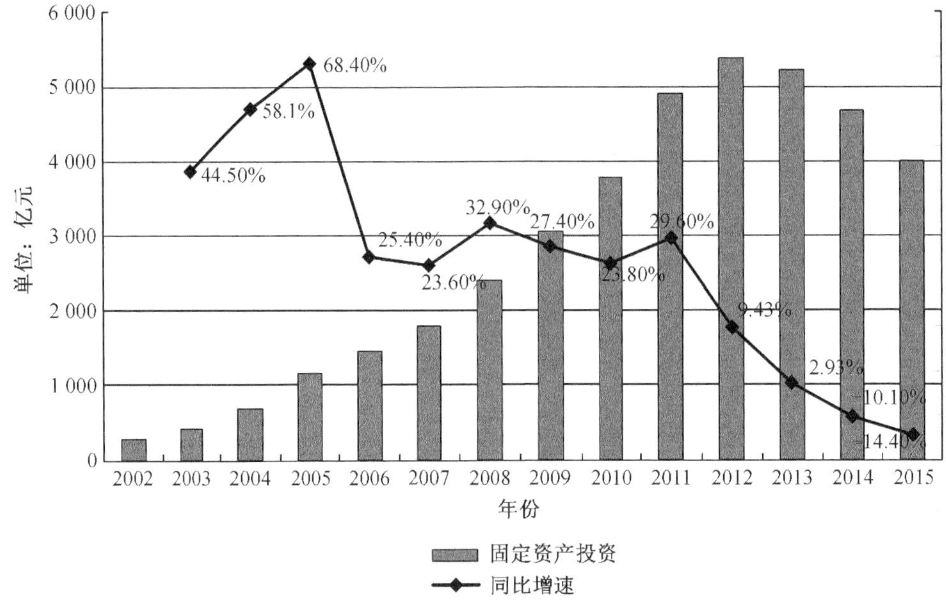

图 4－6　煤炭开采及洗选业固定资产投资及增速

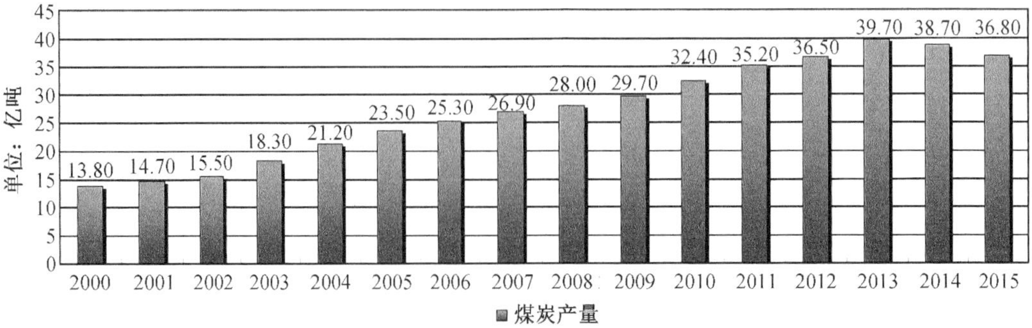

图 4－7　2000—2015 年全国煤炭产量统计

值得注意的是，我国煤炭产量有70%以上来自于国有煤炭企业，并且国有煤炭企业的产量提升速度要远大于行业的平均水平，生产经营规模迅速扩大。2012年全行业的煤炭原煤产量较2011年的增长率为8.6%，按照《中国煤炭工业统计年鉴》企业原煤产量排名，排名前20的企业累计产量超过总产量50%，其中有18家是国有煤炭企业，这18家国有煤炭企业产量的加权平均增长率为33%。

2.需求方面

产能过剩的供求关系一方面表现为供给远大于需求，另一方面则表现为需求的萎缩。根据广州首发的2015《BP世界能源统计年鉴》（中国版）我国能源消费增长率为2.6%，是1998年以来的历史最低水平，虽然其并没有改变我国是世界上最大的能源消费市场的地位（总体占比全球能源消费的23%），但却说明我国的能源消费结构在发生变化。虽然在未来很长一段时间内，煤炭仍将占据我国能源消费的霸主地位，但我国经济发展进入新常态以后，煤炭下游各行业的能源消费结构却在悄然发生着一些微妙的变化。煤炭下游有四大耗煤行业，即火电、钢材、建材、化工，其中火力发电是我国能源消费的主力，占据煤炭消费的50%以上；钢铁、建材、化工分别占比18%，14%，3%。因此分析发电能耗结构的变化对我国煤炭消费具有重要意义，见表4-1。

表4-1 水电发电对火电发电量的影响分析

	2007年	2008年	2009年	2010年	2011年	2012年	2013年	2014年1月至10月
社会用电量（亿千瓦时）	32 458	34 268	36 430	41 923	46 928	49 591	53 223	45 484
用电量增长	14.9%	5.2%	6.0%	11.1%	11.7%	5.5%	7.5%	3.8%
火电（亿千瓦时）	27 013	27 857	29 814	33 253	38 137	37 867	42 153	34 591
火电增长	14.6%	3%	7.2%	11.7%	13.9%	0.6%	6.9%	0.1%
水电（亿千瓦时）	4 343	5 277	5 545	6 622	6 108	7 595	7 891	8 127
水电增长	15.4%	17.5%	4.3%	18.4%	1.4%	25.8%	7.2%	22.3%
水电发电量增加1%对火电发电量的影响	16	19	19	20	16	20	19	23

数据来源：由《中国统计年鉴》整理计算所得。

由表4-1中的数据可以看出：水电和火电之间存在此消彼长的关系，水电发电量对火电发电量的敏感系数在-0.2左右，即水电发电量增加1%，火电发电量平均减少20%，尤其在2012年和2014年更为明显。由于电力行业水电占比提高较大，再加上其他新能源产业如核电产业、风电产业、光伏产业等逐渐兴起并迅速发展，这些产业均对火力发电产生了一定的替代效应，因此各地区均加强了对煤炭发电的控制力度，煤炭需求的“天花板”逐渐显现。

加之，近几年来大气环境污染快速恶化，严重影响居民的正常生活，引起社会各界的高度重视。究其原因，煤炭的燃烧尤其是劣质煤炭的不充分燃烧所释放的有害物质被一致认为是主要的污染原因之一，因此加强对商品煤质量的监管是解决大气污染的必不可少的重要措施，下游各个行业也均出台用煤标准，对行业内所用煤炭的标准加强监管，必然会使后期各大煤炭高耗能行业用煤量增速呈现下滑趋势。

供过于求的运行现状反映了煤炭供给和需求背后深层次的现实矛盾。我国煤炭行业在“十二五”时期的前四年，煤炭市场供需矛盾逐渐恶化。2011—2014 年煤炭供需状况如图 4-8 所示。

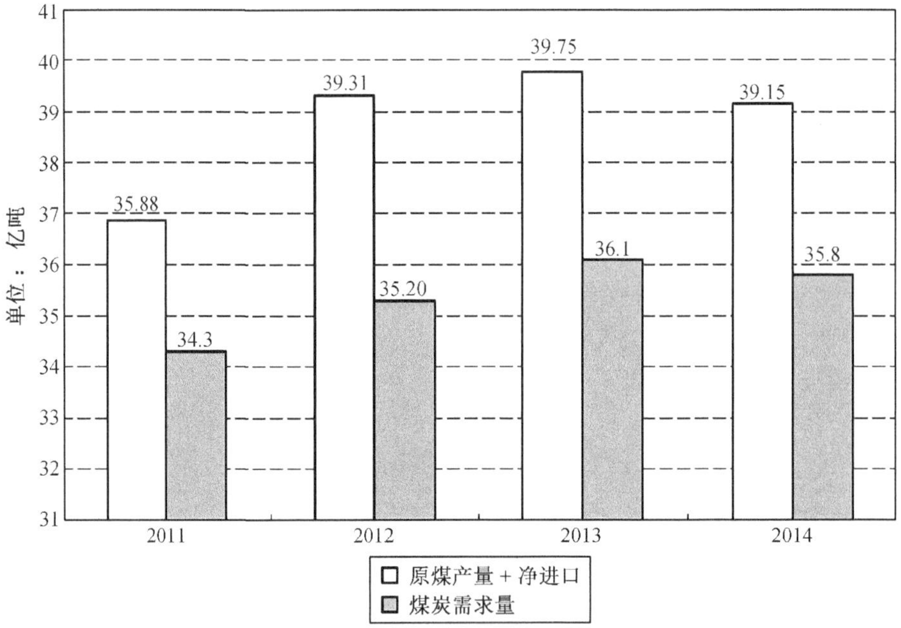

图 4-8　2011—2014 年煤炭供需状况

2011—2014 年需求缺口达 3 亿吨，已经占到基本需求总量的 8%，若考虑大量的煤炭进口，实际产能供需矛盾则更加尖锐。

4.1.4　煤炭进口规模下降

来自澳大利亚、蒙古等国的煤炭拥有价格或品位的比较优势，因而具有较强的竞争力，进口煤炭对国内煤炭市场形成一定的冲击。我国煤炭的进口大部分主要来源于印度尼西亚、澳大利亚、俄罗斯、蒙古国，还有一少部分来源于朝鲜、加拿大、越南、南非等国家。以 2014 年为例，煤炭进口来源比例如图 4-9 所示。

纵观我国进口煤炭的数量，基本上是呈下降的趋势，2015 年前三季度，我国累计进口煤炭 15 636 万吨，同比下降 29.83%，进口严重受阻。2013 年 7 月—2016 年 3 月我国煤炭进口情况如图 4-10 所示。

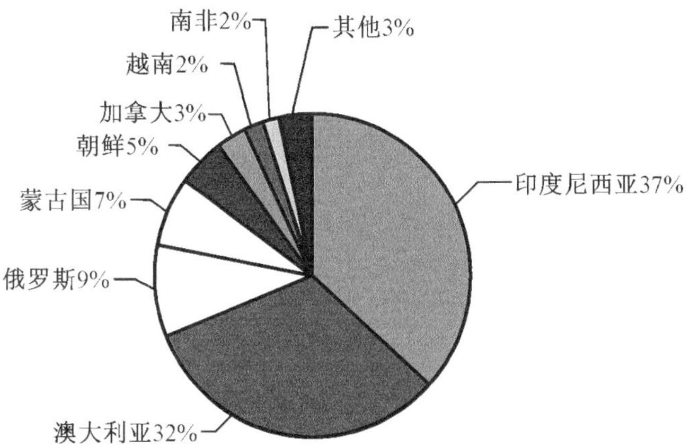

图4－9　2014年中国进口煤炭数量百分比

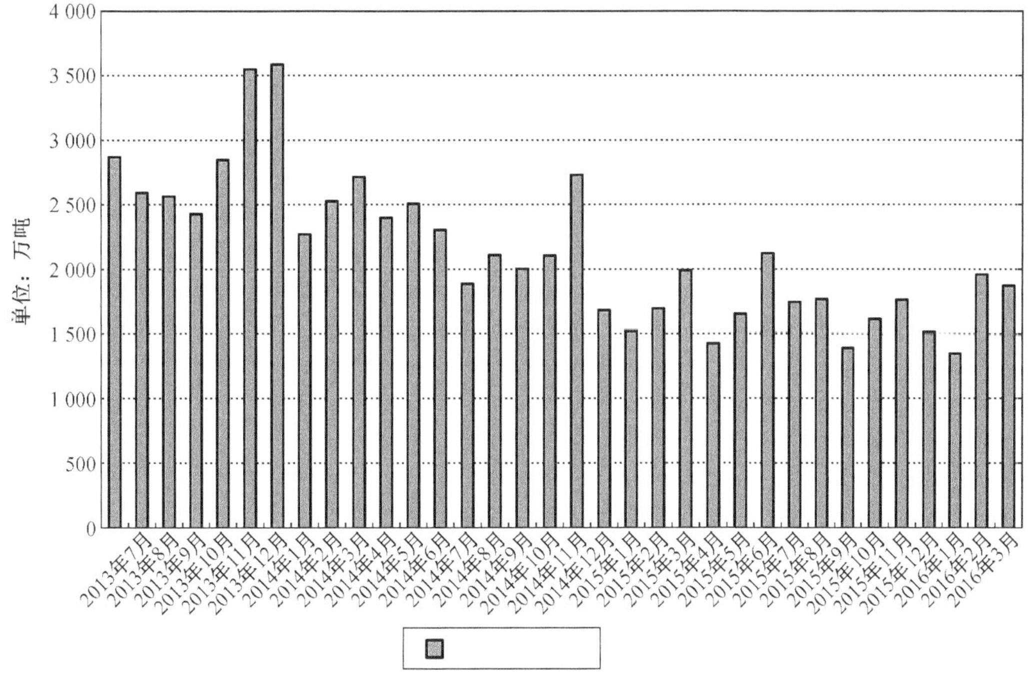

图4－10　我国煤炭进口情况

4.2 煤炭产业转型升级的大背景

与20世纪90年代末我国煤炭产业的生存状况相比,目前我国煤炭产业转型升级面临着经济新常态、新的环保标准、煤炭行业亏损严重和开放的市场环境等新背景,但这也为煤炭行业的转型提出了更高的质量要求。

4.2.1 经济新常态

自中国加入世界贸易组织以来,中国年度经济增长率始终高于世界经济增长率,为世界经济的增长作出了贡献。2002—2011年,中国经济与世界经济增长趋势一致;自2012年后,中国经济增长率与世界经济增长率趋于分离,世界经济增速低、平稳,而中国经济增速呈下降趋势,具体如图4-11所示。

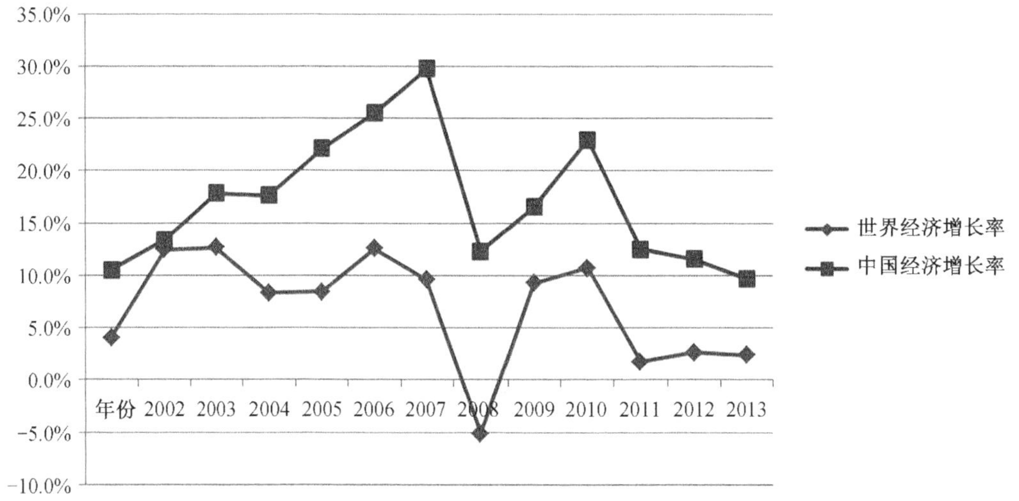

图4-11 2002—2013年中国与世界经济增长率比较

数据来源:http://unctadstat.unctad.org/wds/TableViewer/tableView.aspx。

通过对中国经济的增长率与中国煤炭消费量增长率的比较(图4-12),可以看出,二者的变化特征极为相似,考虑到煤炭作为能源产品的特性以及在中国能源结构中的地位和中国作为工业大国的特征,可以得出中国煤炭消费量的多少与中国经济的增长速度密切相关。随着中国经济进入经济结构调整期,经济增长速度放缓,并基于煤炭消费和经济增长之间的关系以及中国是最主要的煤炭消费大国的事实,可知受世界及中国经济增速放缓的影响,煤炭的消费量将继续下滑。

4.2.2 不断提高的环保标准

2013年9月10日,国务院颁发的《大气污染防治行动计划》针对燃煤电厂、燃煤锅炉提出了明确的要求,要求在2015年底前基本完成改造。计划明确提出:控制煤炭消费量,到2017年,煤炭占能源消费总量降到65%以下;京津冀、长三角、珠三角等区域力争通过替代燃煤实现煤炭消费总量负增长,禁止该区域新建项目配套建设自备燃煤电站;耗煤项目要

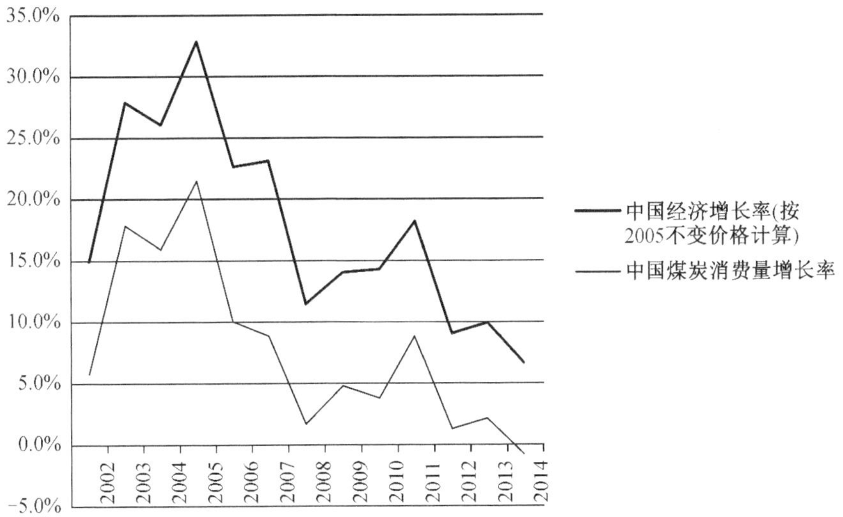

图4-12　2002—2014年中国经济增长率与中国煤炭消费增长率关系

实行煤炭减量替代;除热电联产外,禁止审批新建燃煤发电项目。

新的《火电厂大气污染物排放标准》于2012年修订后实施,提出了新旧火电厂差别待遇和过渡期的安排。自2012年1月1日起,新建火力发电锅炉及燃气轮机组执行火力发电锅炉及燃气轮机组大气污染物排放浓度限值表规定的烟尘、二氧化硫、氮氧化物和烟气黑度排放限值。自2014年7月1日起,现有火力发电锅炉及燃气轮机组执行火力发电锅炉及燃气轮机组大气污染物排放浓度限值表规定的烟尘、二氧化硫、氮氧化物和烟气黑度排放限值。自2015年1月1日起,燃烧锅炉执行火力发电锅炉及燃气轮机组大气污染物排放浓度限值表规定的汞及其化合物污染物排放限值。重点地区的火力发电锅炉及燃气轮机组执行更严格的标准。

GB 16171—2012炼焦化学工业污染物排放标准于2012年进行修订,对炼焦化学工业水污染物14项中9项的排放限值比过去提出了更严的要求。

这些具体的规定直接涉及炼焦煤、动力煤用户用煤做原料或燃料的成本,无疑将实质性削减用户对煤炭的需求量。

4.2.3　煤炭行业亏损极其严重

煤炭资源网对2015年3月—2016年6月中国代表性炼焦煤和动力煤煤矿进行跟踪统计,炼焦煤煤矿、动力煤煤矿亏损产能比例均居于高位,炼焦煤煤矿亏损产能占比最高时达到95.9%,动力煤煤矿亏损产能占比最高时达到91.7%,亏损具体情况如图4-13、图4-14所示。

从图4-13、图4-14可以明显看出,亏损成了煤炭行业的普遍现象,绝非个案。转型升级需要资金的支持,尤其是企业自身造血能力的支持,而煤炭企业普遍存在负利润状况,这也使得煤炭产业的转型雪上加霜,异常艰难。

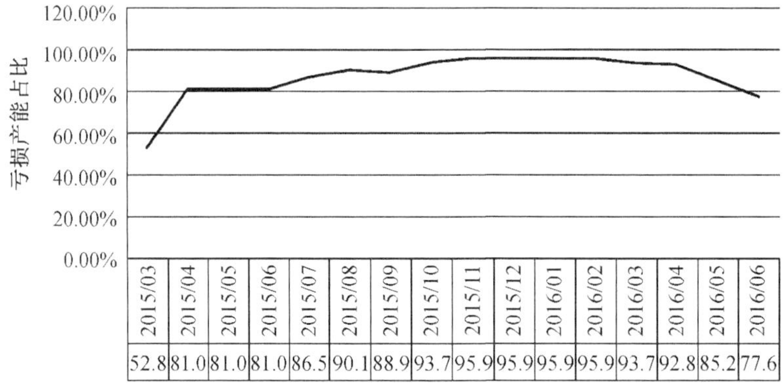

图 4－13　2015 年 3 月—2016 年 6 月炼焦煤煤矿亏损状况

数据来源:根据煤炭资源网数据整理。

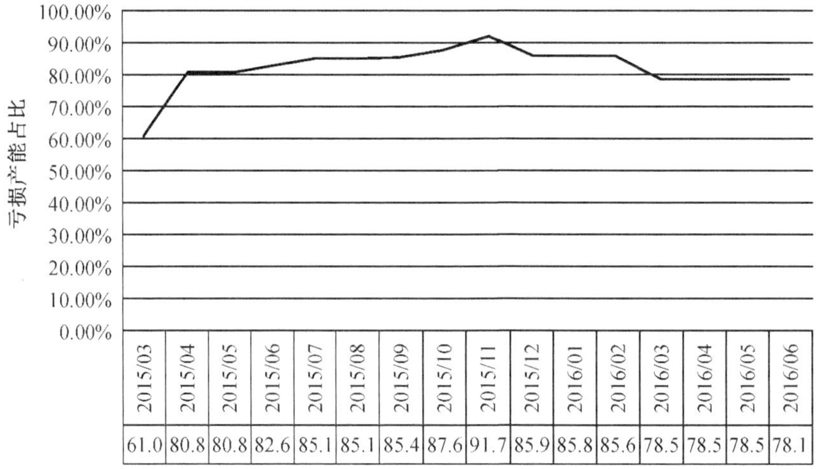

图 4－14　2015 年 3 月—2016 年 6 月动力煤煤矿亏损状况

数据来源:根据煤炭资源网数据整理。

4.2.4　进口煤炭冲击

2011 年 1 月—2016 年 6 月,中国月度进口煤炭规模如图 4－15 所示。

计算月平均进口量结果为 2 163.097 万吨,2011—2015 年进口煤消费量占中国煤炭消费总量的比平均为 11.7%。

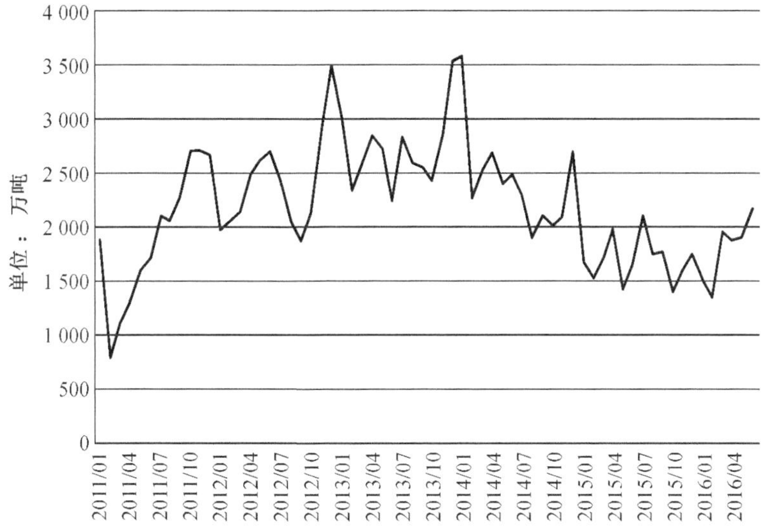

图4－15　2011年1月—2016年6月中国月度煤炭进口量

数据来源：根据煤炭资源网数据整理。

4.3　新常态下河北省煤炭产业面临的恶劣生存环境分析

目前，河北省煤炭产业面临的恶劣生存环境主要体现在以下三个方面。

4.3.1　经济增长速度放缓

《2014世界经济形势与展望报告》预测：全球经济虽然持续复苏但仍显脆弱，2015年全球经济增速为3.3%，世界经济仍处于深度调整期，各国之间的贸易争端频繁。2014年中国钢铁等行业产品出口不断遭遇反倾销，这种影响进一步传递到产业链的上游——煤炭产业。

在四期叠加的新常态背景下，国内市场对钢铁、水泥、化工等产品的需求下降，从产业链的角度分析，势必波及对煤炭的需求，加上前期煤炭行业迅速增加的产能，煤炭市场雪上加霜，全行业亏损。

4.3.2　环境压力

2015年政府工作报告明确指出："深入实施大气污染防治行动计划，实行区域联防联控，推动燃煤电厂超低排放改造，促进重点区域煤炭消费零增长"。而河北省正处于重点区域。

根据河北省已完成大气污染源解析的结果可知，石家庄、唐山、廊坊三市$PM_{2.5}$污染源排放燃煤分担率分别为28.5%，10.26%和50%；另外，唐山市$PM_{2.5}$污染源最主要的来源是冶金行业，这与以煤炭为主的能源消费结构密切相关。保定、邢台市阶段性大气污染源解析结果也认为燃煤是首要源头。

由此可见，出于环境压力，燃煤量必减无疑，这也必然进而减少对煤炭的需求。

4.3.3 煤炭产业内部过度竞争带来的生存危机

虽然煤炭市场化程度较高,但因十年的高速经济增长引致的大量需求影响,煤炭产业也经历了十年的高速发展。在这十年里,煤炭产业更加关注外延性发展方式,对提高发展质量重视不够,忽视了发展战略的制定与实施。煤炭产业内部呈现明显的产能过剩,进而引发煤炭价格大幅下降,煤炭企业全部亏损。再加上国际油价、天然气等煤炭替代商品价格严重下跌,对煤炭需求替代作用明显。

综合以上三大背景可知:煤炭产业在经历了十年黄金期后,目前已经进入了深度调整期。煤炭产业如何在严峻的国际国内形势下求得生存和发展是亟须深入探讨的问题。

4.4 本章小结

本章主要从煤炭产业供给侧改革的产能过剩背景、被迫进行的煤炭产业转型和河北省煤炭产业供给侧结构性改革面临的独特背景三个方面,总结了河北省煤炭产业进行供给侧结构性改革的现实背景。具体而言,主要从煤炭价格下滑、库存高位运行、煤炭全行业利润水平恶化、煤炭市场供求失衡,以及煤炭进口规模下降等方面对我国煤炭产业状况进行描述和分析,无论是应用产能利用率指标还是根据产业发展特点来进行判断,都能得出我国煤炭产业存在产能过剩问题的结论。更值得注意的是,在“十三五”期间,我国煤炭的需求增速有可能会持续放缓,这将导致煤炭产能过剩问题更加突出。化解我国煤炭产能过剩问题变得尤为紧迫和必要,如不及时解决将对我国社会经济的发展产生更大的负面影响。而河北省煤炭产业供给侧改革既离不开全国煤炭产能过剩和各地不断探索转型升级的大背景,也必须面对河北省煤炭产业的现实情况,改革难度较大。

第5章　河北省煤炭产业供给侧结构性改革问题的成因分析

本章将主要运用统计描述、边际分析和实证分析的方法，结合相应的经济学理论，从河北省煤炭产业所处的经济环境、地方政府的作用以及企业自身的因素等方面对河北省煤炭产业供给侧结构性改革问题的成因进行分析论证。

5.1　经济周期理论和市场预期理论对煤炭产能过剩的解释

按照经济社会的发展历程来看，经济的增长方式从来不是循规蹈矩、按部就班的。一个国家的经济发展既可以呈现出繁荣景象，又可以是一场经济衰退，甚至是经济危机。所谓经济周期指的是国民总产出、总收入和总就业的波动起伏，又称为商业周期或者商业循环。在宏观经济学中，经济周期的发生主要是指实际 GDP 相对于潜在 GDP 上升或者下降，也可以指经济的扩张和收缩[46]，如图 5－1 所示。

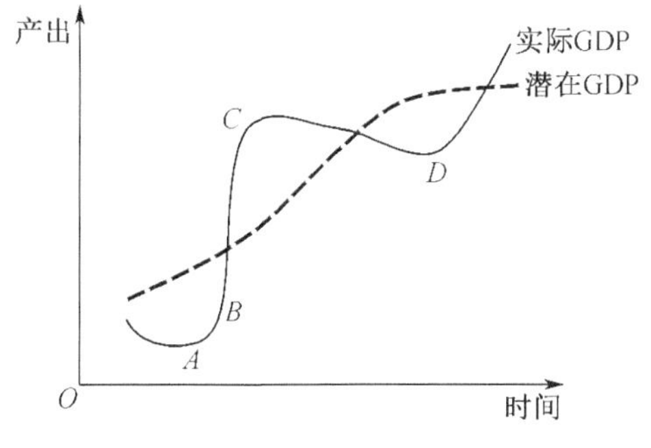

图 5－1　经济周期示意图

图 5－1 中，虚线表示潜在 GDP 的稳定增长趋势，实线则表示实际 GDP 的变化情况。图中 *A* 点位于经济周期曲线的波谷位置，代表着经济萧条时期；*B* 点所处位置，表示经济逐渐复苏；随着经济复苏的发展进程，产出到达经济周期曲线的波峰位置，即图中的 *C* 点，此时的经济处于繁荣阶段，然后再进入下一个循环阶段。

2007 年，美国房产泡沫破裂，随后触发“次贷危机”，其发展态势迅速危及欧盟、日本等主要金融市场，形成全球性金融危机局面，使世界经济发展遭受重创。2009 年欧洲国家陆续出现债务危机，加剧了全球经济运行的疲软状态。为了缓解这种局面，世界各国均采取财政扩张、货币宽松等刺激性经济政策，这种方式对于经济发展复苏在短期内是奏效的，但从长期角度来讲并没有为世界经济增长提供有利的支撑，甚至为后期的发展带来了一定的隐患和风险。世界经济增长的平均速度下降50%左右，呈现出一种明显的疲弱状态。

由于受到国际经济低迷发展、需求急剧萎缩的影响，我国作为世界经济的重要成员，对外贸易遭受重大冲击，出口增速由金融危机前的20%左右跌至2014年的5%左右。

外部环境恶化导致投资需求下降，全社会固定资产投资增速由2008年的26%下降至2014年的15%。宏观经济周期波动引发的经济衰退，有可能导致社会总供需的全面失衡，大部分产业因为受到经济波动的影响，形成因需求萎缩而造成的产能过剩。能源是支撑经济发展的重要物质基础，我国经济快速增长的背后暗含着大量的能源消耗。关于经济增长与煤炭消费量之间是否有一定的关联，国内外学者进行了深入的研究。孟岩、张屹山通过建立经济增长和煤炭消费之间的变参模型得出二者之间存在着长期均衡关系的结论[48]。Gerard Adams 通过建立中国的能源平衡结构模型，分析了我国包括煤炭在内的未来能源需求和进口规模，得出国民经济的增长与煤炭需求之间存在相关关系的结论[49]。诸多研究结果均表明，经济发展水平与能源消费之间有着密切的联系。

2000—2013年我国GDP产值与煤炭消费量的趋势对比如图5－2所示。从图5－2可知，我国煤炭消费量与GDP产值均呈现出大体一致的上升趋势。过去一段时间我国经济增长主要得益于由大规模投资而引发的内需拉动，煤炭消费作为生产资料，派生出巨大的需求。这与前人的研究成果基本相符。

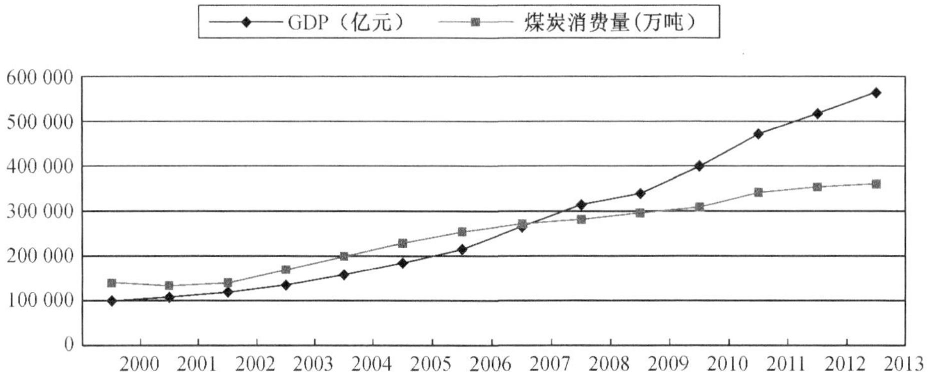

图5－2　2000—2013年我国GDP产值与煤炭消费量对比趋势图

由于我国产业结构不断进行调整，制造业比例下降，服务业比例上升，与此同时，我国也在不断加快科技创新的步伐，节能技术不断进步，煤炭消费量的增速与GDP增速拉开差距。通过表5－1可知，从2000—2013年间，万元GDP能耗水平以及万元GDP耗煤水平都处于逐渐下降的趋势，截至2013年均出现了超过40%以上的跌幅。

我国的经济发展速度和总体发展规模将直接影响煤炭的需求和供给情况。随着我国经济发展进入换挡期，煤炭产业的发展环境由外部经济转为外部不经济，煤炭下游产业也呈现出产能过剩状况。在开工不足的环境下，煤炭产业难以做到独善其身、一枝独秀。按照目前我国经济新常态的发展规划，逐渐放缓的经济增速直接影响我国煤炭整个行业的需求情况，煤炭产能过剩在所难免。

表 5-1 21 世纪以来国民经济能耗、耗煤水平

年份	CGP/亿元	总能耗/万吨	煤炭消费占能源结构	煤炭消费量/万吨	能耗强度/(万吨/亿元)	煤耗强度/(万吨/亿元)
2000	99 215	145 531	69.2%	141 092	1.47	1.42
2001	109 665	150 406	68.3%	135 000	1.37	1.23
2002	120 333	159 431	68.0%	141 601	1.32	1.18
2003	135 823	183 792	69.8%	169 232	1.35	1.25
2004	159 878	213 456	69.5%	193 596	1.34	1.21
2005	184 937	235 997	70.8%	231 851	1.28	1.25
2006	216 314	258 676	71.1%	255 065	1.20	1.18
2007	265 810	280 508	71.1%	272 764	1.06	1.03
2008	314 045	291 448	70.3%	281 096	0.93	0.90
2009	340 903	306 647	70.4%	295 833	0.90	0.87
2010	401 513	324 939	68.0%	312 237	0.81	0.78
2011	472 882	348 002	68.4%	342 950	0.74	0.73
2012	519 470	361 732	66.6%	352 647	0.70	0.68
2013	568 845	375 000	65.6%	361 000	0.66	0.63

数据来源于:中国煤炭工业发展报告(2015)。

广泛意义上对预期的理解为“行为当事人在采取一种活动前,会通过先前掌握的相关信息和资料对后期行动的发展进行评估,与此同时对未来趋势的变化作出预期判定,最大限度保证行动的正确性,达到预期目的”。预期在经济学领域的含义是指“经济主体以利益最大化为最终目的,通过大量信息的搜集和整理,对与最终策略有关的经济变量在未来一段时间内的发展趋势进行预测,从而采取相应的对策,以确保抓住最佳盈利时机,规避损失”。行为经济学认为:行为主体由于受到知识结构、生活习惯、心理因素等相关行为因素的作用而产生一定的认知和思想,这些感受可能影响整个市场的运行。

在研究煤炭产能过剩的形成问题当中,煤炭企业是行为当事人,其当前的经济行为主要源于对未来经济变量的预期。因此,越来越多的学者将注意力集中到“预期”这一行为因素上。市场预期对煤炭产能过剩的影响如图 5-3 所示。

由于近年来我国政府对经济的快速发展实施的是“刺激政策”,特别是应对 2008 年席卷全球的金融危机而实施的刺激性货币政策,引起煤炭市场上需求曲线发生移动由 D 移到 D',而作为行动主体的煤炭生产厂商却无法准确预期到这些情况的发生,需求的剧增推动煤炭市场均衡点由 E_0 到 E_1,需求的剧增带动了产量的增加,产量从 Q_0 增加到 Q_2;煤炭需求的增长也推动了煤炭价格上升,厂商对投资煤炭产业,扩大企业产能的前景具有普遍看好的预期,因此煤炭企业不断加大投资,尤其是大规模生产设备和技术的使用,导致供给曲线由 S 移到 S',推动均衡电由 E_1 到 E_2,刺激均衡产量从 Q_2 到 Q_3;当全社会依旧习惯于高速经济增长之际,受国际国内因素影响,经济进入新常态(经济增速放缓、能源消费结构改变、人们悲观预期等)，需求曲线发生移动由 D' 移到 D''，刺激了需求的减少，推动均衡点由 E_2 到 E_3，均衡产量从 Q_3 到 Q_1，由于已经形成的产能不能迅速消去，产能过剩现象突出。

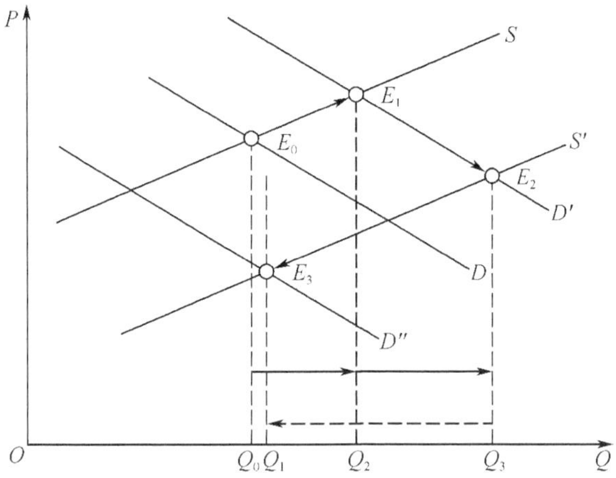

图 5－3　市场预期对煤炭产能过剩的影响

5.2　企业盲目追求“规模经济”造成煤炭产能过剩

无论是传统产业还是战略新兴产业，造成产能过剩局面的一个重要原因是：就整个产业生态而言，每个企业一旦进入一个新产业，起初都会相互之间进行模仿，同质化地追求规模的扩张，竞相扩大产能，通过这种方式来占得一定的市场份额。

由于之前我国国民经济的迅速发展，对煤炭的需求快速增长，煤炭供需缺口形成，基于市场预期，各大煤炭企业对市场发展前景普遍看好，并且采取增大产能、扩大产量来抢占市场份额，都不想在这场收益丰厚的竞争中被淘汰出局。煤炭企业不断地加大投入，主要是想通过数量来建立起自身的竞争优势，企业的这种动机导致了煤炭产业在其迅速发展过程中缺乏理性、盲目扩大。

与此同时，随着国家兼并重组政策的推动，煤炭企业之前通过整合，其规模越来越大。由于煤炭企业是资本密集型企业，其在生产过程当中需要前期进行大量的固定资产投资，比如，厂房的构建，设备购买，还需要引进国内外的先进技术，专业人才的培训等，属于典型的资金密集型和人员密集型产业。大量的固定资本投入需要在之后的产量中逐渐消化掉，而且根据煤炭产业的特点，煤炭企业本身具有规模经济的特征，所以企业更加进行扩张，盲目地追求规模经济效应。

对于单个的煤炭企业而言，假设平均变动成本在短期内不会变化，规模经济是指企业平均生产成本随企业产量的增加而减少。煤炭企业的生产函数可以表示为

$$C(Q)=a+bQ \tag{5-1}$$

式中　$C(Q)$——企业的总生产成本是企业产量 Q 的函数；

a——企业生产的固定成本；

b——企业生产的变动成本。

根据公式(5－1)，可以推导出企业的平均成本 AC(average cost)，即

$$AC(Q)=a/Q+b \tag{5-2}$$

式中,企业的平均成本 AC 等于企业生产的总成本 C 除以企业的产量 Q。平均成本 AC 是产量 Q 的减函数,产量 Q 越大,平均成本越低,随着产量 Q 的增长,固定成本 a 逐渐被均摊,变动成本暂时不变,从而平均成本下降。企业生产的平均成本 AC 和产量 Q 之间的关系如图 5－4 所示。

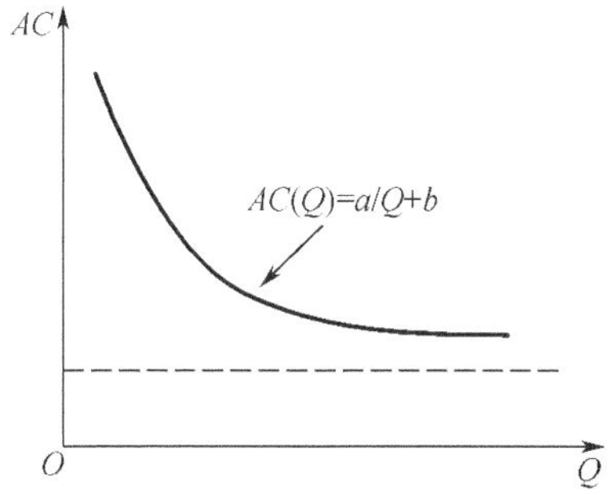

图 5－4　规模经济图

基于价格上涨、盈利水平不断攀升的利益刺激及向好的预期,过多的投资涌入煤炭企业,但是有时候企业的预期会跟现实的市场情况发生偏离,这种偏离是在实践中真实存在的。在煤炭产能出现过剩时,由于之前过度的追求规模经济,大量增加了产能的投入,以至于造成企业退出时的沉没成本很高,煤炭企业退出会导致福利损失很大,在这种情况下煤炭企业只能是继续开足马力增加产量,来平摊生产成本,以求得价格优势,导致过剩情况越来越严重。煤炭整合“国进民退”,实际上是高位接盘,从而使得整合变成了扩产,导致企业之间同质化程度不断扩大,这也是造成目前出现煤炭产能过剩化解困局的重要方面。企业通过以大量集聚资本的形式来实现自身规模的扩张,但并没能因此而变得强大,普遍存在“大而不强”的现象;与此同时,适当的企业规模是应该有边界限制的,逾越边界时,会产生规模报酬递减、内部交易成本过高、企业内控低效等弊病。煤炭企业生产规模扩张与产能过剩关系如图 5－5 所示。

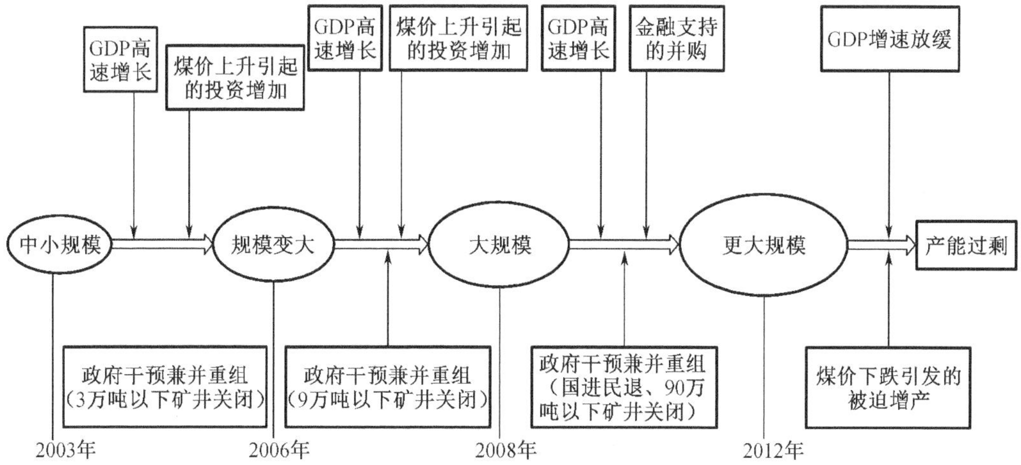

图 5－5　煤炭企业生产规模扩张与产能过剩关系图

5.3 产权问题与煤炭产能过剩

资本主义国家市场经济中，生产过剩的微观基础是私有企业，中国是社会主义国家，这就决定了在中国的国民经济中，国有经济参与市场竞争占有相当比重。针对煤炭产业而言，当前主要是以国企为主、民营为辅，虽然国有经济体制有利于国家宏观调控政策的实施，但也存在诸多问题，如预算软约束、盲目生产、重复投资行为等。因此我国煤炭产能过剩形成的微观基础是“国有”和“民营”混合体。

市场经济体制下的国有企业承担着利润最大化和社会责任两大重任，在现实中这两大任务时常发生冲突。因此，被赋予特殊使命的国有企业在经济周期的动荡环境中，依然为了承担两大责任而继续扩大投资。面对民营企业的进入和民营资本的竞争，国有企业通常会利用自己的“特殊身份”向政府和银行求助，维持或进一步增加投资，通过规模摊薄成本参与市场竞争。

在经济领域，通常存在这样一个规律：多种所有制企业并存、生产效率不高且易于增加GDP的产业容易产生产能过剩问题。煤炭属于这类产业。国有企业由于其企业性质的特殊性，其作为投资主体较民营企业而言具有一定的行政性质，其经营中的风险、生产成本、企业的亏损状态以及相应的收益并不是完全由国有企业自身最终承担，这是部分国有煤炭企业效率低下、产能过剩严重的重要原因。虽然，通过大力发展产权主体多元化，大多数国有煤炭企业已经建立起原始所有权、法人财产权、经营权“三权分立”的产权结构，但是国有股份所占比例依然很大。

基于以上理论分析，在前人研究的基础上，下文将经济学利润公式与数学知识的结合，用来解释国有煤炭企业对我国煤炭产能过剩的造成有一定的助推作用[31]。经济学中的利润公式为

$$\Pi(Q) = TR(Q) - TC(Q) \tag{5-3}$$

式中 TR——企业的总收益；

TC——企业的总成本。

虽然目前我国煤炭市场上国有企业与私营企业并存，但是以国有企业为主。我国国有企业“所有权”与“经营权”相分离的程度更大，因此从某种意义上来讲，国有企业的利润函数也可以理解为与经营者的净收益函数高度关联，经营者利用手中的权力为自身谋取一定的利益，采取在企业收益部分前添加系数 α，其中 $\alpha \in (0,1)$；同时，国有企业的经营者相对民营企业的经营者而言，又不需要承担全部的责任，因此在企业成本部分，添加系数 β，其中 $\beta \in (0,1)$。因此，经过处理以后的国有企业经营者的利润函数为

$$\pi_1 = \alpha \times TR_1 - \beta \times TC_1(Q_1) \tag{5-4}$$

民营煤炭企业自负盈亏，因此利润函数可以直接表达为

$$\pi_2 = TR_2 - TC_2(Q_2) \tag{5-5}$$

将式(5-4)和式(5-4)进一步细化得出：

$$\pi_1 = \alpha \times P(Q_1 + Q_2) \times Q_1 - \beta \times TC_1(Q_1) \tag{5-6}$$

$$\pi_2 = P(Q_1 + Q_2) \times Q_2 - TC_2(Q_2) \tag{5-7}$$

其中 α,β 是不为 0 的常数。按照数学算法，可以提出 β，因此 π_1 还可表示为

$$\pi_1 = \beta \times \left[\frac{\alpha}{\beta}P(Q_1 + Q_2) \times Q_1 - TC_1(Q_1)\right] \quad (5-8)$$

将$\frac{\alpha}{\beta}$换成字母 λ 表示,因为前面提到 α,β 均为常数,因此 λ 也为常数,则(5-8)可以等价为

$$\pi_1 = \lambda \times P(Q_1 + Q_2) \times Q_1 - TC_1(Q_1) \quad (5-9)$$

应用数学知识,因为国有企业和民营企业都会追求利润最大化,按照数学原理,目标函数存在极大值的条件,将两函数分别求导。将国有企业利润函数 π_1 对 Q_1 求偏导,并令其等于0可得:

$$\pi_1^1 = \lambda^* (P'Q_1 + P) - tc_1 = 0 \quad (5-10)$$

同理,由式(5-4)得民营企业利润函数 π_2 对 Q_2 求偏导并令其等于0可得

$$\pi_2^2 = P'Q_2 + P - tc_2 = 0 \quad (5-11)$$

因为,在经济学理论中,价格是需求的反函数,需求函数的曲线斜率为负值,因此价格函数曲线斜率为正值,即 $P' > 0$,因此推导出二阶条件为

$$\pi_{11}^1 = \lambda(P''Q_1 + 2P') < 0 \quad (5-12)$$

$$\pi_{22}^2 = P''Q_2 + 2P' < 0 \quad (5-13)$$

因为式(5-10)和式(5-11)分别对对方求二阶导数,得出的结论为

$$\pi_{12}^1 = \lambda(P''Q_1 + P') < 0 \quad (5-14)$$

$$\pi_{21}^2 = P''Q_2 + P' < 0 \quad (5-15)$$

四个二阶导需要满足的条件为

$$D = \pi_{11}^1\pi_{22}^2 - \pi_{12}^1\pi_{21}^2 > 0 \quad (5-16)$$

对上面所求的一阶条件式(5-10)和式(5-11)全微分,则推导出:

$$\pi_{11}^1 \mathrm{d}Q_1 + \pi_{12}^1 \mathrm{d}Q_2 + \pi_{1\lambda}^1 d\lambda = 0 \quad (5-17)$$

$$\pi_{21}^2 \mathrm{d}Q_1 + \pi_{22}^2 \mathrm{d}Q_2 + \pi_{2\lambda}^2 d\lambda = 0 \quad (5-18)$$

通过式(5-9)式对 λ 求导可以得出,$\pi_{1\lambda}^1 = P'Q_1 + P > 0$,通过式(5-9)对 λ 求导可以得出 $\pi_{2\lambda}^2 = 0$,则通过联立式(5-17)和式(5-18)方程求解得出:

$$\mathrm{d}Q_1/\mathrm{d}\lambda = -\pi_{1\lambda}^1\pi_{22}^2/D > 0 \quad (5-19)$$

$$\mathrm{d}Q_2/\mathrm{d}\lambda = \pi_{1\lambda}^1\pi_{21}^2/D < 0 \quad (5-20)$$

由式(5-18)中可以得出,Q_1 和 λ 的一阶导是大于零的。其数学含义解释为:随着 λ 的增大,Q_1 是逐渐增大的。其经济含义就是:煤炭国有企业的经营者利用自己手中的权力去谋取更多的利益,同时为企业的生产经营情况承担较小的责任(λ 较大时),在产能尚未过剩的状态下,经营者的非理性扩张决策将被掩盖,投资后形成的产能最终集中爆发。从表面上来讲国有煤炭企业的产量会随之增加,其背后隐患是产能的扩大在为产量扩大作支撑。因此从以上的模型推导中可以证明,产权因素对企业的产量具有一定影响。所以国有煤炭企业较民营煤炭企业更容易加大产能投资,进而扩展到整个煤炭产业,最终引发产能过剩问题,因此国有企业的助推作用不能忽视。

5.4　地方政府干预与煤炭产能过剩

企业、市场和政府三者共同在我国煤炭市场经济运行过程当中起作用，政府干预是分析我国煤炭产能过剩成因中一个不可缺少的关键点。经济自由主义把政府对经济的干预称为“看得见的手”。在市场经济条件下，实施政府对经济的适度干预是必不可少的，但是政府过度干预会导致市场失灵，比如市场效率低下、成本高昂等。

5.4.1　地方政府干预的动机

地方政府在地方经济发展和区域经济发展的过程中扮演着重要的角色，彼此之间有强烈的竞争性。首先，我国以行政分权和财政包干为内容的行政体制和财政体制改革，地方政府被赋予了独立的经济利益，一旦有了经济利益的纠纷，地方政府便具备了“经济人”的特质。地方政府为了实现区域内的经济增长，促进区域就业，热衷于为本地区争取更多的资本、资源，以增加当地的投资项目，扩大投资量。由于我国现行的财税制度，向政府缴纳一定的税费是企业的责任，与企业的经营状况并不完全相关。地方政府为了实现本地区的财税收入，对于能给政府缴纳大额税款的项目，如制造业项目和能源产业项目，具有较高的积极性与其他地区政府竞相争取。因此，出于这种非市场化竞争动机会影响企业对产能的相关决策。其次，把国内生产总值作为评价地方政府官员晋升过程中的重要指标，这种体制无非是一种产能扩张的竞赛。从某种程度上讲，这种体制在过去的确推动了我国经济的发展，但不可否认的是也会带来许多的消极影响。地方官员为了取得更多的晋升机会把主要精力都集中在了能够量化考核的经济建设上，对于无法量化评判的生态环境效益却表现得不是那么积极。煤炭作为支撑我国经济发展的基础性能源，无疑会成为各地区大肆竞争的对象。地方政府尤其是拥有煤炭资源的地方政府为了能够赢得这场激烈的政治竞争锦标赛的胜利，对短期内扩大辖区内的经济规模，促进经济增长，有着强烈的追求和欲望。

5.4.2　地方政府干预的手段

地方政府出于自身的动机，以直接投资或间接投资的方式对企业的投资行为进行干预，而这种干预会使企业的投资成本产生外部化的效应。土地所有权的地方垄断和金融体系的软预算约束，为煤炭企业提供廉价的土地支持、税收优惠、财政补贴，并使其更容易获得地方政府在融资上的帮助，使得煤炭企业更容易获得金融资源等，地方政府甚至通过财政支出为企业提供投资补贴，导致煤炭企业的投资行为被扭曲、煤炭行业投资风险下降。一旦煤炭行业的进入壁垒被打破，行业未来发展的前景良好，便吸引了大量投资者，因而产能投资也会随之剧增，导致产能过剩。地方政府为了使本地的煤炭资源更加稳定，放松企业对环境污染的管理，这就使得煤炭企业部分生产成本转嫁，产能投资无节制、产出过度。此外，地方政府对于本地企业的保护和支持，以及对国有企业的“父爱效应”，有悖于正常的市场调节机制，甚至成为产能过剩的退出障碍，进一步加剧了产能过剩的程度。地方政府行为对煤炭产能过剩的影响机制如图 5 – 6 所示。

为检验政府行为对煤炭产能利用率的影响情况。此处借鉴姜凤珍的研究思路，利用简单的线性回归模型，用综合税负指标来表示对煤炭企业的税收优惠率[49]。自变量 X 选取煤炭综合税负，计算公式为

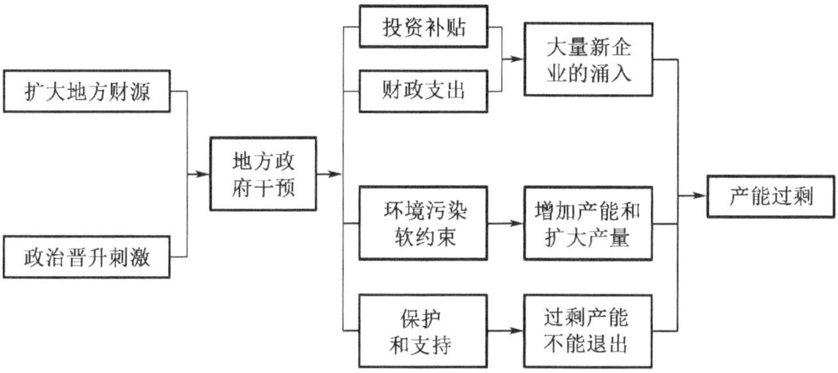

图 5－6 地方政府行为对煤炭产能过剩的影响机制

煤炭综合税负＝(主营业务税金及附加＋应交增值税)/主营业务收入

其中,2004—2014 年主营业务税金及附加、应交增值税和主营业务收入三个指标统计口径为全部国有及规模以上非国有的煤炭企业,数据来源为《中国工业经济统计年鉴》和《中国煤炭工业统计年鉴》,单位为亿元。

因变量 Y 选取煤炭产能利用率,计算公式为

产能利用率＝煤炭实际产出/煤炭最优产能

根据前人的研究成果,此处 2004—2011 年的产能利用率数据部分借鉴张言方的研究成果[29]。2011—2014 年的产能利用率数据由中国煤炭资源网的统计数据计算所得。

在构建简单线性模型时为了弥补数据样本量较少的情况,把 2004—2014 年的年度指标 Y,X 分别利用插值法把年度数据季度化;为消除时间序列中存在的异方差,采取对各变量分别取对数的方法进行处理,分别记为 LNY,LNX。

先假设建立如下的简单线性回归模型,即

$$Y = c + aX + \mu \qquad (5-21)$$

利用 Eviews 软件及最小二乘法对式中的参数进行估计和检验,回归结果如图 5－7 所示。

由上面的计算结果可以得到模型的估算结果为

$$LNY = 2.933\,017 + 1.279\,988LNX$$

对于模型的检验,其中拟合优度 $R^2 = 0.845\,452$,修正的可决系数为 0.841 773,这说明模型对样本的拟合很好。在给定显著水平 $\alpha = 0.05$,变量均通过 t 检验,说明解释变量对被解释变量均有显著的影响。对于模型的经济意义具体解释如下:

综合税负体现的是政府对煤炭企业的税收优惠程度,政府所征收的税负越重,则说明税收的优惠程度越低;相反,煤炭企业所承担的综合税负越低,说明政府给予煤炭企业的税收优惠程度越大,这就会对煤炭产业的发展产生一种引导作用。政府通过税收优惠政策的吸引使得更多的企业涌入煤炭行业,现有的煤炭企业扩大原有的生产规模,加量生产,导致投资过剩。综合税负率与税收优惠程度呈反向变化,税收优惠程度与煤炭的产能利用率也呈反向变化。因此,综合税负与煤炭产能利用率是同向变化,这与模型的检验结果是一致的。

Dependent Variable: LNY
Method: Least Squares
Date: 07/05/16 Time: 11:19
Sample: 2004Q1 2014Q4
Included observations: 44

Variable	Coefficient	Std. Error	t-Statistic	Prob.
C	2.933017	0.204885	14.31541	0.0000
LNX	1.279988	0.084444	15.15787	0.0000

R-squared	0.845452	Mean dependent var	-0.170392
Adjusted R-squared	0.841773	S.D. dependent var	0.128995
S.E. of regression	0.051311	Akaike info criterion	-3.057416
Sum squared resid	0.110580	Schwarz criterion	-2.976316
Log likelihood	69.26315	Hannan-Quinn criter.	-3.027340
F-statistic	229.7609	Durbin-Watson stat	0.169254
Prob(F-statistic)	0.000000		

图 5－7　Eviews 回归结果

5.5　本章小结

本章的主要内容是从多角度对我国煤炭产能过剩的成因进行分析：

（1）运用经济周期理论分析由于宏观经济波动引发的经济衰退。我国经济发展速度和总体发展规模的变化直接影响到我国的能源消耗，煤炭产业外部环境的变化直接关系到煤炭的供给和需求情况；预期理论解释了由于近些年国家对经济的刺激政策以及煤炭企业普遍看好产业发展前景的共同作用下，推动了煤炭产能的扩大和产量的增加，但是由于受到国内和国际环境因素的影响（经济增速放缓、能源消费结构的调整等），引发煤炭需求下降，因此导致了煤炭产能相对需求的过剩。

（2）用规模经济理论解释煤炭企业盲目追求规模扩张，扩大产能的原因。

（3）鉴于煤炭产业中国有煤炭企业是主要的市场竞争参与者这一事实，应用边际分析法，针对煤炭企业的产权因素对产能过剩的影响进行分析。

（4）结合相关理论分析地方政府干预煤炭企业投资经营情况的动机和手段，并运用计量经济学中的线性回归模型进行验证，得出地方政府对煤炭企业的综合税负与煤炭产业的产能利用率具有长期作用关系。

第6章 河北省煤炭产业供给侧结构性改革困境分析

按照市场经济的一般规律,通过市场竞争实现优胜劣汰会削减一部分过剩产能,以使得市场达到新的均衡。同时,政府出台相关政策来协助化解过剩产能,但我国煤炭过剩产能的化解并不是十分顺利,国家规定从2016年起用3~5年的时间退出产能5亿吨,减量重组5亿吨,截至2016年7月底,全国实现退出产能9 500多万吨,只占到全年任务的一半都不到。

本章内容主要是对我国煤炭过剩产能化解过程中遇到的困境进行分析,找到化解煤炭过剩产能的"症结"所在,为化解路径的提出寻找着力点。

6.1 基于煤炭企业自身视角的分析

从煤炭企业自身视角分析,化解过剩产能的困境主要体现在:经济性沉淀成本大以及员工和股东的权益保障难度大。

6.1.1 经济性沉淀成本大

固定资产在化解过程中会形成巨大的经济性沉淀成本。首先,煤矿本身的特殊性决定了其资产形态的特殊性、唯一性和不可移动性,这就导致煤炭企业转产困难,而且,一旦企业退出,不仅不能创造其他价值,就本身资产而言其价值也会严重缩水,这些损失让企业承担,势必是重大的包袱;其次,煤炭行业作为采掘业之一属于资金密集型行业,在企业正式投产之前对勘探、巷道等固定资产基础建设投入较大,并且人员和技术设备的专用性强,削减过剩产能以及落后产能的退出会使企业资产损失严重;最后,由于煤炭企业先前的盲目扩张,财务杠杆大(资产负债率高),因此处于困境的煤炭企业债务负担较重(例如,生态环境欠账、相关税费欠缴、企业贷款等)。如果企业在削减产能或者关闭过剩产能的过程中涉及员工退出,企业还需要向退出员工支付一笔不菲的费用。例如,退养补偿、转移安置补偿、解除劳动合同的经济补偿、拖欠职工的各种费用、工伤残等其他补偿费用。如黑龙江龙煤矿业集团关闭退出25个煤矿涉及5.5万人,其中需要的安置费用高达111亿元。

6.1.2 员工及股东的利益保障难度大

无论是推迟产能的释放还是落后产能的退出,在化解过剩产能的过程中都会涉及职工利益问题。煤炭产业属于劳动密集型产业,企业涉及的员工数量多,并且绝大多数技能单一,因此转岗的难度较大。尤其在技术落后、设备老旧的矿井,相比新型现代化高产高效的矿井而言人员多,效率低。很多矿井下的工人,矿下作业是其主要的收入来源。近两年,由于煤炭企业生产经营陷入困境,“减人减薪提效”成为众多煤矿的主要措施,并且随着“去产能”政策的全面执行,减人减薪的情况将持续下去。在淘汰落后产能关闭矿井的过程中,导致部分矿工失去收入,一旦处理不当有可能引发一系列的社会问题。以四川省煤炭产业集团公司为例,全年煤炭产量大概在 1 200 多万吨,但是用工人数达到 6 万多人,而且企业所处地区偏远,职工的受教育程度普遍不高,没有过多的工作技能,可以看作是谋生能力相对较弱并且人员相对集中的弱势群体,限产和关停矿井使得大多数的员工收入受损甚至失去收入,这就给煤炭过剩产能的化解带来了极大的困难。对国有企业而言,转岗关系更为复杂,原具有一定职级的领导,一切从头做起,很难再有对口的职位,也会引发很大的争议,甚至部分人员成为不稳定因素的关键。企业在正常运转期间会给员工缴纳一定的社会保险以及相应的公积金,当企业处于缩减产能、收益下滑的期间员工相应的社会保障是否能够持续缴纳以及破产企业职工最关心的社会保险关系接续等问题,这些都是企业需要考虑的问题。

关闭退出过剩产能后股东权益的保障问题。我国煤炭企业的组成中有一部分是国有控股、民营参股的股份制企业,要求企业在调整产能或者关闭退出的时候要兼顾保护的股东权益。企业的投资人和股东出于自身利益的保护,不希望企业限制目前产能的释放,更不希望企业退出市场竞争,具有比较强烈的意愿希望企业继续存活下去,一旦企业破产或者退出市场竞争,相应的管理层人员不但失去了权力和经济财富,甚至声誉受损。

6.2 基于利益相关者视角的分析

与煤炭过剩产能化解的利益相关者包括地方政府和企业债权人。

6.2.1 地方政府的消极抵触心理

由于种种原因,地方政府在化解煤炭过剩产能过程中表现不再积极,甚至具有一定的消极抵触心理,分析其原因主要有:

1. 化解过剩产能可能会带来地方财政收入的下降

因煤炭企业的投资规模较大,对当地的财政贡献较高,在促进社会发展和繁荣地方经济方面往往发挥重要的作用,在煤炭资源丰富的地区,煤炭产业甚至会成为支撑地方发展的支柱产业。例如,我国主要的产煤大省山西煤炭产业上缴的税费占当地财政总收入的40%左右。鉴于这点原因,煤炭产区当地的政府为了达到繁荣区域经济的目的,对煤炭产业发展的投资一直以绿灯通行,并以直接或间接的方式,对当地煤炭企业生产经营活动加以干预,这种现象在过去的煤炭产业发展的“黄金十年”尤为严重。

目前,煤炭行业发展进入“寒冬”,地方政府从自身的角度出发,为了不让地方的财政收入受到损害,在对化解煤炭过剩产能方面则表现的不再那么积极。

2. 化解过剩产能可能会对当地经济发展形成压力

随着主业的萎缩,其关联延伸产业也会受到较大影响。煤炭产业的产能削减,最直接的煤炭延伸产业如煤化工、建材、电力、钢铁等相关产业的发展会受到一定的影响。与煤炭产业配套的物流产业、港口产业等也会受到明显的冲击。这就会有“蝴蝶效应”发生的可能,当地煤炭产业的调整会对本地区甚至本区域的相关产业产生一定的不利影响,因此,地方政府为了保持本地经济发展的稳定,对化解煤炭过剩产能持消极态度。

3. 化解过剩产能可能衍生一系列社会问题,增加政府工作难度

比如,因产业萎缩导致的潜在就业减少,煤炭矿区环境污染严重,煤炭企业建设和矿区建设占用的大量土地,在企业减少生产和关闭的过程中多余土地是否考虑归还当地农民,并且帮助农民复垦等,这些社会问题都是在企业关停之后需要解决的,这不仅会增加关停企业的压力,对当地的政府来讲也是一个棘手的问题。因此,煤炭产能退出必然会受到地方政府的干扰。

6.2.2 来自企业债权人的阻力

煤价的不断下跌,导致煤炭企业的资金链出现严重的问题,2015 年的煤炭行业平均资产负债率达到 67.7%,处于自 1999 年以来的最高水平。银行是煤炭企业融资的主要来源,是“僵尸企业”最主要的债权人。一旦企业破产退出,资金风险就转移给了债权人,银行将承担巨大的坏账损失。为了能够继续维持这种“僵尸企业”与银行之间的债务债权关系,部分银行选择忍痛继续为其提供资金帮助,支撑其继续经营。企业的资金来源主要靠银行贷款,银行明知亏损仍继续为其“输血”。究其原因:一是,银行尤其是国有控股银行,来自政府的压力迫使其继续提供资金;二是,从自身的业绩考虑,如果企业破产倒闭,银行账面上的呆账就变成了坏账,影响银行本身的资产情况。权衡利弊,从银行的角度出发,就会采取让这些贷款先挂起来,采取消极的态度去处理这些借款,形成了“僵尸企业”退出的壁垒。

6.3 基于保障机制视角的分析

6.3.1 过剩产能调节机制不完善

煤炭过剩产能的化解问题是一个系统问题,在化解过程中会涉及很多的利益主体,因此也会存在诸多的不协调的因素。由于我国实施的是“分灶吃饭”的国民收入分配体制,地方政府在保护煤炭产能方面表现出了更大的积极主动性,这样就会导致在化解煤炭产能的问题上出现中央政府和地方政府意见不一致的情况,或者说地方政府在执行中央政府的政策时会有一定的保留,地方保护比较严重。从中央政府来讲,对治理煤炭产能过剩的态度是坚决的,主要目的是从宏观的格局出发,减少资源的浪费,确保产业健康发展,尤其像煤炭这种关乎国家经济命脉的资源产业,更会给予额外高度的重视。但地方政府从地区经济繁荣发展的角度出发,片面追求地方经济的高速发展,这就导致地方政府放松对当地煤炭产能迅速扩张的管制,在关于过剩产能化解问题上也表现的消极被动。煤炭的产能过剩导致资源的大量浪费,尤其对于煤炭这种不可再生资源来讲,损失更是不可逆转的。

由信息不对称情况的存在,导致的协调不一致。首先,虽然中央政府是过剩产能和落后产能管制政策的制定者,但是对于管制措施的执行还是要下达到具体的各级地方政府。由于煤炭企业的工商、税务、环境保护等相关事宜是由地方政府相关部门实际实施监管,地方政府掌握的有关企业信息要明显多于中央政府,相关煤炭企业可以经过与地方政府的洽谈达到对本企业保护的目的,中央政府没有足够的能力对全国各地区的管制执行情况进行检查,因此,就会出现现实中煤炭产能继续增大落后产能依然存在的情况;其次,从 20 世纪 90 年代以来,产能规划的相关文件中对钢铁、电解铝等行业未来市场的预测,严重低估了市

场需求增长的空间。煤炭市场也不例外,长期以来在我国的能源消费结构中,煤炭消费一直处于主体地位,加之,经济高速增长状态下对煤炭需求量大造成煤炭供给量短缺,这就给煤炭落后产能持续存在的机会。由信息不对称导致的产能规划文件中对煤炭市场需求低估,突破上一轮淘汰煤炭落后产能计划存活下来的企业依然会在市场需求的增加中获得丰厚的利润,这种情况就造成濒临退出企业之间的博弈,企业之间大打消耗战,出现产能过剩的情况下,企业都是希望其他竞争对手把产能减下去,这样该企业本身就可以逃过减产能的限制,坚持到最后的企业就能分得更多的市场份额,得到继续发展的机会。此时需要一定的协调机制来协调多方利益的关系,显然目前这一机制是不完善的。

6.3.2 过剩产能化解约束机制弱

产能过剩一直没有一个明确的概念界定,不同的学者从不同的角度对其进行定义,这就导致我国在化解煤炭产能过剩中没有明确的化解对象,唯一可以确定的是落后产能是必须要进行化解的,但是对于“落后产能”的定义依然过于抽象。一直以来,我国煤炭行业的治理主要集中在“小”煤矿上。客观来讲,大煤矿的发展也是从“小”开始做起,并不是说小煤矿就是过剩产能,就是落后产能。但是由于小煤矿存在安全系数低,不利于实现规模化开采,浪费严重、管理不到位等问题,在治理的时候又相对比较容易,因此,我国出台的一系列淘汰煤炭落后产能的政策都是以小煤矿为主要的淘汰对象。对于“小煤矿”的界定除了以产量来判断,其他的界定标准主要是“差”“严重”等主观判断标准,缺乏明确量化标准。对于应该退出却并没有退出的过剩产能,没有相应的惩罚措施,这就缺乏一定的约束力。

6.3.3 过剩产能化解激励机制不完善

目前对于煤炭过剩产能的化解,比如落后煤炭产能的关闭和退出,从企业角度来讲,政府除了给予少量的财政奖励和一定量的资金支持外,缺少有效的支持措施,有的地方虽然明确可用新增先进产能来置换落后产能,但是鉴于目前煤炭有效需求萎缩,产能过剩严重,对于新增的产能审核是非常严格的,因此煤炭先进产能的建设受到阻碍,这就影响到落后产能的有效退出。从对地方政府的激励角度来讲,化解煤炭过剩产能并非他们出于自身意愿,需要一定的激励机制作为一种助推力量,来促使他们推动过剩煤炭产能的化解。

6.3.4 过剩产能化解善后机制不完善

在煤炭过剩产能化解的过程中,涉及现有产能的推迟释放,新增产能增速的放缓,但主线还是对落后的煤炭产能进行化解,落后产能的退出,必然会导致煤炭产业生产要素的调整。比如对生产设备的处理,虽然对落后产能实施的是淘汰政策,但是并不代表其生产设备不再具有任何的利用价值,这就需要一个比较完善的生产要素再交易市场来对这些生产设备进行买卖,一方面可以弥补一部分企业的损失,另一方面又可以减少生产设备的浪费,显然从我国目前的情况来看,这个成熟的生产要素再交易市场是缺失的。另外,在过剩产能的化解过程中必然会有债权债务相关事宜的处理以及下岗失业人员的安排安置等,特别是国有煤炭企业还承担着职工生活、福利、社会保障等过多的社会职能,国有煤炭企业具有的一大特点就是企业办社会,形成了一个相对独立于政府的一个小社会,因此这就加重了国有煤炭企业在化解产能过剩进程中的社会负担。这些都需要建立一套切实可行的善后处理机制。

6.4 本章小结

我国煤炭产业发展已经陷入困境,从表面上看是由于价格低位运行导致的,但其背后暗含的原因却是由于我国煤炭的供需失衡,供给量远大于市场上的需求量,而这种情况出现的客观基础是产能过剩。因此,明确我国在化解过剩煤炭产能过程中的具体困境是有效化解我国煤炭市场过剩产能的重中之重。

本章主要从煤炭企业自身视角、利益相关者视角、保障机制视角对我国煤炭产能过剩化解困境进行分析,为化解路径的提出寻找到更多的着力点。

第7章 河北省煤炭产业供给侧结构性改革路径选择分析

煤炭作为我国最主要的消耗能源,其过剩产能的化解首先要从全局考虑,从国民经济整体角度出发,把确保国家能源安全作为基本原则;其次要充分考虑煤炭市场的健康发展,防止以“价格战”来抢占市场;最后要以“稳”为本,最大限度地保证社会稳定。化解产能过剩,是我国煤炭产业由疲软走向健康的关键节点,也是煤炭产业转型升级时必须直面解决的问题,如何把过剩的煤炭产能化解掉,选择一条什么样的化解路径,是目前所要解决的关键。

7.1 完全依靠“市场化”化解路径分析

从亚当·斯密的“看不见的手”原理一直到各种市场类型的均衡模型都在强调竞争的有益作用。完全依靠市场化解产能过剩路径的提出,主要是基于竞争的有益作用,就西方经济学而言,市场竞争被认为是导向经济效率的基本环节。市场机制是由价格机制、供求机制、竞争机制三部分综合作用构成,其中价格机制是市场机制中的基本机制,价格是市场经济机制发挥作用的基础。因此下面将博弈论相关知识和经济学原理相结合,分析价格竞争是如何在优胜劣汰的市场竞争中化解过剩产能的。

7.1.1 模型的基本假设

1. 参与方

(1)市场同时有 n 家能够提供同质产品的煤炭厂商,其中($n \geq 2$);

(2)由于煤炭厂商客观存在的资源禀赋、地区差异等因素,各生产厂商具有差别的边际可变成本,用 avc_i 表示,$i = 1, 2, \cdots, n$;

(3)目前存在的企业固定成本基本相当,即具有相同的固定成本;

(4)不存在生产能力约束,在竞争获胜的厂商的生产能力能够满足市场的总需求。

2. 策略

由于煤炭产业现在处于产能过剩的状态,所以不存在产量的竞争,企业之间进行竞争的主要策略是产品价格。

3. 信息结构

假设参与竞争的企业对彼此之间的策略行动掌握了准确的消息,可以将博弈过程简化为完全信息状态下的静态博弈。

7.1.2 模型变量定义

博弈模型中涉及的变量：

P——企业的产品定价；

Q——企业面临的需求；

TR——企业的收益；

TC——企业的生产总成本；

TVC——企业的总可变成本(其中 TVC 代表具体企业总可变成本)；

TFC——企业总固定成本(其中 TFC 代表具体企业的总固定成本)；

AVC——企业的平均变动成本(其中 AVC 代表具体企业的平均变动成本)。

企业的利润计算公式为

$$\prod = TR - TC = P \times Q - (TFC + TVC)$$
$$= (P - AVC) \times Q - TFC$$

7.1.3 具体的博弈分析

1. 博弈过程的中心思想

令厂商 i 的产品价格为 p_i，厂商 i' 的产品价格为 p'_i，当 $p_i > p'_i$ 时，消费者会更加倾向于购买厂商 i' 的产品，从而对厂商 i 产品的消费为零，厂商 i 失去了全部的需求市场份额。同样的情况，当 $p'_i > p_i$ 时，厂商 i' 会面临同样的状况。因此，对于厂商 i 而言，假设预知到厂商 i' 的定价 p'_i，则厂商 i 要想在市场竞争获胜必须采用一个低于 p'_i 的价格，根据边际成本定价法，价格只有高于平均变动成本，才能有所剩余，以此弥补部分固定成本，厂商的定价必须大于其平均可变成本。

2. 博弈的具体过程

厂商 i 的产量情况与该厂商的产品价格以及其他厂商的产品价格有关，即

$$Q_i = D(p_i, p'_i) = D(p_i) \quad (p_i < p'_i, i' = 1, 2, \cdots, i-1, i+1, \cdots, n)$$

$$Q_i = D(p_i)/n(p_i = p'_i)$$

$$Q_i = 0 \quad (p_i > \text{任何一个 } p'_i)$$

经济学中，利润的计算公式为

$$\prod = TR - TC$$
$$= P \times Q - (TFC + TVC)$$
$$= (P - AVC) \times Q - TFC$$

当 $p_i < p'_i$ 时，厂商 i 获得全部市场份额，通过市场对厂商 i 的需求以及价格，计算厂商 i 的利润为

$$\pi_i = (p_i - AVC_i) D(p_i) - TFC$$

不妨假定这种情况下的厂商是有利可图的，即 $\pi > 0$。其他厂商 i'，会根据厂商 i 的价格进行调价，厂商之间开启价格战争，其他厂商 i' 的最优策略是继续调低价格，则会有 $p'_i = p_i - \varepsilon$(ε 为任意小的正数)情况出现，则相应的厂商 i' 会占有全部的市场份额，有

$$D(p'_i) = D(p_i - \varepsilon)$$

从而获得市场利润为

$$\pi'_i = (p_i - \varepsilon - AVC'_i) D(p_i - \varepsilon) - TFC$$

毋庸置疑,厂商 i 也会预期到这种情况的发生,会继续根据自己的平均可变成本把价格调低。反复上面价格博弈的过程,n 个厂商之间只要有利可图就会不断地参与市场竞争。

7.1.4 模型求解及分析

反复上面的价格博弈过程,直到自身平均可变成本最大的厂商 x 的利润,则

$$\begin{aligned}\pi &= (p_x - AVC_x)D(p_x) - TFC \\ &= -TFC\end{aligned}$$

即厂商 x 的产品价格与其平均可变成本相等,就不得不退出市场的竞争过程,在激烈的市场竞争中被淘汰。剔除低效率的厂商以后,剩下的厂商重复上述过程,就会不断有优胜劣汰的竞争结果发生,从而优化市场结构,增强市场活力。以上分析中心思想就是,完全依靠市场机制来化解煤炭的过剩产能,主要是通过价格机制来实现煤炭市场上不同效率的企业之间的优胜劣汰。

7.2 “政策引导市场化”化解路径的提出

7.2.1 路径提出的理论依据——市场失灵理论

微观经济的运行,以价格和市场信号为诱导,通过竞争调节整个社会的资源配置,在一定的假设条件下,使得参加经济活动的各利益主体实现一种帕累托最优状态,达到整个经济社会的一般均衡。但是,在现实生活中这些严格的假设条件是不存在的,市场机制在很多场合并不能够有效地进行资源配置,这种情况在经济学中称为“市场失灵”。竞争性市场失灵的基本原因有:市场势力(也有观点称为垄断)、不完全信息、外部性以及公共物品。本节主要分析由外部性导致的市场失灵。

按照前面章节的分析,可以通过价格竞争实现厂商效率的优胜劣汰,但是有时候市场价格并不能真实反映生产者的活动,当一种生产行动对其他生产行动的影响不能反映在市场价格中时,就会存在生产外部性。外部性的产生会导致两种结果:第一,当一方的行动导致另一方付出成本时,此时外部性产生的效应是负的;第二,一方的行动使另一方受益时,此时外部性产生的效应是正的。某些情况下价格并不能真实反映所包含的外部性成本,因此它是导致经济无效率的一个重要来源。下面借助图 7-1 进行负的外部性所导致市场失灵的分析。

图中 MEC 代表边际外部成本(marginal external cost),指企业增加一单位产出给其他个人或群体带来的成本的增加。通常对大多数形式的外部成本的理解是随着产出的增加而增加的,因此 MEC 曲线是向上倾斜的。MSC 代表边际社会成本(marginal social cost),指的是生产的边际成本和边际外部成本之和。图中 D 曲线代表企业的需求曲线,在完全竞争市场中,企业的边际成本曲线(MC)与企业的供给曲线(S)是相重合的,即 $MC=S$。当生产经营活动中存在负外部性影响时,从整个社会角度来看,有效合理的产品价格应该等于生产的边际社会成本,所满足的条件为 $MR=MSC$,此时产品价格应该是 P^*,然而由于企业对生产外部成本的忽视,产品定价不能真实反映产品的成本,只是按照企业自身利润最大化的均衡条件 $MC=MR$,此时所决定的均衡价格为图中的 P 点,其远低于 P^*。

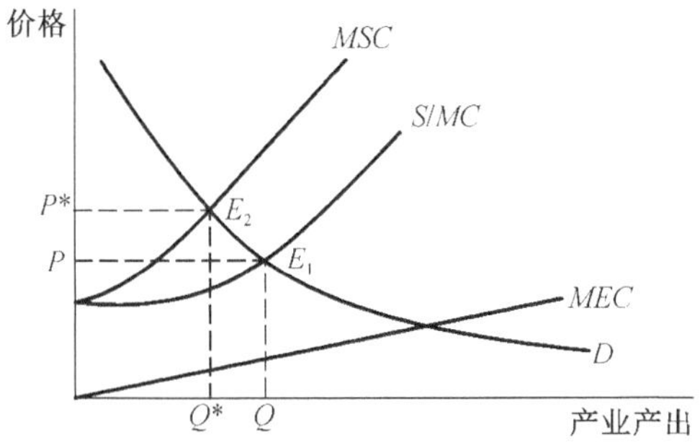

图7-1 外部成本分析

当存在负的外部性时，$MC < MSC$，即企业自身的边际生产成本低于边际社会成本，进而使得企业自身的生产成本低于平均社会成本，这就使得参与市场优胜劣汰竞争企业的生存底线被降低，也就导致本该被淘汰的企业继续留在行业内。

正的外部性也会导致市场失灵情况的发生。假设当企业采取某项行动所能得到的企业利益为 R_C，该行动所产生的社会利益为 R_s，由于存在外部经济，因此企业所获得的利益小于社会利益，即 $R_C < R_s$。如果企业采取该行动所遭受的自身成本 C_C 大于企业所得的利益并且小于社会利益，即 $R_C < C_C < R_s$，则显然企业是不会进行这项行动的，尽管这种行动对整个社会是有利的，这也就导致了市场的调节失灵。

7.2.2 我国煤炭产业市场失灵表现

本书认为，我国煤炭产业存在由外部性引起的市场失灵的情况。

1. 由于煤炭成本的负外部性导致的市场失灵

按照价值规律原理，煤炭商品的销售价格应该高于生产成本，但是我国煤炭成本构成长期处于不合理状态，包括煤炭本身资源价值被扭曲、环境治理费用等制度性成本缺失、安全成本、环境污染代价都没有计入，因此导致目前的煤炭成本核算不够全面，其定价难以反映资源的真实价值。不真实的煤炭价格自然就无法有效地按照市场价格机制来进行调整。

2. 由煤炭市场的正外部性引发的市场失灵

结合前面我国煤炭产能过剩化解困境章节的分析，煤炭企业经营目标具有多元化的特征，不仅仅是追求企业利润的最大化，其还肩负很多的社会责任，对当地的税收、人员就业、地区产业发展等都有很大的社会正外部效应，这些因素也成为煤炭企业关闭退出时的包袱与成本。虽然煤炭过剩产能的化解对整个社会来讲是有益的，但企业所承担的化解成本要远大于其化解过程中所得到的收益，这也就使得煤炭企业不愿意主动去化解过剩产能，同时也导致煤炭企业不能完全按照市场竞争效率来决定去留，尤其是国有煤炭企业更是如此。再加上地方政府出于对地方经济发展的考虑，为实现地区最大限度地就业和基本税收收入保障，对当地的煤炭企业经营决策进行干预，从而导致通过市场机制来化解煤炭过剩产能的进程艰难而漫长。煤炭企业不得不一再降低自己的生存底线，也不愿意承担这巨大的退出成本。

从上述分析可知，完全依靠市场机制淘汰煤炭过剩产能本该是有效的，但由于我国煤炭产业特殊的发展现状（地方政府压力、产权因素影响、社会负担以及煤炭成本核算等问题），市场机制的作用被大大削弱了。这种对市场调整效果的阻力可以通过政府施加另一种合适的力量去矫正。这种力量选择就是政策引导,公开说法也有政府引导。基于社会整体诉求(失业、社会动荡等),完全的市场机制化解路径难以采用,“政策引导市场化”化解路径既能保证市场的作用又有助于实现煤炭过剩产能退出对社会的各种不利冲击。

7.3 煤炭限产措施与供给侧结构性改革关系剖析

7.3.1 问题的提出

2015 年 11 月,习近平总书记在中央财经领导小组第十一次会议上首次提出“供给侧结构性改革”一词,之后在我国各项经济改革措施中被广泛推进。从“三期叠加”“新常态”到“供给侧结构性改革”,是对我国近几年经济发展的不断探索、深化认识的过程。《人民日报》刊载的《七问供给侧结构性改革》中一问“如何正确理解‘供给侧结构性改革’的政策含义”指出:“不妨用‘供给侧 + 结构性 + 改革’这样一个公式来理解供给侧结构性改革……”“就是要充分发挥市场在资源配置中的决定性作用,通过进一步完善市场机制,矫正以前过多依靠行政配置资源带来的要素配置扭曲”。可见,在供给侧改革中市场和政府所起的作用不同,市场起决定性作用。

煤炭产业在经历了黄金十年的发展后,受“三期叠加”、环保要求等因素的影响,呈现出严重的供过于求状况,进而煤炭全行业出现亏损现象,这也是新时期煤炭产业的新常态。煤炭在我国社会经济发展中处于重要的基础能源地位,如何实现煤炭产业健康可持续地服务于我国社会经济的发展是非常重要的问题。围绕着供给侧结构性改革,煤炭产业形成了“化解过剩产能实现脱困发展”的改革思路,按照去产能、去库存、去杠杆、降成本、补短板“三去一降一补”的政策推进改革。改革中最见效果的措施就是国家发改委、人社部、国家能源局和国家煤炭安监局联合发布的《关于进一步规范和改善煤炭生产经营秩序的通知》,要求全国煤矿自 2016 年起全年作业时间不超过 276 个工作日。之后,国内煤炭产量开始下降,价格开始回升,实现了煤炭企业的快速止血。为保障冬季供暖、供气和发电需要,国家发改委又采取了“在 2016 年 10 月 1 日至 2016 年 12 月 31 日期间对于煤炭工业协会评定的先进产能煤矿、国家煤监局公布的 2015 年度一级安全质量标准化煤矿、各地向煤炭工业协会申报的安全高效煤矿进行产能释放并规定根据市场供需情况确定释放实施和停止日期”的措施。2016 年 11 月,因为煤价上涨,国家发改委将全国合法煤矿的生产天数由 276 天改回到 330 天,政策执行到供暖季结束。进入 2017 年,不再实施 276 个工作日制度。但是按照前述各部门联合发文的基本意思来看,如果煤炭产量出现较大变动,也不排除继续实施 276 个工作日制度。

276 个工作日制度首先是一种限制产量的措施,从本质上分析与计划手段差异不大,这与“充分发挥市场在资源配置中的决定性作用”的改革理念是不相容的,尤其是从长期来看,更是不可取。

7.3.2 煤炭产能过剩形成及“去产能”机理

在研究“去产能”之前,先分析一下煤炭过剩产能是如何形成的,从这个过程中找到“去产能”的关键手段。

1. 煤炭过剩产能形成机理

从煤炭行业的集中度来看，黄金十年的行业集中度低，煤炭企业面对的是类似完全竞争特征的市场，每个煤炭企业都是价格的接受者。下面运用经济学的完全竞争厂商的产量决策原理对煤炭企业在黄金十年以及之后过剩产能下的决策过程进行分析。图7-2是煤炭企业在黄金发展十年中生产规模的扩张性选择示意图。从经济学角度分析煤炭企业，厂商应依据利润最大化原则（$SMC=MR$）、在既定的生产规模下进行最优产量决策。图7-2中的下标1,2,3代表了三种不同的产能。假设在煤炭“黄金十年”之初，煤炭市场价格为P_1，均衡点在E_1，产量为Q_1，则企业所获得的利润为$P_1E_1G_1F_1$。之后，煤炭产品价格一直上扬，刺激部分煤炭企业调整生产要素，进行生产规模扩张，在新的规模下依然按照$SMC=MR$的原则进行产量决策，均衡点在E_2，产量为Q_2，企业所获得的利润为$P_2E_2G_2F_2$；还有一些产能扩张更大的企业，其均衡点在E_3，产量为Q_3，企业所获得的利润为$P_3E_3G_3F_3$。从中观察得到的基本规律是：产能越大利润越大。

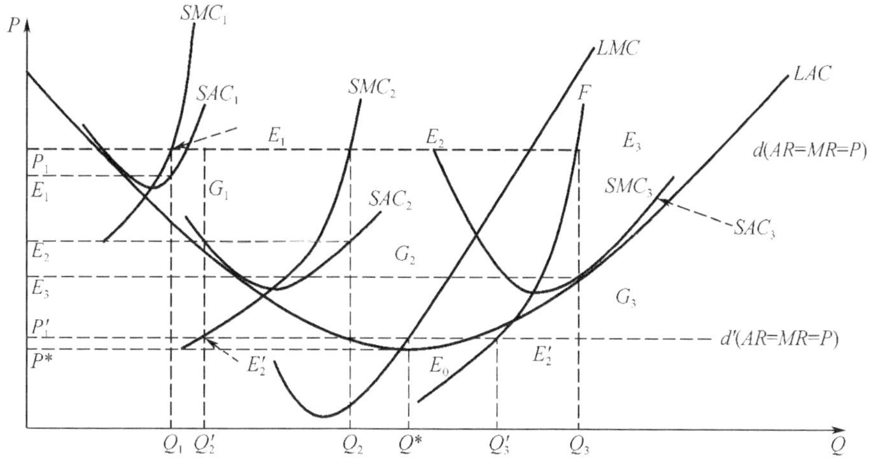

图7-2　煤炭企业黄金十年的产能规模决定图

在各煤炭企业正在为获得更多利润而不断进行产能扩张时，整个行业产能呈爆炸性增长，高煤价给煤炭行业带来丰厚利润的同时，也给煤炭产能过剩埋下了隐患。

煤炭产能十年的快速增长再加上外部生存环境的巨变，如图7-2所示，煤炭市场价格跌至P_1'，低于煤炭行业内各种类型的煤炭企业的平均生产成本，煤炭企业塌方式地跌进了亏损的深渊。按照图7-2分析，煤炭企业在这种环境下应该减少产量。但遗憾的是全行业集体采取了更加激烈的产能比拼，都希望自己通过进一步扩大产能降低成本的方式存活下来，从而成为垄断利润的获利者。违背市场规律的行为最终得到了应有的惩罚。市场机制调节核心是通过调整长期成本并依据边际成本LMC等于LAC确定的利润最大化原则进行产能决策，从而实现企业与市场的互动，优胜劣汰。

2. “去产能”机理

对煤炭产业供给侧结构性改革的“去产能”的理解对于如何“去产能”至关重要。首先，“去”是“去除”的意思，不是暂时搁置不用；其次，去除的对象是“产能”，不是“产量”，是生产能力。按此推理，276天工作日制度不符合“去产能”的直接含义，该做法只能保证把煤炭市场的供应量强制性地维持在管理部门认为合适的水平，但是管理部门的认识到底有没有偏差、偏差多大是该做法隐藏的风险。2016 年初出台的执行 1 年期的文件到 2016 年 10 月 1 日不得不修改,11 月再次修改,2017 年继续修改,而且没有继续出台是否继续执行限产的相关文件,让煤炭经营主体在很大的不确定环境下经营。

煤炭产业产能过剩是由于不断上扬的煤炭价格牵引形成的。如何"去产能"也要通过价格牵引,"去产能"要充分利用市场机制。"去产能"的机理是:首先,通过市场供求关系形成的价格对每个厂商发出信号,然后厂商据此对可变要素进行调整,从而导致短期产量调整,即通过价格牵引厂商调整产量(注意:是价格引导产量不是类似 276 天工作日这样的行政命令强制);从长期看,厂商可以通过不断调整生产要素(补短板要素、去冗余要素)、重新选择生产方式或生产规模,最终处于均衡点 E_0附近(长期边际成本 *LMC* 与 *LAC* 的交点),经济利润为 0,调整机理概括如图 7 -3 所示。

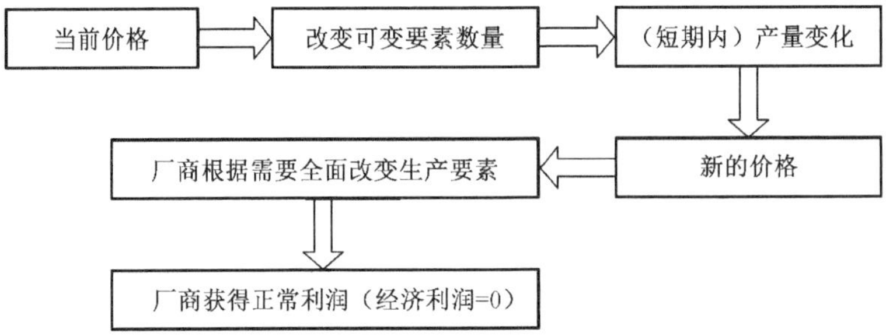

图 7 -3　我国煤炭短期、长期产能市场调节机理

7.3.3　煤炭限产措施效果分析

目前煤炭产业采取的供给侧结构性改革主要采取"去产能"的做法,从控制煤炭供给数量入手,分为僵尸企业去产能和其他性质的去产能。

去除僵尸企业的落后产能做法与市场机制不矛盾,因此政府强制去除僵尸企业的落后产能做法没有争议,即使政府不强制其退出也会因市场淘汰而退出,所以对于僵尸企业尤其是国企性质的,强制退出极为必要。僵尸企业不死不退是地方性保护以及金融支持的结果,被输血的僵尸企业严重影响煤炭市场价格调节机制的功能发挥,再加上煤炭产业内国企产权占大多数的特征,通过价格调节产量的市场机制受到严重约束。僵尸企业害人害己,越迟退出社会损失越大,应尽早退出。

对于其他性质产能,用 276 天工作日制度以及根据市场需求变化采取偶尔放产能或严格限制产能的做法,会带来很多的不利影响:

1. 对企业产量选择干预的随意性太强或者太慎重引起的犹犹豫豫,往往由于政策的时滞性,干预效果难以与预期一致,既不能熨平市场的波动,还有可能加大对市场的扰动,不利于决策者及时作出适合企业发展的决策;

2. 不利于企业竞争优势及主动性的发挥,违背竞争原则。276 天工作日制度相当于为所有煤炭企业做了全年计划,然后根据一年中的特殊情况(比如受 2017 年高温带来的影响,鼓励优秀产能释放)进行计划的临时调整,相当于补个临时计划。276 天工作日制度本质上是一种类似计划手段的控制措施。如果承认煤炭产业改革要走市场化道路,就应该还给企业运营所需的市场环境,如果一个企业无法自己决定投入的要素数量以及产量,谈市场化改革没有任何意义。

试图通过数量干预措施让产量达到 Q^* 附近,就像是一场贪吃蛇游戏,政府调控部门无论怎么努力也难以取得满意效果。如果采取对所有企业一刀切的做法,企业没有产量和产能调整的空间,即使产量干预能够达到理论上的最优点 Q^*,但行业内部资源配置也不是最高效率。如此"去产能"是一种政府主导下的对市场机制的扭曲,违背供给侧结构性改革的本意,也无法实现供给侧内部结构优化。如果通过价格传导机制实现产量回归 Q^* 附近,却是供给侧内部结构优化带来的结果,行业效率也是最高的。

7.3.4　煤炭产业供给侧改革中对政府行为的建议

当前煤炭产业供给侧改革的难点是产业要素的调整,尤其是冗余要素的退出,短板要素的补齐,改革的深入推进离不开政府的大力支持。

1. 努力营造公平的营商环境

从支持改革的角度说,政府要做的事就是解决为"人员要素退出产业带来的社会稳定和退出人员的生活"提供必需的保障问题,让企业卸载不必要的负担,能够常规负载前行。产量决策是企业的具体运营决策,决策权应该留给企业,政府参与等同"越位"。相关调控政策出台要慎重,要保持政策的稳定和可持续性,否则企业无法进行决策,也无"经营"二字可言。

2. 不断提升对国有煤炭企业的监管水平

对于国企,应加强对高管的任命与考核管理,高管要去行政化,企业运营交给职业经理人来做。按照产量规模淘汰产能的规定以及政策鼓励煤炭企业行业内部重组,可能促成煤炭产业内部跨区域的重组浪潮,管理部门应慎重对待,因为重组如果只是产能的联合而没有实质性改善,产能不会因重组而削减或退出,煤炭行业有出现更大的僵尸企业的风险,煤炭业将重走钢铁业老路。

3. 积极开发政策工具,引导行业健康发展

要素转移的途径之一是要素退出煤炭产业。例如对于专用设备,可采取给予购买方或出售方补贴的方式,盘活资产,减少浪费,确保国有资产的保值增值;对于人员的退出,应结合企业的诉求和政府的承受能力,按计划分阶段调整,最终满足企业的裁员要求。所有裁员都由政府兜底。政府通过给予补贴或税收支出方式鼓励企业尽可能少裁员,该项补贴金额不能太大,以不歪曲企业合理人员雇佣为界。对于主动申请退出产能企业予以适当奖励。

政府应通过财政、金融措施,鼓励企业通过股权、非股权等多种方式开展产业关键及瓶颈技术、设备的联合攻关,允许企业采用可交换债券、国企出售部分股权或全部股权方式获得转型升级资金,实现煤炭产业的安全、绿色和高效发展,提升产业发展质量,实现内涵转型。

7.4 煤炭产业供给侧结构性改革反思

自2015年11月10日，习近平总书记提出“供给侧结构性改革”一词近三年了。三年来，各行各业尤其是存在严重供过于求态势的产业都在积极进行供给侧结构性改革。煤炭产业就是一个急需进行供给侧结构性改革和正在积极实践供给侧结构性改革的典型代表，总结煤炭产业的供给侧结构性改革成果以及分析改革存在的问题，对于进一步深入开展供给侧结构性改革具有重要意义。

7.4.1 煤炭产业供给侧结构性改革实践成果

自中华人民共和国成立，煤炭产业的发展经历了很长时间的供不应求之后，在20世纪90年代进入了供过于求的状态。随着21世纪的到来，中国经济的快速增长，进入黄金十年。2012年，受经济周期因素、环境压力因素、产品供求结构失衡等因素的制约，煤炭产业进入了新的供过于求的阶段，被迫进入了痛苦的倒逼式改革期。在需求刺激难以奏效的情况下，此轮煤炭产业的改革方向转向供给侧结构性改革。迄今为止，剔除两年的改革观望及探索期，煤炭产业供给侧实质性的改革已经进行了两年多，取得的实践性成果主要有：

1. 积极的“去产能”措施为煤炭产业深化改革提供了机会

煤炭产业经历了发展的“黄金十年”后，进入了“产能过剩、恶性竞争、进一步产能过剩”的发展怪圈。以“去产能”为核心手段的供给侧结构性改革有效控制了煤炭产能过剩局面，减少了资源的浪费，维护了社会稳定，为煤炭产业进一步深化改革赢得了机会。

2. 煤炭产业内部主体结构优化

煤炭产业的过剩产能直接导致产业内部竞争加剧。不具有规模经济的企业直接被淘汰出局，落后产能企业受政策及竞争压力也被淘汰出局，能存活下来的基本上都是实力相当的大型煤炭集团，煤炭产业的主体结构得到优化，为接下来煤炭产业内部市场化改革奠定了良好的基础。到2016年底，我国大型现代化煤矿产量已占全国煤炭产量的四分之三以上。

3. 煤炭产业效益有所改善

在2012年10月以后，煤炭产业开始步入不景气时期。这是在全产业没有任何预期的情况下发生的，因此煤炭产业整体步入观望期，再加上煤炭作为我国主要能源的特殊地位以及产业内主体是国有企业的性质，煤炭产业内部呈恶性竞争状态，煤炭生产企业呈无序扩大产能状态。在政策积极干预下，煤炭产业非理性发展状况得到遏制，市场供求状况改善，从2016年开始，产业内开始出现止亏转盈的现象。

4. 煤炭产业环保意识集体增强

煤炭产业发展的“黄金十年”，是煤炭企业利润高度增长的十年，也是环境污染最严重的十年。产能过剩之时也正是环境承载能力过载之际。政府及时采用环境标准作为控制煤炭产能退出与进入的标准，引导煤炭产业各环节按照环保的理念制定发展战略，为煤炭产业与环境友好共生发展指明了方向。

7.4.2 煤炭产业供给侧结构性改革存在的问题

煤炭产业供给侧结构性改革存在的最突出的问题就是改革并没有完全达到目标。主要体现在以下几方面。

1."大而不强"现象在煤炭产业内普遍存在

在世界500强排名中,2015年中国有12家煤炭企业入选。2016年冀中能源(267)、神华集团(270)、同煤集团(322)、山西焦煤集团(337)、陕西煤业化工(347)、潞安集团(370)、阳泉集团(374)、晋城无烟煤集团(384)、山东能源集团(426)九家煤企入列,河南能化集团、开滦集团和晋能集团三家退出世界500强。在入列企业中,仅有神华、山西焦煤集团属于盈利企业,其他七家全部处于亏损状态。而2016年是政府积极推行去产能的一年。由此可见,煤炭产业供给侧结构性改革并没有实质性改变产业的整体盈利水平。

2.改革尚未真正触及"机制、体制创新"两个核心

供给侧结构性改革的本质是改革,核心是机制、体制创新。迄今煤炭产业内部发生的改革主要是针对主体企业的存废、煤炭的供给产量、煤炭企业的融资等方面,其中不乏政府的干预行为。煤炭产业政府干预过多,政府和市场角色划分不清晰,不符合市场化改革的基本设想。尤其是随着煤炭产业内部改革的不断深化以及煤炭金融市场的不断完善,政府干预措施产生的影响不可低估。比如,从2017年7月1日开始,国家二类进口口岸禁止进口煤炭船舶靠泊卸货,导致市场预期期货价格和国内现货价格快速上涨,造成期货市场内投机气氛严重,违背了我国煤炭期货市场设置对煤炭产品价格应具有稳定功能的初衷。

3.煤炭企业发展战略目标仍需勘误

在供给侧结构性改革过程中,各煤炭主体积极发挥自身主动性,尤其是在控制成本方面下足了工夫。尽管如此,从企业的长期发展来看,发展战略是灵魂。战略这个故事能不能编好、讲好是对煤炭企业可持续发展的考验。以兖矿集团为例,在2008年前石油价格一路飙升和环保要求较低的背景下将煤制油确定为战略发展方向,决策既符合煤炭产业链的发展规律,又符合能源经济学原理。但在实践过程中,受金融危机的影响,石油价格上升;受工业快速发展带来的环境污染的影响,环保标准进一步提升,环保执法越来越严格。煤制油战略决策的前提都不复存在,这就给企业的发展带来了极大的不确定性。面对巨额的前期投资成本,企业进退两难,需要作出抉择。接下来如何打持久战重塑中长期增长动力是对兖矿等煤炭企业的一个重大考验。

4.深层次问题仍需进一步破解

煤炭产业的供给侧结构化改革从短期来看,主要是解决过剩产能问题。我国的供给侧结构性改革主要是针对产业结构、区域结构、要素投入结构、排放结构、经济增长动力结构和收入分配结构等六个结构进行的。煤炭产业的供给侧结构性改革涉及要素投入结构、排放结构、增长动力结构的改革。这三方面改革共同指向一个核心——"创新"。由于新建煤矿产能的逐渐释放、国家对产能干预措施的逐渐放松趋势以及新能源的逐渐替代效应,煤炭供过于求的状况并未从根本上得到解决并将中长期存在,这种惯性不利于要素投入结构的创新,不利于增长动力结构的创新。

7.4.3 煤炭产业深化供给侧结构性改革建议

为煤炭产业深化供给侧结构性改革,建议从以下五个方面发力。

1.注重从供需两侧推进

煤炭产业深化供给侧结构性改革必须关注供需两个方面的协调关系。目前存在的问题是煤炭产品的数量供过于求,所以需要认真做产量尤其是产能的减法。煤炭作为能源的

供给质量与其他能源比较,尤其是从满足环保要求角度分析,整体行业距离清洁能源还存在差距,所以煤炭产业供给侧结构性改革应该特别关注产品的清洁性,通过加大投入提高产品质量,为此应从清洁环保入手做加法。从提高产品市场竞争力角度分析,煤炭企业必须深入研究成本构成,千方百计降低各项成本,尤其是国企更应加强管理,注意跑冒滴漏现象,做足减法。从需求再创造的角度分析,煤炭产业内部应关注煤炭资源的综合利用与新产品开发,让新产业呈“几何式增长”,这种来自煤炭产业内部的创新,对于产业发展具有乘数作用,应该得到政策和金融支持。

2. 积极开展多元化经营

从市场角度分析,供给的目的首先是满足需求,因此在研究供给侧结构性改革中应将有效需求放在重要位置。对于煤炭产业供给侧结构性改革而言,应该拓展经营范围。煤炭产业拥有的人力资源很丰富,既有煤炭专业人才,也不乏非煤的复合型人才,具有普遍的适用性。煤炭产业在以煤炭为主业的基础上,完全可以根据社会经济发展的实际情况,积极拓展其他领域,如教育、养老等服务行业。

3. 深入整合各种生产要素

煤炭产业拥有土地、劳动、资本、组织、制度、创新等生产要素,煤炭产业深化供给侧结构性改革要求企业在短期、中期及长期发展规划中明确发展方向,重新组合各种生产要素,发挥重新组合的效用。具体思路是:先做要素的加减法,剔出冗余要素,补齐发展所需短板要素;再做乘除法,发挥关键要素的乘数效应,尽早消除阻碍煤炭产业发展的不利因素,把不利影响降到最低水平。例如,通过利用资产管理公司(AMC)、企业间优质资产的并购组合、企业间的战略合作等形式,为煤炭产业的创新发展和转型升级提供新的要素组合,实现整个产业要素的高效产出。

4. 做好四则混合运算

煤炭产业的供给侧结构性改革是一项系统工程,单凭某一运算规则难以保证系统整体的运行秩序和运行效率。因此,煤炭产业的供给侧结构性改革应全局谋划,整体阶段性推进。在推进过程中,应突出市场和政府在改革中的分工协调:市场在实现效率方面独具特色,政府在解决公平方面效果突出,尤其是市场失灵时政府必须介入,二者在煤炭产业的供给侧结构性改革的不同阶段作用、地位应有所区分。

5. 改革配套保障机制必须健全

在改革过程中,涉及人员的退出或转移,因此需要完善的社会保障机制做改革的后盾;改革中涉及煤炭产业专门资产的清理,尤其是对于僵尸企业,这种资产占比更大,为此,如何保证在清理的过程中减少国有资产的流失需要明晰的制度约束。

在改革尤其是通过创新实现转型升级的过程中,需要大量的资金支持技术研发,形成必需的人力资本。而每一项创新都要求高投入,同时又面临高风险。对于当前艰难度日、高杠杆的煤炭企业而言,如何获得资金支持是煤炭企业的首要难题。因此,煤炭企业自身需要探索融资渠道,在特别时期,也同样需要政府加大采购力度、进行适度的财政转移支付以及增大结构性税收支出。

基于煤炭对我国经济发展的基础性能源地位以及我国煤炭产业的发展现状,煤炭产业积极推进供给侧结构性改革势在必行,意义重大。煤炭产业深化供给侧结构性改革关乎全社会利益,关乎我国的能源安全,为此,煤炭产业深化供给侧结构性改革应坚持按照习主席的“加减乘除”四则运算法,在运算规则允许的前提下,灵活运用,达到最佳改革成果,造福全社会。

7.5　本章小结

煤炭是我国的基础能源，通过市场机制调节实现煤炭产业的健康可持续发展，是政府推进煤炭产业供给侧结构性改革的必由之路，改革中政府付出的所有补贴支出都是全社会应该付出的改革成本，这些支出如同政府的公共投资一样，最终会通过煤炭产业的良性发展得到补偿和回报。

本章主要是对化解我国煤炭产能过剩的路径进行选择分析，运用博弈论与经济学理论相关知识，结合我国煤炭产业发展实际情况，得出我国煤炭过剩产能的化解不能单纯地依靠市场力量，必须结合一定的政策引导，这是基于中国煤炭产业发展现状，实现煤炭过剩产能有效化解的现实选择；同时也结合煤炭限产措施和市场经济运行关系进行了反思。

第8章　河北省煤炭产业供给侧结构性改革路径设计分析

十八届三中全会通过《中共中央关于全面深化改革若干重大问题的决定》强调要“紧紧围绕使市场在资源配置中起决定性作用深化经济体制改革”。由于我国的特殊国情，导致煤炭产业存在一些特殊性质，如包含各种所有制经济、市场在资源配置过程中发挥作用较弱、对劳动力的依赖程度较大等。因此，在化解产能过剩的过程中，不仅会引发不同所有制主体间的利益纠葛，还会带来大量失业人员以及相应医疗、养老等社会保障方面的问题、资源处置矛盾及退出职工安置问题等。这就需要政府逐步引导其退出煤炭市场，具体思路如下。

8.1　明确化解对象，科学规划产能

煤炭过剩产能包括两部分，一是落后产能，二是先进产能。此次煤炭行业化解过剩产能的难点和痛点之一在于如何化解过剩的先进产能。这就需要产业规划和管理部门要科学编制新增先进产能和退出落后产能规划方案。科学界定“落后产能”，所涉及的内容不仅仅限于规模、生产工艺水平、企业的运行效率和管理水平，还应考虑到能耗和环保标准。岳福斌指出“煤炭产业的落后产能是指安全生产条件较差、生产和员工安全得不到保障，对生态环境造成重大影响，产品质量达不到国家规定或产业规定的最低标准，资源能源浪费严重，生产设备和技术落后、生产规模过小的煤矿，同时还包括法律法规规定的其他情况”[7]。企业在新增先进产能时，对其布局、规模、技术参数、形成及释放时点等要进行具体的明确，必须严格按照预期的规划方案来判断企业的产能情况。

科学产能规划在化解煤炭产能过剩过程中具有重要意义。产能规划是产能规划主体在综合分析多种影响因素后对产业未来产能所做的计划，通过对市场需求的充分预测，对未来一段时期的产能给出较为准确的判断。煤炭产能规划编制是在已经成功投产的产能、在建产能、预计淘汰产能等现有产能规模上进行规划的。判断煤炭未来产能规模的主要宏观依据是国际经济发展形势以及国内经济运转情况，在制定过程中煤炭市场的情况以及煤炭市场下游产业的景气度等是产能规划制定的直接影响因素。合理的煤炭产能标准，是编制煤炭产能规划的重要依据，相关部门在制定煤炭产能规划时对先进产能和落后产能要区别对待，把清理整顿落后产能同样纳入年度计划。我国在科学制定煤炭产能规划时应积极向发达国家学习，强调市场资源配置在煤炭产能规划过程中的关键性作用，将产能规划与市场需求、企业预期与市场即期、产业全局与企业局部、煤炭生产与煤炭消费等众多关系进行统筹，以便达到政府、煤炭企业和煤炭市场三者之间的信息对称，最大限度地保障煤炭产

能规划的科学性。

8.2　过剩产能化解方式选择

为了使过剩煤炭产能能够实现有序的化解，各地区政府以及涉及的相关企业，根据相关矿井的资产属性、产权状况、自然环境条件等差异，采取不同的化解、退出、关闭、转型升级、兼并重组、对外转移方式等。针对不同过剩产能的性质（先进产能、落后产能）处理方式不同，具体情况如下。

8.2.1　先进煤炭产能的化解方式

1. 可以采取兼并重组的方式

积极发挥高效率煤炭企业资源整合的优势，鼓励其自主参与高效率煤炭企业之间的兼并重组，先进产能的重新整合所产生的经济效益，会远大于企业之间的简单扩张，从而实现煤炭资源的集约化开发利用，这一过程就使得分散的小规模的先进产能整合变为一个大中型煤炭企业的新增产能。在兼并重组的过程中要鼓励跨所有制兼并重组，推动对煤炭企业的混合所有制改革，这样不仅能够促进煤炭资源的优化配置，还能在一定程度上缓解由产权因素对煤炭产能过剩所造成的影响。就目前煤炭先进产能的分布情况来看，国有煤炭企业占主体地位，因此，尤其要对国有煤炭企业的产权进行重组，出发点和根本目的是解决煤炭企业的“预算软约束”和低效率问题。依据市场竞争规律，通过重新选择或组合的方式来变换或分解国有煤炭企业的产权主体，建立符合市场经济要求的国有产权体系，实现同一企业内产权主体多元化。国有煤炭企业进行产权重组有以下途径：

（1）通过公开市场交易，整体或部分转让企业股份，引入外资与民间资本，改变国有煤炭企业“一股独大”的现象。根据唐飞对煤炭企业的产权制度的探索，建议对国有煤炭企业的国有股做减法，降低国有产权比例，缩小国企摊子，将其降至40%左右，同时引进的外资与民间资本在国有煤炭企业中的参股比例也可以达40%左右，通过较大比例的参股作用，可以带动国有煤炭企业的产权结构变革[51]。

（2）采取兼并、收购、改制、联合、破产等方式，促进国有煤炭企业产权的流动、生产要素的重新组合以及资源的优化配置。形成规模的国有企业集团，并且在国有企业规模扩张的基础上，需要协调好“大”与“强”的关系。

2. 采取将先进产能进行对外转移的方式

结合国家的外交政策，目前政府提出了“一带一路”的外交战略，主要目的是缓解由我国经济增速放缓所导致的煤炭需求减少，结合我国的外交政策挖掘更多的国际市场需求，其中包括消费需求和投资需求，这就为化解我国国内过剩煤炭产能的化解提供了良好的契机。就我国国内目前的经济发展阶段而言，煤炭市场需求饱和，无力消耗过剩的煤炭产能，但是就“一带一路”沿线的其他发展中国家而言，并不是绝对的过剩，此时鼓励煤炭企业实施“走出去”，提高自身的技术水平的同时，将企业的过剩产能转移至其他相关国家，一方面可以将开采出的煤炭成品进行转移，另一方面也可以在资源丰富的地区建厂，加强对外投资，将国内的先进产能（设备、资本、技术、人才等）进行整体转移。

8.2.2 落后煤炭产能的化解方式

按照国家相关标准判定的落后产能，对于那些资源条件差、对周围环境影响较大、开采环境恶劣、生产成本高、经济和利用价值低的难以改造的煤炭企业，积极与其相关企业协商，实施政策性关闭退出，政府给予一定的经济补偿作为企业退出基金；对于还有剩余资源的矿井，根据不同的情况采取不同的退出方式。如，虽然矿井还有剩余资源，但是亏损严重，资不抵债的企业，此时要禁止予以资金支持，迫使其退出市场竞争；对于剩余的煤炭资源，并且现存的资产还有较好的利用价值的企业，可以将其产权进行转让，资产进行重组，并在此过程中区分优质和劣质资产，将优质资产再利用，劣质资产通过破产或资源再配置的方式进行集中处理。对于周边经济发展较好，距离地区中心城市较近的退出矿井，可以由政府提供项目或支持、鼓励企业积极发展新项目，实施整体转型。

8.3 过剩产能化解相关机制设计

建议政府主要通过以下六个方面为化解煤炭过剩产能营造良好的环境。

8.3.1 建立有效的激励机制

首先，建立对企业的激励，对化解过剩煤炭产能积极的企业，可以考虑在信贷授信、增发股票等方面给予优先考虑的机会，或者在进行产能交易时减免税费等，使得这些企业能够获得更多的奖励或是政策倾斜。其次，建立对地方政府的激励。科学分配拟退出的过剩产能，细化分解到各省、自治区、直辖市，将辖区内煤炭过剩产能的化解情况、煤炭企业的能耗情况及排污情况作为当地政府政绩考核的一项重要指标，目的是激励地方政府，促使其加快化解煤炭过剩产能的步伐。

8.3.2 设立退出善后机制

由于我国目前体制不健全，大范围煤炭落后产能的退出很有可能引发失业人数增加、资源浪费严重等一系列的社会问题，甚至会影响社会的稳定与和谐。由此看来，建立退出善后机制是很有必要的，不仅能够最大限度地避免因落后产能退出而引发的后果，从某种程度上讲还可以对地方政府起到一种激励作用。值得注意的是，建立退出善后机制的主要目的是“补偿”因化解过剩产能而失业的人员。建议通过由中央财政与地方财政共同出资补贴，或由中央财政进行资金补贴、地方政府提供后续支持的方式设立煤炭过剩产能退出补偿基金，同样也可以借鉴日本在此方面的相关经验，由行业协会组织行业内在位企业共同为退出企业提供资金补贴。通过以上渠道筹集到的基金主要是应用于失业人员的补偿、再就业培训、创业培训等方面。

此外，善后机制要注重将产能退出与企业办社会移交相结合，在过剩产能化解进程中，需要退出的相关企业，国家对其涉及的一些社会化职能要有明确的立场，积极落实责任主体，全部或部分移交其社会职能，减轻煤炭企业在关闭退出时的负担，让煤炭企业向市场经济靠拢，真正成为市场主体。

8.3.3　强化约束机制

约束机制的建立主要是为了规范行为，以便于有序运转，煤炭落后产能约束机制，是为避免有悖于预期行为的发生，对参与主体的行为起到制约和监督作用。建议相关部门科学制定落后产能的标准和退出政策，并为保障其实施出台配套的法律法规，对于那些经反复做工作仍拒不退出的落后产能，依据相关规定进行处理。为了充分发挥法律法规对落后产能的约束作用，必要时对于应该退出却并没有退出的过剩产能，实施惩罚措施，形成一定的约束力。

8.3.4　建立长效机制

按照生产力的发展规律和社会进步的要求，化解煤炭过剩产能是煤炭产业发展过程中一种常态化的必然选择，是一项长期的任务。为持续推进煤炭产业结构优化和转型升级，应建立健全煤炭化解过剩产能的长效机制，从以往化解过剩产能的经验来看，严格控制产量生产、提高行业准入标准、强制淘汰落后产能等措施能够在短期内缓解一定程度的产能过剩，但这种模式无法长期实施。因此，准确把握本轮煤炭产能过剩的形成机理和特征，建立治理产能过剩的长效机制，如与时俱进地提高落后产能的标准、硬化银行软预算、理顺中央与地方之间的利益分配机制等，严格防止落后产能重新进入煤炭生产领域。

8.3.5　建立产能交易机制

产能应该像商品一样按照市场经济的一般要求和规则进入市场，按照“公开、公平、公正”的原则进行等价流转交换，而且，产能作为商品进行市场交易，这种行为必须是遵循自主性原则，交易双方自主决策，自负盈亏。产能作为商品进入市场进行交易，并不是部分产能，而是包含全部性质的产能，如新规划的产能、在建产能、现存产能，其中现存产能中还应区分限制性过剩产能和应该退出市场竞争的落后产能。规划新增先进产能作为标的，可以参照土地的“招拍挂”制度，面向社会公开招标、拍卖或挂牌等方式来公开交易煤炭的先进产能，一方面可以遵循市场优胜劣汰的竞争法则，确保产能交易市场的公平竞争，另一方面能够更加合理的体现先进煤炭产能的价值，在进行招标之前，政府部门或相应的管理部门需要对参拍的产能进行合理正确的评估。为了更好地达到化解煤炭过剩产能的目的，在规定参拍主体时，可以明确要求参拍主体必须有一定规模的落后产能退出作为必要的前提条件，如果该参拍主体按照国家的评判标准，具有一定量的落后产能，必须要将新旧产能进行置换，其具体退出规模要视该企业的产能过剩程度而定；如果该参拍主体没有足够的落后产能，也可采取多家企业联合竞拍，或购买非参拍主体拥有的落后产能的方式再进行与新增产能的置换，建议相关部门制定落后产能动态管理制度，在一定时期内，如果既不能实现自己转型升级又不愿意被先进产能企业并购的，强制退出行业，类似股市的退市做法。这样在化解煤炭过剩产能的过程中，不仅实现了先进产能的有效转移，同时也迫使落后煤炭产能主动退出。

8.3.6　完善煤炭资源市场价格机制

我国煤炭资源的价格大部分是通过资源市场加以确定的，但是目前煤炭市场上的价格只能反映甚至部分反映资源的生产成本，没把补偿成本和外部成本计算在内，因此，资源监管部门结合现有的市场价格，可以以市场价格为主轴，适时、适当地对煤炭市场价格进行上下浮动调整，将市场价格和政府指导价格之间产生的差额部分以“煤炭资源使用税”或者“煤炭资源使用补偿”的方式予以调整。通过这种方式来使得煤炭价格能够综合反映煤炭资源的社会成本。

8.4 产业政策引导手段设计

产业政策手段共分为间接诱导手段、直接干预手段、信息指导手段和法律规则手段四类，其中的直接干预手段和法律规则手段属于直接性质，间接诱导手段和信息指导手段属于产业政策引导性质。下文将针对煤炭产业过剩产能的化解问题从间接引诱和信息指导两个方面进行政策引导手段的具体设计。

8.4.1 充分利用经济杠杆手段间接引导

化解过剩产能工作难以开展的根本原因是在巨大过剩产能化解给企业及相关利益方带来的负面影响，因此，各方缺乏积极主动响应化解号召的动力。煤炭企业作为过剩产能的化解主体，在过剩产能化解过程中同样需要付出高额代价。为能够顺利有效地开展过剩产能化解工作，有必要利用财政、金融经济杠杆加以驱动，促使煤炭过剩产能的化解。

1. 利用税收杠杆进行调整

为了实现煤炭产业的可持续发展，制止煤炭企业盲目追求企业利润而对煤炭资源进行破坏性开采，应该进一步扩大资源税的征税范围，真正体现资源税的“普遍征收”原则。即使实施税收优惠政策，也需要明确优惠对象，对积极响应淘汰落后煤炭产能，煤炭资源回采率和新产能选矿率达标的企业应给予一定的资源税税收减免，例如，转产后一定年限内对其降低税率或者免征税费等。在推进煤炭产业政策时，也可以将煤炭矿产资源品位的分类标准作为煤炭资源税征收的依据。实施梯度税收政策，最大限度避免落后产能得到支持，促使其不得不退出市场。此外，为了进一步推动煤炭过剩产能的化解，相关部门应研究制定有利于煤炭产业区域内以及跨区域兼并重组的财税分配政策，并且激励地方政府积极参与到兼并重组的活动中。

2. 利用信贷杠杆进行调整

金融是市场经济配置的重要形式，金融支持可以通过关键性资源配置引导产业结构发生变化。强调市场化原则，但并不意味着没有必要研究和利用具体的金融手段来对产业进行一定的调整。首先，加快推进煤炭产业金融政策，破除金融业与地区煤炭产业的“金融锁定”，避免“一荣俱荣、一损俱损”的关联效应发生。银行等金融机构对自身的资金投向要有充分的自主权，要在充分了解企业经营信息的基础上给予适当的资金援助；其次，将银行信贷政策与煤炭产业政策步调相一致，对主动响应煤炭过剩产能化解的企业给予一定的信贷支持，对具有明显过剩产能或者落后产能且不进行化解的企业，实施不贷或者少贷的政策。最后，通过授信额度、利率和期限的变化对企业淘汰落后产能和过剩产能，进行企业转型升级的企业提供更多的支持，利用信贷杠杆最大限度地撬动煤炭企业经营主体的经营模式，以达到调整产业结构的目的。

8.4.2　利用信息公开化进行引导

关于煤炭产业市场信息量的掌握情况，政府在信息总量上无疑是远超过单个具体企业的，建议政府、行业协会、企业三者结合起来构建煤炭产业信息平台，最大限度、最精准地搜集、整理、发布、使用煤炭市场相关信息。通过加强产业信息的透明度使得中央和地方在化解煤炭过剩产能过程中二者进行决策所使用的信息保持一致性，尽可能减少由于信息不对称造成的中央和地方行动上的分歧。中央及地方政府要从宏观整体经济布局的角度来规划各地区的产业结构，必须以各地区的具体情况（如当地的资源储量情况、地理环境、劳动力结构等）来制定产业政策，充分发挥该地区的独特优势，避免大量的重复建设，最大限度地利用本地区资源，并以此作为规划当地产业结构的政策引导。通过加强中央与地方之间的信息沟通，避免对于像煤业这种具有明显增加地方政绩的产业进行“一窝蜂”式的投资以及阻碍过剩产能化解等行为的发生；中央与地方政府都应该关注国际、国内煤炭市场的动态，通过正式的、非正式的沟通方式互通信息，共同促进我国煤炭产业过剩产能化解工作的顺利进行，实现我国煤炭产业的健康、可持续发展。

8.5　化解过剩产能过程中涉及的相关生产要素的处理

8.5.1　制定职工安置配套办法

建议政府出台关于退出煤炭矿井职工安置的相关政策，如退出矿井有主体企业，则退出矿井的职工应在政府的帮助下由主体企业进行安置；如退出矿井没有主体企业，则需要地方政府在安置政策的引导下，根据当地的经济发展情况，对职工进行优先安置；增加新建产能的企业应积极响应对关闭退出煤矿职工的安置；关于职工安置费用的标准与移交职工的补贴应在相关政策当中有所体现；对职工的退休年龄和退休条件适当放宽，如退出生产煤矿的全民所有制职工执行提前5年（男55周岁，女45周岁）退休政策，其中对于长期作业于煤矿井下、有毒、有害等特殊工种的职工，可提前10年（男50周岁，女40周岁）退休。对于地处偏远地区经济条件落后的煤炭企业退出人员，可以实行政府之间的跨区域合作，结合本地区和周边地区的经济发展情况，提供更多的就业培训和就业岗位。因某种特殊原因无法再从事其他工作的职工，责任企业需给予一定的失业救济，政府对其最低生活标准提供保障。鼓励退出职工通过自身的努力实现再就业或者创业，政府为这些人员在技术、资金、项目等方面提供援助。

8.5.2　关于企业债务的处理

企业之间的债务可以通过银行为中介，尝试将拥有该银行债务的两个企业之间进行债务重组或者串换，以适当的方式将债务转化为股权。在条件允许的企业里，其债务也转出一部分给企业的职工和高层管理人员，对部分债务进行稀释，以此作为他们所持有的股权。对于实施破产退出的非独立法人企业，其资产和负债由主体企业承接；若退出的企业是独立法人，其负债由政府协调银行实行挂账停息处理或为其主体企业提供贴息贷款。对于企业负债过高，超过主体企业承受能力部分的债务，由政府予以适当补贴。

8.5.3 对化解过程中可以有效再利用资产的处置

在化解过剩产能的过程中，并不是所有涉及的资产都是无效资产，为了最大限度地避免资源的浪费，可以对有效资产进行再利用。采用协议或者挂牌出让、无偿划转等方式进行处置亦可以进行整体转移，其处置所得的资金一部分可以用于安置职工，另一部分可以划归为母体企业作为经营性的资产。

8.6 煤炭过剩产能化解过程中应注意的问题

需要特别指出的是，产能过剩的问题在我国的首次出现不是煤炭产业，其他领域如玻璃、汽车等产业之前出现过同样的问题，因此，在化解煤炭产能过剩的过程中，应借鉴先前的宝贵经验，规避之前的不足。由于本次煤炭产能过剩情况已十分严峻，下面提出四点在化解过程中应注意的问题，以便化解有效进行。

8.6.1 化解煤炭过剩产能是一项系统工程

煤炭过剩产能的化解，尤其是过剩产能的退出，不仅涉及企业职工、投资者和地方政府等各方面的利益关系，还会牵涉到地区关联产业的发展，当地人口的就业情况，中央政府与地方政府的协调关系，关系到社会经济是否能够稳定发展，一旦处理不当，产生的重要影响不可估量。因此，在化解煤炭过剩产能过程当中，如何平衡各利益主体之间的关系，是该项工作的重点和难点。煤炭过剩产能的化解是一项系统工程，不能单独的仅就化解煤炭过剩产能而忽视其他的影响因素，要努力实现各方面利益的相对均衡。

8.6.2 明确政府和企业在产能化解过程中的角色定位

煤炭过剩产能的化解需要政府的号召、推动和支持，但是需要明确的是煤炭过剩产能的最终载体和实施过剩产能化解的主体是煤炭企业，也就是说“企业是主体”的观念要明确。企业比政府更加了解自身的生产经营情况，企业更清楚什么时间化解过剩的煤炭产能、以什么样的方式进行化解，因此在化解过剩产能过程中，企业应该有自主选择权。只有煤炭企业自身的主动性得到发挥，并且贯彻和落实好国家出台的有关化解煤炭过剩产能的政策和要求，才能保证过剩煤炭产能的顺利化解。政府在这个过程中所起到的主要作用是“引导”和“推动”的作用，要“有所为有所不为”，主要精力放在为过剩产能的退出和整合提供良好的环境上，而不是过度、变相的保护煤炭的过剩产能，更不能以行政命令的强制方式“一刀切”式的削减产能，应对积极主动化解煤炭过剩产能的企业利用财政支持、金融、投资等经济性杠杆提供必要的支持和帮助，健全后续保障措施，减少企业的后顾之忧。

8.6.3 煤炭企业应谨慎对待新的投资行为

当前阶段我国煤炭产能过剩的矛盾突出，导致煤炭产品价格低位徘徊，不能真实反映其资源属性的实际价值，市场需求的萎缩是造成煤炭产能过剩的一方面，另一个不可忽视的方面是煤炭企业的大量投资，为了能够满足之前经济发展需要的能源需求，煤炭项目大量上马，新上项目主要的资金来源于负债，导致煤炭企业的负债率一直处于高位运行。煤炭的产能过剩不能完全归咎于市场，也有企业自身的原因。在煤炭过剩产能的化解过程中，落后产能的退出，势必腾出部分空间让渡给优质能源项目，因此，对于企业新增的优质项目投建，必须要规范煤炭企业的投资行为，加强企业的投资风险意识，防止报复性膨胀而形成新的产能过剩。建议成立煤炭企业运营效率公正审核机构，特别是通过该机构对煤炭国有企业进行风险提示。按照运营效率、遵纪守法、社会责任承担等内容进行客观评价，改变煤炭企业盲目追求利润总量，却忽视资本利用效率的错误认识，引导且其理性投资，以便达到优化投资结构的目的。

8.6.4　强化“供给侧改革”

提升产业整体竞争力 2015 年底我国煤炭产业亏损面已达 90%，尽管在 2016 年国家要求全国煤矿按照全年作业时间不超过 276 个工作日后，煤炭价格有所上涨，但如何提升产业整体竞争力仍是必须考虑的关键问题。煤炭产业需求侧的刺激能够在短期内化解部分煤炭产能，实现短期内对总量一定的控制。但是此次煤炭产能过剩的化解要立足长远，通过“供给侧”实质性的改革措施，进一步开放要素市场，打通要素流动通道，优化资源配置，全面提高要素生产率，以达到提升产业整体竞争力的目的。过剩产能的化解的最终目的是促进煤炭产业的转型升级，提高整体产业竞争力，坚决防止过剩产能再次进入市场竞争，尤其是落后产能的起死回生，煤炭落后产能退出是煤炭产业可持续发展的必然要求，其本质是“腾笼换鸟”，必须防止“劣币驱逐良币”的现象发生，为先进产能腾出更多的发展空间，保护、促进和发展先进煤炭产能。因此，推动煤炭产业转型升级，提高整体产业的竞争力才是最终目的。

8.7　基于“三链”协同的资源型产业链延伸实现路径

我国经济进入“新常态”以来，国内企业竞相掀起了一轮“产业链扩张”热潮，对经济社会持续、健康、稳步发展产生了潜在的负面影响。本书认为，产业链延伸是一个复杂的系统工程，产业链延伸不是目的，而是实现企业盈利、地区产业结构升级、资源高效利用的一种途径和手段。通过产业链延伸实现上述目的，必须通过对产品链、价值链、生态链“三链”协同的程度作出科学的判断，才能作出科学的决策，降低产业链延伸的风险，实现产业升级的目标。本书从产品链、价值链、生态链“三链”协同的角度分析产业链延伸过程中涉及的一些重要的理论问题，以期实践中提高对产业链延伸的科学认识。

8.7.1　转变观念，将产业链延伸纳入科学决策的轨道

对于破解资源型行业的诅咒，产业链延伸是可行性路径之一，但是只有产业链延伸遵循“三链”协同，才能真正实现产业链延伸的最终目标。否则单纯的某一链条的延伸只会造成结果的偏颇，甚至影响企业乃至行业的持续发展。因此，准确理解和把握“三链”内涵及其内在关系是产业链延伸的首要任务。任何企业在制定公司战略或者地方政府出台产业政策时都不能简单地将产业链延伸等同于产品链延伸，要意识到价值链和生态链的意义和价值，树立正确的发展观念。科学的发展观念是正确行动的前提。

8.7.2　科学分析，正确评价产业链延伸的效果

产业链延伸是一个复杂的系统性工程，不仅局限于纵向内涵式延伸、横向外延式延伸，

还可能是纵横结合的复合式延伸。产业链的延伸要分析决定产品链的因素包括技术来源,技术创新能力,新市场的开拓能力,新业务的管理能力,生产要素的获取能力,资金融资能力,与原业务的衔接能力,熟练工人的来源,核心技术人才的来源等;分析决定价值链的因素,包括新产品的市场竞争能力,价格、成本,质量,客户关系,市场进入渠道、成本,获利能力等;分析决定生态链的因素包括资源环境生态因素,产业生态环境,研发、设计、服务、材料供给,销售渠道等。最后还要恰当评价"三链"协同的效果。

8.7.3 重点突破,抓好产业链延伸的关键环节

1. 技术创新

技术创新是产业链延伸的必要环节。技术创新的模式包括模仿创新、自主创新、合作创新。企业可根据自身的技术研发水平和研发经费,通过成本效益分析合理选取技术创新模式。

2. 市场开拓

由于产业链延伸,新产品的生产、新市场开拓成为必然。要科学分析新市场的供给现状、已有竞争者的实力和市场分布情况、需求能力和水平等;制定合理的市场开拓策略。

3. 经营管理创新

随着产业链的延伸,企业经营产品发生了变化,经营模式和理念也要随之变化,与此同时管理模式也要变革。

4. 人才队伍培育

人力资源都是产业链延伸是否成功的关键因素、是促使企业持续发展的核心力量。因此注重人才的引进、培训;合理的人才激励制度非常必要。

8.8 金融支持煤炭产业转型升级的博弈分析及对策

金融作为现代经济的核心,完善的金融体系有利于资源优化配置,是产业转型的重要推动力量。但是从现状看,金融支持产业转型还存在诸多问题。下面将结合博弈论模型,提出金融支持产业转型的策略。

8.8.1 金融支持产业转型的博弈分析

在产业转型的过程中,政府、企业和金融供给方三方处于一个不断博弈的状态,每一方都在追求自身的利益,但这个博弈是非零和博弈,共同的努力会使得三方收益都增加,出现共赢的局面。

1. 模型假设与建立

(1)模型基本假设

①参与方

参与方有政府、金融供给方、企业三方,均符合经济人假设。政府制定产业转型的政策,并给予相应的财政补贴和税收优惠;金融供给方是产业转型资金供给方;企业是产业转型资金的需求方。

②行动

政府对于产业转型的行动:支持和不支持;金融供给方和企业的行动:参与和不参与。

假定金融供给方与企业的行动是同时进行的,即为静态博弈。信息结构:假定模型中的参与方对彼此的行动策略或行动概率有准确了解,在这种状态下近似地将此博弈视为完全信息博弈。因此,假设该博弈为完全信息的静态博弈。

(2)模型变量定义

t——税收强度($0\leqslant t\leqslant 1$);

θ——政府的财政补贴等其他支出($\theta\geqslant 0$);

q——金融机构资金投资回报率($0\leqslant q\leqslant 1$);

eF——金融机构的努力;

eE——企业的努力;

R——收入(其为 θ、eF、eE 的函数);

$CF(eF)$——金融机构的努力成本,且其边际成本递增;

$CE(eE)$——企业的努力成本,且其边际成本递增。

政府、金融供给方、企业的预期的收益分别为

$$\pi G = R\cdot t-\theta$$

$$\pi F = R(1-t)q - CF(eF)$$

$$\pi E = R(1-t)(1-q) - CE(eE)$$

2. 模型分析与求解

(1)模型分析

企业和金融供给方的策略。政府的行动可以被企业和金融供给方可以观察到,而企业和金融供给方的行动视为同时解。

企业的收益极大化满足$\frac{\partial \pi_E}{\partial e_E}=0$,即

$$\frac{\partial \pi_E}{\partial e_E}=\frac{\partial R}{\partial e_E}(1-t)(1-q)-\frac{\partial C_E}{\partial e_E}=0 \tag{8-1}$$

金融供给方的收益极大化满足$\frac{\partial \pi E}{\partial \pi e_E}=0$,即

$$\frac{\partial \pi_F}{\partial e_{EF}}=\frac{\partial R}{\partial e_F}(1-t)(1-q)-\frac{\partial C_F}{\partial e_F}=0 \tag{8-2}$$

由公式可得出,企业的努力随着 t 和 q 的增加而下降,即随着政府的税收强度的增加和资金成本的增加,企业的参加意愿降低,反之会上升。金融供给方的努力随着 t 的增加而下降,随着 q 的增加而增加,即随着税收强度的增加、资金投资回报率降低,金融供给方的参加意愿降低,反之会上升。由此可知,政府的支持力度,是推动产业转型、调动企业和金融供给方参与的动力。

政府的决策:

政府了解的企业的反应函数为

$$e_E^* = e_E^*(t,q,\theta)$$

金融供给方的反应函数为

$$e_F^* = e_F^*(t,q,\theta)$$

①最优的税收强度，满足$\frac{\partial \pi_G}{\partial t}=0$，可得

$$\frac{\partial \pi_G}{\partial t}=R+\left[\frac{\partial_R}{\partial e_F}\ \frac{\partial e_{F_E^*}}{\partial t}+\frac{\partial R}{\partial eE}\ \frac{\partial eE^*}{\partial t}\right]\cdot t=0$$

②最优的政府补贴，满足$\frac{\alpha \pi_G}{\alpha \theta}=0$，可得

$$\frac{\partial \pi_G}{\partial \theta}=\left[\frac{\partial R}{\partial \theta}+\frac{\alpha R}{\partial e_F}\ \frac{\partial eF^*}{\partial \theta}+\frac{\partial R}{\partial eE}\ \frac{\partial eE^*}{\partial \theta}\right]\cdot t-1=0$$

由以上计算表明税率强度一单位带来的增值与产业转型收益的价值呈负相关；适当增强税收优惠强度、政府补贴的边际收益也会增加。

(2)模型求解

假定t、θ中一个为正，另一个为0，因为

$$R(0,e_E,e_F)=R(\theta,0,e_F)=R(\theta,e_E,e_F)=0$$

则$e^*E=e^*F=0$；否则，$t>0,\theta>0$。

根据模型假设可知：

$$\frac{\partial^2 R}{\partial E^2 F}<0,C_E^n(e_E)>0$$

所以

$$\frac{\partial^2 \pi F}{\partial e_F^2}<0$$

表明收益函数是凹函数，即模型存在均衡解，且两个交点中有一个为零点。因此，该模型有且只有两个解：

$$e_F^*=e_F^*=\theta^*=0,\theta^*>0,e_F^*>0,e_E^*>0$$

此时，均衡解为

$$|(\theta^*,t^*),e_E^*e_F^*|$$

政府、金融供给方、企业三者的努力都为正时，三方才可以得到收益。

(3)结论

通过博弈分析可以得出，政府在税收强度和财政补贴等方面作出努力会带动金融供给方和企业参与产业转型的积极性，另外基于解决信息不对称产生的投机行为等问题，如果政府可以搭建一个信息共享平台来增强信息的透明度，则能使得博弈达到最优解，提高效率。另外，金融供给方的努力、企业的努力都会为彼此带来收益的增加，两者共同努力，更使得三方都会获益。因此，在产业转型中，金融供给方和企业的积极性、努力的程度也是产业转型的重要影响因素。在产业转型中，政府、金融供给方和企业的努力是产业转型的重要影响因素，三者共同努力会使得三者的收益都增加，使博弈模型得到最优解，实现共赢。

8.8.2 金融支持产业转型的对策与建议

1. 健全金融征信体系

健全的金融征信体系可以解决融资企业和金融供给方之间的信息不对称的问题、降低交易成本。在保证信息安全和公众利益的前提下，发展市场征信，即鼓励民营征信企业的发展。

(1)建立健全征信法律法规。

(2)促进公共征信和市场征信协同发展,以同时保证社会公平和市场效率。

(3)开放个人征信业务。

(4)借力互联网、大数据完善征信信息。

2. 完善担保体系

完善的担保体系可以分散金融供给方的出资风险,进而推进在产业转型中的企业的投融资顺利。建设担保体系是构建以政策性担保为先导、互助性担保和商业性担保为主体的多层次、多元化的担保体系。

(1)发挥政策性担保的先导作用,政府出资、市场化运作。

(2)成立担保基金和再担保基金。

(3)鼓励成立互助性担保。

3. 拓宽融资渠道

(1)积极引导信贷资金配置。根据产业转型的重点和方向,并结合不同性质的银行类金融机构,引导信贷资金配置。

(2)充分利用资本市场,保障产业转型的资金供给。

(3)鼓励股权投资基金的发展。

(4)利用民间资本,鼓励、支持民间资本进入金融领域,并规范民营金融发展。

8.9　本章小结

本章内容主要是在综合前面对我国煤炭过剩的分析,对政策引导市场化化解路径进行具体分析,其中包括对明确化解对象并对过剩产能进行科学规划、针对不同性质的产能(先进产能、落后产能)设计不同的化解方式、过剩产能化解相关机制的设计、产业政策引导手段的设计及在化解过剩产能过程中涉及的相关生产要素的处理问题。之后,借鉴之前其他产业化解产能过剩的宝贵经验,提出化解煤炭产能过剩的进程中应该注意的问题,以便规避先前研究的不足,确保化解有效进行。在后半部分,探索了基于“三链”协同的资源型产业链延伸的实现路径和金融支持的对策。

第9章　国内外煤炭产业供给侧结构性改革实践

在我国的能源构成中，煤炭以它的资源禀赋优势、价格优势、方便利用等特征始终作为我国能源供给的主要来源，为我国经济的快速增长和社会的进步作出了不可磨灭的贡献。如今，受多种因素的影响，煤炭产业遇到了前所未有的困难，行业整体出现健康问题，如何实现煤炭产业的顺利转型，不仅是煤炭行业自身的问题，还关系到我国能源结构调整问题，关系到未来的社会经济增长问题。

煤炭作为一种能源，已经被一些发达国家在发展过程中大规模率先使用。但目前，各发达国家的能源结构已经发生了根本性的转变。我国作为一个发展中国家，研究煤炭产业转型发展过程也有必要首先进行国际比较。

9.1　国外主要产煤国家煤炭产业转型实践

9.1.1　德国

德国煤炭开采历史悠久、资源丰富，尤其是硬煤，仅次于澳大利亚，但是开采条件差导致采煤成本高。从20世纪70年代开始，鲁尔等典型矿区煤炭开采进入枯竭期[50]。之后的几十年里，政府采取各种措施，努力促进煤炭产业的转型。

德国煤炭产业转型实践与德国“供应可靠、有利环境、价格便宜”的能源政策目标息息相关。为保证煤炭资源的供应，德国对煤炭产业的支持主要采取了价格补贴、所得税优惠，针对煤矿生产合理化、提高劳动生产率和安排转业人员等方面进行投资补助，为保障能源供应而采取政府收购、对矿工进行退休金补贴、限制进口、研发补贴、环保资助等措施。

以价格补贴为例，德国鼓励燃煤电厂使用本国煤炭，对进口煤炭和国内煤炭差价进行补贴；从1975年开始向电力消费者征收附加费。钢厂使用本国煤炭的鼓励措施，比照电厂标准实施。受本国财政能力、欧共体成员国等因素的限制，德国实施的长达30年的煤炭价格补贴到2005年结束。按照李斯特的幼稚产业保护理论（距今已有175年）提出的对幼稚产业保护的最高年限30年的标准，德国对煤炭产业保护的30年凸显了煤炭产业转型的艰难。

德国在鲁尔地区积极开展煤炭产业链的延伸，发展了煤化工产业、煤电产业。在长期的保护措施下，德国已经具备了一些世界领先的煤炭加工利用技术。

政府还采取了多元化发展措施，因地制宜发展当地经济，为煤炭产业转型营造良好的环境，引入了高校、科研机构，加强基础设施建设；鼓励新建劳动密集型、科技型中小企业，通过发放就业补贴方式，刺激企业吸纳煤炭产业退出的劳动力。

目前，鲁尔区已走出煤钢传统产业，实现了与信息、生物技术等新经济产业相结合的协调发展。

9.1.2 法国

法国洛林地区拥有法国一半以上的煤炭资源、80%的铁矿资源。从20世纪60年代起，煤炭开采成本上升，煤矿逐渐关闭，引发钢铁产业的外迁，失业严重。洛林煤炭公司是法国最大的国有煤炭公司，在转型过程中，政府扶持创办了100多个企业促进就业，新建企业完全脱离国有，规模较大的企业采取股份制形式，规模小的企业完全是私营。经过30多年的努力，洛林地区的产业转型基本完成，汽车、电子和塑料加工等取代了传统的煤炭和铁矿开采业。

9.1.3 美国

美国煤炭资源丰富，煤炭产业发展过程中，经历了煤矿安全性差、煤矿开采规模小、环境污染等问题，政府采取的主要措施是修改大气净化法案、加大资金投入支持、技术支持，特别是通过提供资金、技术、经营人员培训等方式支持企业扩张煤炭开采规模，在企业达到一定规模后，要求企业申请获得新的许可并补偿前期的支持费用。注重对洁净煤技术的资金支持，对达标排放予以鼓励补贴。

政府的这些支持措施类似于期权行为，如果被支持的企业成功转型，政府收回部分投入；如果不成功转型，政府承担损失。这种机制对于调动私人企业转型升级有很大的动力。从政府角度考虑，即使有损失，也是出于全社会利益而进行改革必须面临的风险。转型后的煤炭企业全部为私营企业，皮博迪、阿齐、煤炭基金控股的三大煤炭企业形成了美国煤炭的寡占市场结构，这些煤企基于市场规律开展煤炭产业链的延伸。

奥巴马政府上台后，通过了《清洁能源法》，该法促进了加大页岩气的开发利用，同时却将美国煤炭企业拖到了生死边缘。即使如此，煤炭在美国的能源结构占比也维持在20%左右，而核电在8%左右。

9.1.4 澳大利亚

澳大利亚煤炭资源丰富，是世界煤炭的生产和出口大国。澳大利亚除了拥有资源禀赋优势外，还与近年来行业内部实施的合理化重组有关。政府对缺乏竞争力的企业进行关闭或者由高效率企业进行有效兼并。关闭企业的标准是：资源枯竭、不安全、经营亏损。在煤炭产业转型过程中，对煤矿关闭实行申请认证制，对职工发放煤矿关闭保证金，对煤矿关闭后的土地及环境进行监督治理。概括起来，澳大利亚的煤炭产业转型依然坚持以做强煤炭主业为目标。

9.1.5 英国

英国能够率先完成第一次产业革命，煤炭的作用不可低估。二战以后，欧洲经济的恢复对能源产生大量需求，刺激英国煤炭进入黄金十年，煤炭的大量使用也直接导致1952年12月伦敦雾公共安全事件的发生，伦敦雾事件引起了英国政府对煤炭资源利用的再认识，开启了英国能源结构改革的大幕。在英国的能源结构改革中，石油、天然气、核电都起到了一定的替代作用。

20 世纪 70 年代初,北海油田开始产油产气,当时煤炭在英国能源结构中占比达 80% 以上。而目前,英国自产煤炭在英国能源生产中占比控制到 7% 以下,大有完全取消之势。但在英国的能源消费结构中,煤炭占比约为 16% ,煤炭来源主要依靠进口,占到英国消费煤炭总量的 75% 。英国在减少煤炭产量的过程中,主要采用自愿裁员补贴方式鼓励煤炭员工离岗。大力推广 CCS 技术,实现煤炭清洁利用。

第二次世界大战(二战)以后,英国煤炭经历了私有到国有,国有到私有的两次转变。值得一提的是:英国在 20 世纪 80 年代初,积极推行私有化改革,反对垄断,引入竞争机制,提高经济效益,撒切尔夫人坚定地推行了私有制和关闭不盈利的国有企业。去煤之路走了 60 年,1984—1985 年的煤矿工人大罢工充分体现了改革过程之难度和风险之大。1970 年、1980 年、1990 年英国煤炭产业的变化状况如表 9 - 1 所示。

表 9 - 1 1970、1980、1990 年英国的煤炭产业状况

	煤矿数/个	矿工数/万人	产量/亿吨
1970	293	29	1.47
1980	213	24	1.3
1990	65	4.9	0.93

资料来源:根据《英国能源结构转型及对中国的启示》整理。

2015 年底,英国关闭了煤矿,告别了国内生产煤炭时代。分析英国,能源结构中成功降低煤炭比例的重要原因是:20 世纪 70 年代后英国国内石油、天然气资源的有效供给;从 80 年代初英国开始主张发展核电,到 90 年代初,核电形成产能;进入 21 世纪后,受廉价天然气的影响,核电在英国能源构成中的比例下滑,约为 20% 。这些能源对煤炭的替代起到了很重要的作用。

9.1.6 日本

日本煤炭工业发展的高峰期是二战后至 20 世纪 60 年代初,之后逐渐走向衰退,日本关闭了大批煤矿。基于国内能源需求实际,日本在国内采取煤炭生产补贴方式鼓励生产,在国外通过提供政府贷款及资本援助方式,在海外设立供应基地,帮助煤炭供应国开发煤炭,从而日本可获得稳定的煤炭供应。至今,日本仍是煤炭的净进口国。日本对煤炭的质量有严格约定以保证煤炭的绿色使用。

9.1.7 俄罗斯

20 世纪 80 年代末,俄罗斯部分煤矿因资源特征、开采条件等原因开始出现利润严重下滑现象。90 年代初,俄罗斯转向市场经济体制,煤炭企业难以继续依靠政府财政支持发展。1993 年,煤炭企业普遍出现支付工资和退休金困难。俄罗斯煤炭产业进入全面调整时期。调整目标主要是脱困、提升煤炭企业的市场竞争力。改革主要体现在管理体系和企业两个方面。在联邦层面管理机构上取消了煤炭部和煤炭公司,在燃料能源部下设煤炭工业委员会。在企业层面上,关闭了严重亏损和生产环境恶劣煤炭企业,约占一半;另一半进行了产权改革,企业由国有制变成股份制。矿区经历了严重的经济困难和就业压力。

21 世纪初,随着俄罗斯经济的复苏,国家开始恢复对煤炭行业的投资,加大了露采规模,十大煤企占全国煤炭产量的 75%,再加上大企业通常还有自控的运输系统,低成本优势突出,煤炭出口比例持续提高。以西伯利亚煤炭能源公司为例,其产量占到国内市场的 30%,占出口量的 25%。俄罗斯煤炭的主要出口市场是波兰和中国。目前,受全球经济环境影响,煤炭超低价位运行,经济效益较差,投资者并不看好,投资低迷,俄罗斯大多数煤炭开采企业处于亏损经营状态。

9.2 国内煤炭产业转型升级实践

国内的煤炭产业转型经历的时间较短,最早的资源枯竭型城市试点也不过十几年,再加上黄金十年的影响,很少有煤炭企业在转型问题上作出实质性的探索。真正煤炭转型实践是在近几年被迫进行的。我国煤炭产业转型探索的代表主要有:

9.2.1 兖矿集团

兖矿集团启动煤炭产业转型升级较早。2003 年,兖矿集团作出了在陕西省进行重点投资发展的战略性决策,斥资 35 亿元建成 60 万吨甲醇项目。后因配套煤矿的资产处置以及作为制甲醇的原料煤价格暴涨原因,兖矿集团进行了项目的二期异地建设,到 2014 年 6 月二期项目开始投产使用。从 2008 年开始,鉴于甲醇国际价格开始下滑以及甲醇产能可能过剩问题,兖矿集团开启了将甲醇进一步转化成烯烃的转型,但能否成功,仍有很多变数。

兖矿集团的另一大重大战略选择为煤制油方向。2006 年初,兖矿集团的 110 万吨/年煤间接液化制油工业示范项目获得国家发改委批准。2008 年 9 月,该项目被叫停。直到 2014 年 9 月 30 日该项目再次获批。在经历了批准、搁置、再批准长达八年的时间里,国际油价发生了很大的波动,从 2006 年的 65 美元每桶上升到 2008 年的 97 美元,之后开始震荡,到 2011 年,油价超过 100 美元每桶,之后,继续动荡,到今年年初,竟然跌至 30 美元每桶,创下 12 年来的新低。随机漫步的原油价格也让煤制油的效益变得扑朔迷离,兖矿集团的转型前途堪忧。

9.2.2 神华集团

神华集团是中央直管国有重要骨干企业,是煤炭企业之首,其业务集煤炭、电力、铁路、港口、航运、煤制油与煤化工等六大核心于一体。在煤炭黄金十年之后,神华的转型主要是:

(1)通过转让股权方式缩小煤炭股权,剥离煤炭资产;

(2)拓展跨界经营。将利润增长点集中于电厂和铁路。铁路专线网由独立专营逐渐向地方放开,同意包神铁路开行客车,继续在铁路建设方面投资;对所属较大容量清洁燃煤发电机组股权进行收购,扩大股权,实现电力业务增长,实现上游亏损下游补;

(3)加大煤炭研发投入,为延伸煤炭产业链奠定基础。研制了液氧煤基航天油、煤基喷气燃料等高品质航天航空燃料,还在煤化工行业深挖;

(4)积极拓展海外发电业务,已中标印尼的一家独立发电厂项目。

神华的未来发展战略定位:建设世界一流的清洁能源供应商,因此还将大力发展其他能源。

9.2.3 龙煤集团

龙煤集团本身是基于黑龙江省煤炭优质资源进行产业内重组形成的,在经历了黄金十年,同样被迫进入了艰难的转型期。

龙煤集团探索了组织管理模式改革,由总分制变成母子制结构,走上了大规模裁员之路,全国煤炭企业平均万吨用工15.8人,神华、中煤集团万吨用工4~5人,吉煤集团、沈煤集团万吨用工21人左右,而龙煤集团万吨用工48人,是全国平均水平的3倍。各产煤市政府也积极采取有利于煤炭企业转型的措施,如鹤岗市已经实施构建了煤制焦、煤制气、煤制化肥三条产业链,正在抓紧谋划推进建立煤焦油深加工制汽柴油、煤基多联产化学品产业链。

龙煤集团正在推动股份瘦身精干,集中并发挥优质资产的能量,创造股权转让、增资扩股的条件,希望通过引进战略投资者,减持国有股权比例,增强企业发展活力。重点推进煤炭、煤化工、煤电一体化、煤层气综合利用、物资更生修造等五大产业板块的建设。所有这一切,都需要经历时间和资金的考验。

9.2.4 2017年神木市

2017年神木市隶属于陕西省榆林市。20世纪90年代2017年神木市以煤炭运销为主,进入21世纪后,凭借着优质的煤炭资源,神木进入了煤炭资源的转化利用时期。随着黄金十年的结束,神木的煤炭产业也遇到了前所未有的危机。从2008年开始,神木确立了“围绕煤、延伸煤、跳出煤”的发展战略。煤价下跌对大多数煤炭企业而言是巨大损失,而对于以煤为原料的产业则是低成本发展的最好时机。神木政府和企业共同努力,深入分析自身的资源优势,探索出了以煤干馏技术为起点的煤炭利用产业链延伸发展模式,形成了兰炭、电石、尾气发电、聚氯乙烯等集群发展模式。在发展过程中,企业借助政府的支持吸引民间资本,解决发展中遇到的资金和规模扩张等瓶颈问题。

神木地方政府重视煤炭产业的转型升级,除了给予财政、税收优惠外,还专门设立转型发展扶持基金,为企业开拓市场提供帮助。如,陕西省政府指定榆林市政府、神华集团销售公司和河北省发改委签订战略框架协议,由榆林市政府负责组织协调、神华集团负责运输销售,向河北省提供兰炭。

9.2.5 辽宁省阜新市

2001年12月,辽宁省阜新市被确定为全国第一个“资源枯竭型城市经济转型试点市”,这座城市也由此被迫走上了转型重生的发展道路。历经十多年的探索,基本形成了接续替代产业框架:以皮革、液压、板材家居、铸造、氟化工、新型材料六大重点产业集群和食品及农产品加工供应基地、新型能源基地、煤化工产业基地三大基地。其中,液压、风电、煤化工等主导接续产业已具规模。

9.2.6 山西省

山西是中国煤炭大省,有大量的优质煤炭资源。山西省的经济发展水平与煤炭关联性极强。黄金十年之后的山西煤炭面临着更严峻的转型考验。2014年底,山西省为煤炭行业提出了着力做好六个转型的要求：市场主导、清洁低碳、集约高效型、延伸循环型、生态环保型、安全保障型，要从煤炭产业转型、非煤产业发展两方面发展。基于山西煤炭资源的实际，2015 年山西晋煤集团结合用户实际需求，定制生产了新的煤炭产品——17 级末煤（又名“蓝天一号”）；大同充分利用当地丰富的光照资源以及采煤沉陷区的闲置土地，发展光伏发电。

9.3 国内外煤炭产业转型升级实践对比分析

9.3.1 国内外煤炭产业转型升的相似之处

对比国内外煤炭产业转型升级的实践，可以发现二者有很多相似之处[50]。

1. 都是被动转型

各国煤炭产业转型都是基于煤炭产业发展过程中遇到了严重的资源、环境等制约性因素，煤炭产业生存和发展难以为继的情况下被迫作出的选择。

2. 转型环境恶劣

无论是20 世纪主要产煤国还是当前作为煤炭生产消费大国的中国，转型之时的生存发展环境都很恶劣。20 世纪 20 年代中期（撒切尔夫人执政期间），英国发生了矿业工会与政府之间的战争就是一个典型范例。目前，全球煤炭企业都在经历艰难时期，竞相降价已经导致利润率极低甚至亏损，煤炭企业的生存受到威胁，进而影响煤炭产业的生存；再加上市场缺乏明确的乐观信号的刺激，投资者对煤炭行业缺乏信心，不愿投资甚至撤资；银行等金融机构收紧贷款，直接威胁煤炭企业的经营安全。在煤炭黄金十年中，煤炭企业没有预期到这些困难，大多事先没有任何转型准备。转型之时，恰是煤炭行业经营最差时期，转型显得异常艰难。

3. 转型战略方向及实现路径不清晰

煤炭作为一种一次能源被人类利用多年。煤炭企业还来不及深入思考是否该战略转型、转型的方向和目标、成功转型需要的条件等问题，就不得不走上转型之路，转型只能算作是绝望反应，也正是这一点，让投资者更加缺乏进入的信心。但是这种转型中有企业利润问题，也更包含很大的公共利益（能源安全供给、防止环境污染、维持社会稳定），所以在各国普遍实施私有化的过程中，各国政府也给予了引导和支持。

9.3.2 国内外煤炭厂业转型升级的不同之处

对比国内外煤炭产业转型升级的实践，国外煤炭厂业存在如下一些不同之处。

1. 转型原因不同

引起欧美国家煤炭产业转型的主要原因是资源枯竭、环境污染，引起中国煤炭产业转型的原因是经济增速放缓、过剩产能和行业亏损。

2. 转型手段不同

在煤炭产业转型探索过程中，德国、法国采取以政府介入扶植为主，英国、俄罗斯、美国以政府退出为主，尤其是英国，出于政府破产的压力，实施了去国有化（私有化），对部分企业实施了特殊国有股份方式进行控制，向员工免费发放股份。

3. 转型具体环境不同

国外煤炭产业转型主要是在20世纪七八十年代，当时世界经济处于上涨期，而目前世界及我国目前普遍存经济增长缓慢，煤炭产业被动转型升级强度更大，难度更高，转型迫切。

目前，我国煤炭企业转型中遇到的共性问题是：在黄金十年，煤炭企业管理者片面追求做大而轻视做强，错过了转型的最佳时期，步入被迫转型的艰难时期，转型方向不清晰，具体措施路径实践成果代表性不强，缺乏具有代表性的转型成功范例，是否有力气摸着石头都被质疑，过河更难以做到，这种情况正是解释转型所需的资金难以筹措的原因所在。

通过以上分析，得出如下结论：从本质来看，产业转型升级是产业内各种生产要素的再次合理组合与配置，产业转型是一个综合性的过程，可以在产业内进行，但不局限于产业内部。煤炭产业转型是企业、产业乃至国家发展战略问题，因此应该站在战略角度进行谋划，需要高质量的顶层设计，国外的煤炭产业转型政府参与较深。

总结煤炭产业转型升级的基本思路是：

(1)煤炭资源能否维持企业持续竞争力？如果能，国家应通过资金、技术扶植实现资源的充分利用，这对社会就业问题、对企业持续发展、对国家能源稳定供应都是有利的。

(2)如果不能，涉及的各种要素的退出程度如何？退出方向是什么？退出成本大约为是多少？谁来承担？何种方式承担？

(3)转型升级问题核心关注的是资金如何筹划、新的人力资本、技术如何形成，所以还需回答清楚。

(4)依国际实践，转型升级难以一蹴而就，过渡期多长、如何度过，也是需要弄清楚的问题。在这些问题都没搞清楚之前进行的转型，只能是碰运气，失败的概率极高。

9.4 本章小结

产业转型升级已经成为煤炭产业存在和发展的必由之路。纵观主要产煤国的煤炭产业探索之路，煤炭产业的转型还是有一些规律可循：需要较长的过渡期，过渡期需要输血，转型成功依赖技术积累，我国也超越不了这个规律。产业转型要以自力更生为主，要依靠技术创新驱动。外国煤炭产业在转型过程中，已做了多年的探索，中国煤炭产业转型刚刚开启。尽管如此，由于具体到每个煤炭企业客观存在的差异，中国该如何实现煤炭产业转型升级，仍无统一的模式可复制。中国煤炭企业需要结合自身实际情况，因地制宜作出选择。从立足煤炭主业发展的视角分析，类似兖矿集团的转型探索的意义绝非仅限于企业自身，其对中国煤炭产业的转型也具有非常大的示范意义。借鉴国际经验，结合本国实际，政府必须给予充分的资金、技术支持，必须给煤炭产业较长的适应期，也必须给予其充分的市场经营权利，煤炭产业才有可能真正形成核心竞争力。

第 10 章　新常态背景下煤炭产业供给侧结构性改革动力体系构建

中国经济进入新常态，应该特别注重经济增长的质量。而支撑我国经济较快增长的资源条件和动力因素正逐渐转换，经济发展面临着一系列突出矛盾和问题，表面上看是经济增长速度呈现下行趋势，但本质是结构问题，亟须进行结构性改革，培育发展新动力。

经济增长的动力问题一直是经济学界关注的焦点，亚当·斯密、凯恩斯、大卫·李嘉图等经济学家从不同角度研究了这个问题。增长理论建立索罗模型从实物资本的角度探讨了经济增长问题，内生增长理论则从人力资本角度研究了这个问题，我国学者根据经济学理论，对经济增长动力进行了多方面的探索，取得了丰硕的成果。

经济增长是一个要素投入推动与产出需求拉动的过程。有投入无产出，则无增长；有产出无需求，仅为一次性增长；若要素投入与产出需求不匹配，则增长不可持续；只有二者相互配套、互相促进的增长才具有可持续性。

10.1　经济发展动力的研究综述

关于新常态下的中国经济如何走向新模式，寻找新动力的问题，已有众多学者作出了深入的研究。洪银兴（于 2013 年）认为，中国目前面临的“中等收入陷阱”压力首先是发展模式问题，或者说是发展方式问题。蔡昉（于 2013 年）深入分析了中国经济增长如何转向全要素生产率驱动型发展战略。刘志彪（于 2013 年）提出，建立创新驱动型国家的战略目标，是中国迈向新的全球化战略的重要引力。张军（于 2012 年）分析得出，中国经济旧模式的内在结构性矛盾日益凸显，应从机制转型与创新的角度思考改变。沈坤荣和滕永乐认为，中国前期的经济增长基本符合新古典增长理论的基本观点，但随着经济总量的不断增大，必须通过重构中国经济增长的动力机制（于 2013 年）。林毅夫（于 2012 年）认为，经济发展是一个持续的技术创新、产业升级和结构转型的过程，这取决于国家如何更有效利用和整合他们的土地资源、劳动力、资本和基础设施。刘世锦（于 2012 年）研究发现，中国增长回落是在高速增长潜力基本释放完毕的情况下出现的，它是大幅度结构变动的结果，在结构变动的背后则是经济需求和供给条件的显著变动和重新组合。刘伟（于 2013 年）则从经济发展方式的角度对增长进行了研究，他认为，经济发展方式是一定历史和技术条件下的产物，当发展条件变了，发展方式也要随之调整。黄志钢和刘霞辉（于 2014 年）分别对资本投入型、劳动投入型、效率驱动型、消费需求拉动型等增长路径进行了测算与比较分析，认为新常态下我国经济增长路径选择仍须回到资本投入型，要走效率资本投入型的增长路径。

综上所述，资本积累、要素效率、产业结构、体制改革、人力资本、技术进步等因素均是促进经济增长的动力（图 10－1）。2014 年我国经济增速为 7.4%，说明我国步入中高速增长的速度正在加快，增长动力在发生根本性变化。影响经济增长的因素之间是相互关联的，资本、劳动力、技术等都在不同程度地发挥着作用，而要想更好地发挥其作用，还需要推动各种生产要素的协同发展。

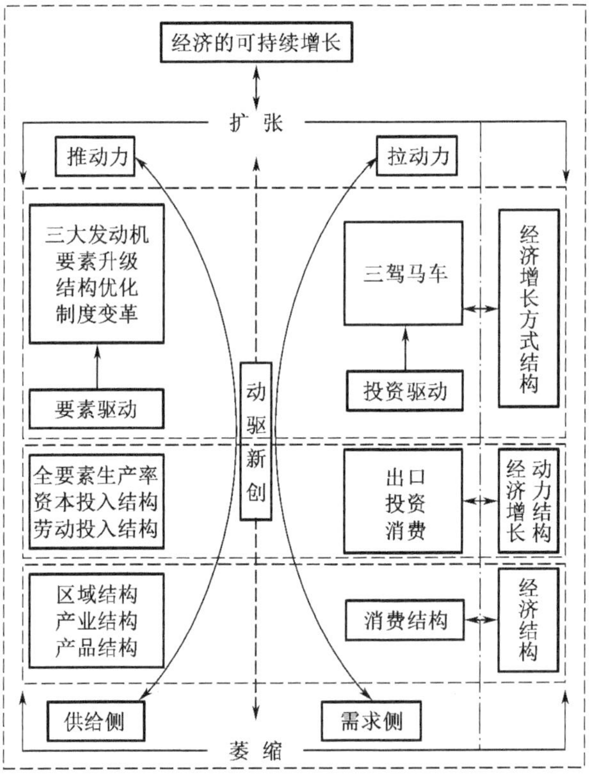

图 10－1　经济增长的因素

国内外学者对中国经济增长和宏观经济运行非常关注。美国国际经济研究所研究员 Lardy（于 2006 年）认为扩张性投资在中国经济增长中所发挥的作用日益重要。国内外学者对中国经济增长和宏观经济运行非常关注。此外，中国经济增长属于指数经济增长路径，它是非典型的经济学增长路径，仅可视为经济增长过程中的特例（尼古拉斯·拉迪，于 2012 年）。诺贝尔经济学奖获得者 Krugman（于 2013 年）认为中国投资正遭遇收益骤减的态势，所以，无论政府做什么，投资都将大幅下滑，这就需要消费支出大幅提升才能取代投资的地位，但消费增速太慢，不足以避免严重的经济滑坡。科斯和王宁（于 2013 年）认为，中国经济的二元结构改革，从改革初期一直延续到现在，中国经济转型和发展的速度是惊人的，但即使中国成为世界最大的经济体，如果无法显著提高创新能力的话，其生产力依旧只能排在中游水平。Palley（于 2006 年）则认为，中国当前的经济发展过于依赖出口导向型增长。而 Nolan（于 2005 年）认为，在新一轮发展中，中国政府应该在根本上提高它的效率和消除腐败。靳涛陶、新宇认为，创新管理、体制因素和结构因素共同影响着全要素生产率，进而影响中国经济增长，他们构建了影响经济增长的各因素结构框架图（图 10－2），并对中国 1952—2012 年各时间段经济增长主要动力及其作用进行了总结。

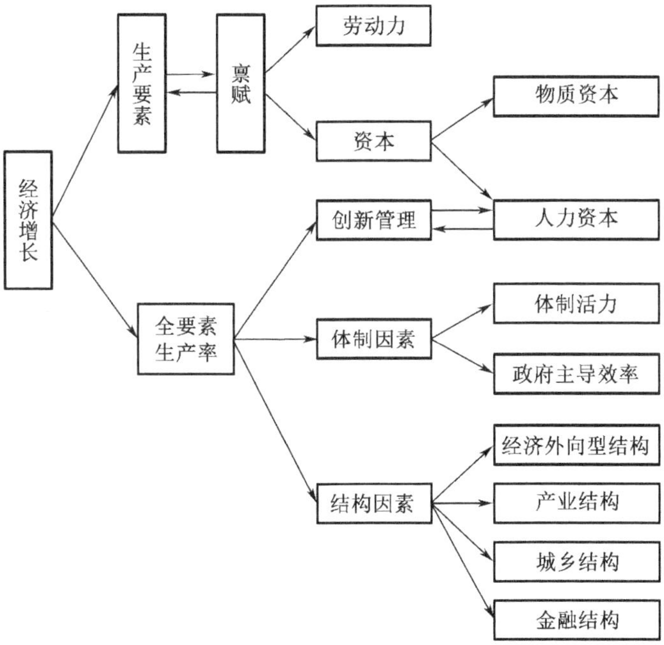

图10－2 经济增长的各因素结构框架图

新常态下，我国经济增长保持中高速、实现经济转型升级任重道远。当前，我国经济增长的新旧动力正在孕育转变，新动力全面取代传统动力占据经济增长主导地位还需要较长时间。创新是经济发展的第一动力，是创新驱动新常态下经济发展的内核动力。应坚持创新发展新理念，形成创新驱动发展新模式和新机制，优化经济结构，促进经济增长新旧动力转换，推动经济发展方式转变。

第一，推动以科技创新为核心的全面创新，形成以企业为主体，以科研院所为依托，“政、产、学、研、金、介、用”有效融合、结构优化、布局合理、机制完善的开放型创新体系。

第二，推进科技体制机制改革创新，全面促进科技、管理、市场、商业模式创新，增强产业创新能力。重视颠覆性技术创新，激发企业家的精神，营造一个鼓励企业家创新的环境。

第三，构筑公平合理的竞争环境，建立合理的知识产权保护体系，保护和促进企业的新技术和新服务能获得奖励性质的利润水平。

第四，通过创新来优化要素结构和提升全要素生产率，促进经济增长。推动以科技创新为核心的全面创新，加快科技成果转化，提升技术转化率，形成新的增长动力源泉。围绕产业链部署创新链，围绕创新链完善资金链、人才链、政策链，促进战略性新兴产业和高新技术产业发展。

第五，加强制度变革，优化要素配置。厘清政府与市场的关系，充分发挥市场在资源配置中的决定性作用。以体制创新消除制度性障碍，改善资源配置效率，进一步开放要素市场，打通要素流动通道，优化城乡之间、东西部之间的土地、资金、人员等要素资源配置，加快区域经济一体化进程，共同提高效率、实现共同发展。

第六，持续补充人口红利，优化劳动力配置。促进人口均衡发展，坚持计划生育基本国策，完善人口发展战略，全面实施一对夫妇可生育两个孩子政策，补充人口红利。加快户籍制度改革，促进劳动力跨地域、跨部门流动。提高劳动力或创业者、企业和企业家、投资者、政府管理者等主体素质,实行的大众创业、万众创新,激发主体的积极性和创造性。

第七,提高土地和自然资源使用效率,优化土地和资源配置。加快土地制度、资源有偿使用、收益分配制度等方面的改革,清理利用闲置土地,积极稳妥推动农地流转,丰富供地渠道,提高供地效率,降低供给成本。

第八,严格要素供给和投资管理,最大限度地降低资本成本,显著提高附加值。运用结构性减税等手段,开展降低实体经济企业成本行动,增强企业创新能力。提高金融服务实体的经济效率,提高资金使用效率,有效缓解企业融资难、融资贵、融资乱等问题。

10.2 新常态下中国经济发展动力的来源

我国经济进入新常态化后,如何认识新常态下的经济发展动力,关系到经济发展战略方向的选择,也关系到我国经济发展政策的制定。综合分析,新常态下的经济发展动力主要来自三个方面。

10.2.1 市场竞争

在原常态下的经济发展走到了尽头,过剩经济将会使市场竞争更加激烈,激烈的市场竞争将使经济主体在市场分工中重新洗牌,一些在竞争中被淘汰,一些在竞争中升级成为新的主导力量。竞争的压力在新常态下,将成为经济发展的核心动力,没有竞争,没有被淘汰的风险,就不会有新的改变,经济转型升级将会落空。

10.2.2 创新驱动

新常态下的市场竞争将导致创新高潮的到来。面对新的需求和被淘汰的困局,只有创新转危为安,才能巩固基础,谋求新的发展。所以创新驱动则成为新常态下的经济发展新动力重要来源。创新驱动与要素驱动的最本质区别就是由“量”向“质”的转变。重复低水平的大规模要素投入换来的经济总量增长的模式将失去效率,个性化高质量高价值的创新成为经济发展新的增长点。创新驱动既体现在满足新需求拉动下的产品创新、工艺创新、装备水平的提高、原材料的创新,也体现在基于信息网络技术平台的商业模式创新、市场开拓途径创新等方面。

10.2.3 改革深化

经济发展的经验表明,市场机制在配置资源方面具有高效率,但如何发挥市场机制的作用,则需要创造市场机制发挥作用的基础条件和环境。深化改革就是释放市场机制的潜力,拆除一切阻碍市场机制发挥作用的篱笆。国有经济改革的深化方向是打破国有经济市场垄断的格局,创新经营机制,解决委托代理机制长期存在的效率低下问题,在市场机制发挥作用的领域,通过产权结构的优化,经营模式的创新,实现国有经济的重新改组,以释放长期被体制压制的潜在动力;深化市场体制改革的另一个重要方面就是规范市场秩序,优化市场环境。在发挥市场机制改革中,最难攻克的难关是政府与市场的有机结合。原经济态下的政府是经济发展的关键动力之一,在新常态下,政府将成为发挥市场机制作用的调控者,政府直接配置资源的机会只存在于市场失灵的领域,如公共服务基础设施等。而政府作为经济利益主体的角色也将发生重大变化,新常态下的政府职能转变是深化改革发挥市场机制作用的关键环节。

10.3 经济新常态下煤炭产业发展特征

10.3.1 经济发展速度趋缓对煤炭行业及企业的影响

新常态下经济增速明显下降,从之前10%的增长速度回落到7%左右,这些变化影响到各个行业。煤炭行业发展的"黄金十年"在2012年彻底结束。煤炭产能过剩导致煤炭价格大幅下跌,国内煤炭价格从2011年10月的最高853元/吨,下跌到2014年年底的525元/吨,跌幅达38.4%,煤炭行业面临整体利润下滑,生产设备大量闲置和金融机构贷款风险加大等状况。可以预见在今后一段时间内,煤炭行业仍将处于低位运行阶段,具体表现在供求的失衡和运价的低迷等方面。

10.3.2 经济结构转型对煤炭行业及企业的影响

经济新常态不只是增长速度的下降趋稳,更主要是经济结构内在的调整,我国进入到了工业化后期,现代服务业和高端制造业、高科技产业将成为经济增长新的主动力。2013年,我国以生产性服务业和高端服务业,互联网金融、物流等为主流新兴业态占GDP的比例全面超过了工业0.6个百分点,这预示着我国经济逐步摆脱对工业增长的依赖,进入了一个新的增长时代。随着国民经济结构的转型,"煤、焦、冶、电"传统产业将逐步由主导地位过渡到基础产业地位,随着固定资产投资增幅放缓,钢铁、建材、电力等对煤炭需求增幅也将放缓,煤炭产业将处于供大于求的局面。

10.3.3 质量效益的提升对煤炭行业及企业的影响

新常态下的经济增长更加注重质量和效益的提升,能源资源保障及环境所受影响成为经济增长的硬性约束。在经济发展新常态下,从保护生态环境和节约能源资源出发,煤炭产业应以转变煤炭生产方式和消费方式为主线,全面提升煤炭资源开发转化和利用效率,建立煤炭资源高效开发与洁净利用体系,全方位推进煤炭产业革命,实现煤炭产业的低碳发展和绿色发展。

10.3.4 能源结构调整对煤炭产业的影响

经济新常态下高耗能、高污染行业加快转型调整,能源需求强度和增速也随之下降,预计2020年前能源需求年均增长3.3%左右,2030年前将下降到1.5%~2.4%,煤炭需求增速也随之放缓。当前国家正在制定2030年能源生产和消费革命战略,加大对能源结构、消费、供给、技术、体制的革命,高效、清洁、低碳成为能源发展方向。我国的资源禀赋特点,决定了煤炭在未来很长一段时间内仍是我国未来经济发展的主要能源,且同时加大清洁能源对煤炭的替代效应,到2017年,煤炭占能源消费总量比例降到65%以下,逐渐会被新能源和可再生能源替代。目前气候变化已成为全球性问题,低碳、无碳化发展逐步成为未来能源技术发展的主流,煤炭行业的环保压力不断加大,压制了煤炭消费需求的释放和改善。能源革命的趋势,对煤炭安全高效绿色开采与清洁高效低碳利用提出了更高的要求。

10.4 煤炭产业供给侧结构性改革动力体系构建

10.4.1 将生存压力变为产业转型升级推动力

经济新常态下煤炭产业不仅面临产能过剩的市场竞争压力，而且也面临新能源革命和环境生态的压力等，多重压力迫使煤炭企业转型升级，谋求新的发展路径，市场竞争压力是煤炭企业在新常态下首要的发展动力来源。煤炭产业在市场压力下，必然要大力推动能源生产和消费革命，加快从要素驱动、投资规模驱动发展为主向以创新驱动发展为主的转变，推动煤炭安全高效智能绿色生产和清洁高效低碳环保利用；在市场压力下必然带动产业组织的加速变革，打破区域垄断，加速要素流动，推动以大基地和大集团为主导的规模化和现代化建设，进一步优化煤炭生产结构、组织结构和产品结构，提高煤炭生产效率和集约化水平，提升煤炭经济发展质量，推进行业由增量扩能型向调整存量、做优增量并存的深度调整转变；要促进煤炭生产向机械化、信息化、智能化和绿色开采方向发展，充分发挥煤炭企业潜力，提高经济效益，促进产业转型升级。

10.4.2 创新打造产业转型升级的发展驱动力

煤炭产业走出困境的重要路径是转型升级，而创新驱动则成为新常态下，煤炭产业不断发展的持久动力。创新驱动将推动国有煤炭企业深化改革，重新确立创新主体地位，依靠创新推进产业发展的关键路径主要包括以下 3 个方面。

1. 创新投入机制的建立

煤炭产业研发投入是决定创新驱动力是否强劲的重要前提。原常态下的煤炭企业是投资拉动、要素集聚、数量第一的发展路径。新常态下，这条路径是走不通的，必须依靠创新实现由“量变”向“质变”的转化。创新投入将成为创新成功的关键因素。创新投入不仅仅是资金的数量，关键是创新融资机制的建立，即建立拓宽融资渠道，构建多元化的融资渠道，提高科技投入保障能力，增强创新的内在动力。以产业技术联盟为载体，通过公募、私募或中外合作等方式，筹募科技基金促进科技成果产业化；与科技成果持有人科学折价入股，与企业投资人合作共同分担科技成果转化的风险；政府引导民间资本或战略投资者参与煤炭产业链的科技开发；鼓励企业通过资本市场融资。要千方百计筹措科技发展资金，确保科技经费的增长幅度高于销售收入的增长。到“十三五”末，力争行业大型骨干企业研发投入占销售收入的比例提高到 3% 以上。

2. 科技创新体系运行机制的完善

完善以大型企业为主体，高等院校、科研实体为依托的技术创新体系。加快建立具有较强技术创新能力的企业开发中心，探索以企业为主体、产学研战略联盟的合作模式，整合煤炭企业、高校和科研机构的科技力量，建立技术创新战略联盟，开展煤炭行业整个产业链条构建技术创新体系；提高研发费用在销售收入中的比例。高等院校和科研机构要积极探索和建立新型的科技服务体系、机制，逐步形成基础研究与高新技术研究相结合，产、学、研相结合的技术创新体系，在涉及煤炭工业共性技术和关键技术的领域，瞄准世界先进水平组织科技攻关，突破制约煤炭行业可持续发展的关键性技术；高起点、高标准的引进先进的技术和装备，提高煤矿生产机械化、现代化和安全保障能力、水平；促进产业结构高级化，实现煤炭产业从规模导向走向技术导向。

3. 产业组织及商业模式的创新

我国煤炭产业的产业集中度比较低，难以有效地控制产能。兼并重组被视为化解产能严重过剩矛盾、调整优化产业结构、提高发展质量效益的重要途径。以国家推进国有企业重组发展为契机，煤炭行业实施去行政化的大基地大集体战略，以优势大型煤炭企业为核心，以资本为纽带，组建实力雄厚、竞争力强的煤炭企业集团，扩大生产规模、提高产业集中度，提高煤炭产业竞争力。另外，煤炭产业的商业运作模式是传统的以生产为导向的商业模式，建立在以互联网和物联网基础上的新的运作模式，将为煤炭产业带来无限的发展空间，推动煤炭产业发生质的变革。

10.4.3 国企改革激发煤炭企业内生活力

煤炭产业以国企为主导，由于深层次体制原因，企业内生活力远远没有激发出来，原常态下煤炭的短缺，资源价值升值掩盖了企业活力不足的问题。新常态下，竞争的压力，创新的驱动力都将迫使企业深化改革，激发和调动企业内在活力，这也是煤炭企业进入新常态后持续发展的重要动力。以下两个方面将成为深化国企改革，释放或激发企业内在活力的重要路径。

1. 重新确立委托代理关系的动力机制

导致国有企业活力不足的最深层面上的问题是委托代理关系的动力机制问题。深化企业制度改革，重塑国企内部治理结构，深化企业人事、用工、分配等制度改革，健全协调运转、有效制衡的公司法人治理结构，探索建立职业经理人和外部董事制度。改进国有煤炭企业领导人员选任方式，推进薪酬制度改革。完善煤炭企业成本核算制度和财务核算办法，使煤炭价格充分体现资源稀缺、安全生产投入和生态环境补偿等各种因素，实现煤炭成本合理化。

2. 积极引入民营资本，焕发混合经济活力

新常态下煤炭企业产权结构优化将给煤炭企业发展带来活力，解决长期以来存在的单一所有制活力不足的问题。深化国企改革，将进一步完善国有资产管理体制，探索完善国有产权、股权流转机制，推动股权多元化，引入竞争机制，实现利益格局的调整，培育真正的市场主体；积极引入民间资本和战略投资者，全面推进国有企业公司制股份制改革，建立现代产权制度，进一步推动国有企业转换经营机制、转变发展方式。

10.4.4 政府职能转型增强煤炭企业外部支撑力

新常态下的政府，依然是煤炭企业发展不可或缺的外部支撑力。如何提高政府在资源管理、安全监控、产业发展引导、创新支持等方面的效率，是必须要面对的课题。新常态下，政府应切实转变政府职能，坚持放管并重，政府让步市场，让市场决定煤炭资源配置，使企业真正成为市场主体。强化政府的监管和服务功能，认真履行公共服务、市场监管、环境保护、社会管理等职责，健全法制法规体系，做好规范市场秩序、事中事后监管等方面的工作。完善矿业权市场建设，建立和完善煤炭矿业权一、二级市场体系，提高煤炭资源的市场化配置水平；建立矿业权退出机制，全面开展矿业权市场清理；构建由市场决定的煤炭价格机制，还原煤炭商品属性，更加能够反映煤炭生产成本和环境成本；建立价格发现和传导机制。改革运销体制，随着国家将煤炭资源税由从量计征改为从价计征，需从票据管理和运

费管理方面跟进相应的配套措施避免重复征收;加强煤炭法规制度建设和煤焦领域反腐败,消除权力寻租、滋生腐败的土壤和空间。

10.5 本章小结

本章首先对经济发展动力的研究成果进行了综述,在此基础上分析了中国经济发展的动力来源,在进一步分析煤炭产业发展特征的基础上,提出了煤炭产业供给侧结构性改革的动力体系构建。

第11章　新常态背景下河北省煤炭产业供给侧改革思路

按照全国矿产资源规划(2016—2020年),到2020年,大型煤炭基地生产能力达到全国的95%以上,大型煤炭基地建设将是今后煤炭产业发展的方向。由于全国煤炭行业普遍存在产能过剩问题,因此在本轮的供给侧结构性改革中"去产能"成了首选措施。河北省煤炭产业同样面临严峻形势,再加上京津冀地区的环境压力因素,河北省煤炭产业如何发展值得深思。下面将从河北省煤炭产业自身视角和产业与城市转型视角进行供给侧结构性改革的思考。

11.1　河北省煤炭产业自身"去产能"视角

11.1.1　河北省煤炭产业"去产能"的背景及取得的成果

煤炭产业经历了十年的黄金快速发展期之后,从2012年底进入行业过剩阶段。由于前期投资产能的释放以及行业内部因产能严重过剩导致的无序、过度竞争,煤炭行业普遍出现了严重亏损,河北省冀中能源、开滦集团两大煤炭集团也无一例外[51]。

2016年2月1日《人民日报》头版头条文章《迈出大国经济铿锵步履(治国理政新实践)——十八大以来党中央领导经济工作述评》指出:"今天不以'壮士断腕'的改革促发展,错过了宝贵的'窗口期',明天将面临更大的痛苦,甚至可能跌入万劫不复的陷阱。特别是去产能、去库存、去杠杆,更要勇于舍弃",显示了我国新常态下"去产能"的决心。河北省是工业大省,钢铁、煤炭、水泥等支柱行业均存在严重产能过剩问题,为此,河北省积极开展了大规模的"去产能"措施。

河北省煤炭产业"去产能"的规划是:张家口、承德、秦皇岛、保定四市为"基本无煤矿市",张家口、保定、廊坊三市研究制定钢铁产能全部退出方案。该工作规划的结果就是煤炭产业在上述地区的供给和需求几近全部退出。规划目标为:力争"十三五"末,唐山、邯郸、邢台三市保留冀中能源、开滦集团的40余处骨干煤矿,产能在5 000万吨左右。

2017年,国家下达给河北省"去产能"的任务是:退出煤矿11处、产能753万吨,而河北省预计退出煤矿30处、产能1 238万吨,分别占国家下达任务的273%和164%,并将于2017年9月底全部完成。河北省政府在积极落实国务院的"去产能"工作过程中还首创了煤炭产能置换指标网络竞拍的新方法。

11.1.2 河北省煤炭产业“去产能”后仍存在的问题

尽管河北省一直在淘汰煤炭落后产能，关停了一批僵尸企业，但是从煤炭企业的存在质量和发展潜力而言，仍存在差距。2015 年度中国煤炭工业协会评出一级安全质量标准化煤矿 789 处，河北省有 35 处，集中在冀中能源和开滦两大集团，其中：冀中能源 25 处，开滦 10 处；全国申报的特级、一级安全高效煤矿 170 家，河北省占 9 家。其中特级有三家，分别是：开滦集团公司钱家营矿业分公司、范各庄矿业分公司、金能金牛能源股份公司东庞煤矿；一级有六家，分别是开滦集团公司唐山矿业分公司、蔚州矿业公司崔家寨煤矿、金能金牛能源股份公司邢台矿、邢东矿、峰峰集团公司万年矿、梧桐庄矿。2016 年 9 月 29 日中国煤炭工业协会评定的 74 个先进产能煤矿名单中，河北省没有一家企业入选，这意味着河北省没有一个矿入列先进产能，凸显河北省煤炭产业转型之必要性。我国煤炭企业入选世界 500 强有 9 个，河北省占 2 个，按照 2014 年全国大中型煤炭企业 45 家计算，河北省特级、一级矿井数量明显与 500 强地位不符。河北省“去产能”不应仅停留在数量的变化，背后更应该有质量的提升。具体说来，在“去产能”的背景下，河北省煤炭产业还存在以下问题：

1. 煤炭产业长期可持续性发展动力不足

河北省矿井开采历史悠久，所剩资源有限，与陕西、山西、内蒙古比较起来，明显后劲不足。

2. 煤炭产业发展与环境不和谐

当前经济发展处于中速换挡期，煤炭产业的大规模产能与经济发展环境不和谐；越来越高的环保标准要求的环保关键技术仍在探索中，煤炭产业发展与环保要求也存在严重的不和谐；出于环境标准要求，京津冀地区正在进行能源替代，走进“告别煤炭”时代，因此产业发展与能源需求环境也不和谐。

3. 要素转移障碍大，发展短板要素难补

煤炭产业要素包括设备、人员、技术、资金等。从煤炭行业的整体大环境来看，煤炭产能过剩是不争的事实。尽管政府实施了深度的数量限制措施，也难以达到市场调节的精准平衡。煤炭行业的“去产能”，意味着冗余要素要尽快退出。按照《煤炭产业发展十三五规划》，全员劳动工效达到 1 300 吨/(人 · 年)以上。开滦集团目前大约为 1 025 吨/(人 · 年)，所以仍需进一步减员增效。仅 2017 年河北省煤炭行业需安置职工达 1.86 万人。由于煤炭设备、人员具有一定的产业专用性，所以退出难度较大。

《2017 中国煤炭企业科学产能排行榜》参评企业 406 家，在前 100 排名中，河北省参评煤矿得分情况见表 11 - 1。

从排名分析，河北省的煤炭企业在前 100 中占了 8 席，最好的名次是 56，整体不靠前。和第一名得分对比可知，安全得分差距不大，行业 100 均值为 35.87 分，河北省这 8 家煤矿的安全均值为 35.96，和第一的 36.02 分差距很小，体现了河北省煤矿安全性高于业内平均水平；排名分数差距主要体现在绿色和高效上：行业 100 生产绿色度指标均值为 27.40 分，河北省这 8 家煤矿的均值为 26.5 分，低于平均水平；行业 100 高效指标均值为 26.51 分，河北省这 8 家煤矿的均值为 24.2 分，差距较大。

神华集团在 2015 年全球煤炭企业排名第三，其利润率为 8.3%，而第一的必和必拓为 20.58%，第二的力拓为 13.69%。位居 315 名的冀中能源利润率为 -0.94%；位居 400 开滦集团，利润率为 -1.61%。所以，不管有多少客观原因，事实是河北省煤炭企业的利润率与国际、国内水平仍有较大差距。

表 11－1　2017 中国煤炭企业科学产能排行榜中河北省煤炭企业得分情况及对比

序号	煤矿名称	所属企业	生产能力/吨/(人·年)	安全得分	绿色得分	高效得分	科学产能总分
1	补连塔矿	神华集团	2 800	36.02	29.47	34.52	100
56	峰峰梧桐庄	冀中能源	300	36.02	26.1	25.49	87.61
63	官板乌素矿	冀中能源	240	36.02	28.17	23.22	87.41
64	寿阳段王矿	冀中能源	300	36.02	25.4	25.91	87.33
66	单侯矿	开滦集团	270	36.02	27.62	23.38	87.02
77	东欢坨矿	开滦集团	450	36.02	27.99	22.45	86.46
86	串草圪蛋矿	开滦集团	240	36.02	27.52	22.68	86.22
94	崔家寨矿	开滦集团	265	35.75	23.86	25.97	85.58
100	盛鑫煤业	冀中能源	120	35.8	25.55	24.2	85.55

目前,河北省煤炭企业“去产能”面临债务偿还、冗员安置等现实问题,资金压力较大;受周边京津的影响,高端关键技术人才难觅、冗余要素退出难、短板要素补齐难等原因导致河北煤炭产业后续的转型发展负担重、动能不足。

11.1.3　河北省煤炭产业“去产能”后的发展思路

国家发改委《关于加强分类引导培育资源型城市转型发展新动能的指导意见》指出,努力推动资源型城市在经济发展新常态下发展新经济、培育新动能,加快实现转型升级。到2020 年,衰退型城市历史遗留问题得到基本解决,转型发展基础更加牢固。按此意见,河北省煤炭产业“去产能”后的发展对策是:

1. 进一步明晰产业发展方向定位

《全国资源型城市可持续发展规划(2013—2020 年)》是资源型城市可持续发展的国家级专项规划,该文件首次界定了全国成熟型资源城市 141 个,河北省张家口、承德、邢台、邯郸在列;衰退型城市 67 个,河北省有井陉矿区、下花园区、鹰手营子矿区三个;再生型城市 23 个,唐山在列。

《煤炭工业发展“十三五”规划》提出:“到 2020 年,基本建成集约、安全、高效、绿色的现代煤炭工业体系”。《全国矿产资源规划 2016—2020》提出重点建设神东等 14 个煤炭基地,并划定了 162 个国家规划煤炭矿区。冀中基地属于 14 个基地之一,煤炭资源主要由冀中能源集团开发。国家规划矿区有开滦矿区、邯郸矿区、邢台矿区、峰峰矿区、平原矿区,涉及唐山、邯郸、邢台、廊坊、沧州五市。规划还要求,严格控制增量,优化存量,清洁利用。鼓励兼并重组和资源整合,培育大型煤炭企业集团。积极推动煤炭从燃料到燃料和原料并重的转化。提高煤炭洗选比例,加强对煤矸石、矿井水等的综合利用,充填开采、保水开采、减沉开采。

按照这些国家和行业的发展规划方向分析,河北省煤炭产业的发展方向应定位于:基于环保的绿色产业发展;基于产品的深加工,实现资源的燃料功能和燃料、原料的双重功能。通过搭建产学研平台,加强合作,充分发挥煤炭企业的主体平台功能,实现煤炭开采及加工利用的安全、绿色和高效。鉴于新疆已成为中国重要的能源接替区和战略能源储备区,应考虑深度参与新疆煤炭的开发,甚至可以整体复制目前的产业链,如煤化、煤电、煤焦。

2. 河北省内煤炭及相关产业的整合

河北省内煤炭企业已经在2005年进行了邢台和邯郸矿业集团的联合重组,成立金牛能源;2008年金牛能源与峰峰矿业进行联合,组建了河北冀中能源集团。按照《全国矿产资源规划2016—2020》,矿山地质环境重点治理区涉及煤炭的有河北石家庄井陉矿区,唐山市古冶区,张家口宣化、下花园、怀来,廊坊三河。出于规模,可以考虑进行省内的联合,冀中能源与开滦集团二者成立联合体,在此基础上省加入发改委1元特殊股权形式。按照煤炭产业发展"十三五"规划,5 000万吨级以上大型企业产量占60%以上,根据中国煤炭工业协会统计与信息部公布的2017年1月至3月产量结果,排名前10家企业原煤产量占大型企业原煤产量的60.4%,开滦集团在列。河北省内煤炭企业及相关产业的整合思路为"分两步走":第一步,在省内实现冀中、开滦两大国有煤炭企业的重组,既可以进一步有效"去产能",又可以实现协同效应(规模经济和产品专业化);第二步,促成煤炭、钢铁、电力、化工等行业的跨界合作战略,实现燃料向燃料、原料并重发展。也可以考虑将河北省煤炭产业实现跨省域的兼并重组,尤其是在神华集团和国电集团合并重组成立国家能源投资集团合并重组的示范下,必将对煤炭产业、煤炭、电力乃至钢铁行业的并购重组掀起新的高潮产生巨大影响。河北省政府国资管理部门有必要深入研究煤炭、发电、钢铁的跨区域深度合作。河北省处于环京津区域,可以考虑与国家能源投资集团(拥有世界最大的煤炭生产公司、世界最大的火力发电生产公司、世界最大的可再生能源发电生产公司和世界最大煤制油、煤化工公司)以及煤炭行业的第二大龙头中煤集团合作,借助行业第一、第二主体的地位,实现煤炭资源的高层次合作与利用,谋求河北煤炭产业的顺利转型升级,最终形成河北煤炭产业发展的内在动力,实现河北煤炭产业高质量可持续发展。

3. 加强产业风险控制

农产品价格通常要看天,而2017年的煤价也看天。干燥高温的夏季带来了用电的需求激增,引发煤炭价格居高。随着发改委不断要求煤企产能释放,这种高煤价将被遏制。价格的波动影响企业现金流,必须加以防范。战略选择、现金流对企业发展而言,是两项重大风险。

河北省煤炭企业在选择多元化发展战略时,要认真总结业内已经开展转型的企业的经验和教训,充分发挥后发优势。河北省有丰富的旅游资源,再加上环京津的独特地理优势,具有发展旅游业的潜力。陕煤集团已经在陕南进行第二次投资旅游,这种模式值得河北省两大煤炭集团借鉴。河北省唐山市是较早的开展煤炭旅游转型的城市。目前在原唐山矿矿址建设了具有历史纪念意义的矿山博物馆和矿山公园,开创了国内矿山旅游的先河。但是,仅靠矿山资源吸引的客流还是非常有限的,尤其是在煤炭工业发展遇到障碍的背景下,矿山旅游并不叫座,大多是免费群体在消费,因此,有必要考虑矿山旅游资源和城市其他的旅游资源相结合。

在转型升级的过程中,企业能否顺利融资是关键。河北省已经积极探索了"通过煤矿产能置换,卖方关闭落后产能煤矿从而获得部分资金"的做法,一定程度上缓解了"去产能"职工安置资金不足问题,提高了"去产能"的积极性。这种做法对于买方来说,可以买到企业扩建所需的产能指标，实现了互利双赢的同时，对整个煤炭行业的良性发展具有创新支持作用，这是真正意义上的优质产能替代方案，值得在全行业推广。

业内其他大集团以及地方政府的做法也值得学习借鉴：兖矿集团通过非主导产业实现证券化融资；山西省政府对七大煤炭集团推出金融支持措施。煤炭企业还可以考虑利用可交换公司债这种新型融资方式进行融资。

11.2 产业与城市转型视角

研究某一具体的资源型城市的产业转型时，要重点分析城市发展现状、资源型产业的发展特点及其所处的生命阶段，在此基础上立足自身优势选择接续主导产业，从而重新规划城市主导产业、引导衰退产业转移，以进一步实现资源型城市的产业转型。城市产业转型主要包括两个方面，即新兴接续主导产业的培育、发展和衰退主导产业的转移退出。本书在此基础上，介绍了如何选择新兴接续主导产业、新兴接续产业如何发展壮大以及衰退主导产业如何退出的问题，并指出在城市转型的不同阶段技术创新的重点不同，进一步明确资源型城市产业转型是一个长期复杂的过程，是新兴主导产业发展壮大和衰退产业转移退出两方面共同作用的结果。

11.2.1 选择新兴接续主导产业

资源型城市要成功实现产业转型，就要结合城市特点利用自身优势选择新兴接续主导产业，进而用充满发展潜力的新兴主导产业代替逐步衰退的资源型主导产业，只有成功实现资源型主导产业的接续、转换，才能实现城市产业结构的调整，进而带动整个城市经济的全面协调发展。选择接续主导产业时，城市技术创新活动的重点应该是做好科技调查和科技创新规划等工作，简单讲就是城市在围绕新兴接续主导产业的选择上进行技术创新。

1. 选择新兴接续主导产业的重要性

在产业经济学的研究领域将主导产业定义为：在一个国家、地区或城市的产业总体中占据绝对支配地位的产业。资源型城市选择新兴接续主导产业对城市产业转型有重要的导向意义，其重要性主要表现在以下方面。

(1)选择新兴接续主导产业是由主导产业的地位和作用决定的

主导产业在城市产业总体中处于绝对支配地位，通过关联效应直接或间接地影响其他产业的发展，从而发挥其对城市经济的支撑和带动作用，成为推动城市经济发展的主要力量。因此，在资源型城市产业转型中，选择新兴接续主导产业是核心问题，是产业转型的首要任务。

(2)选择新兴接续主导产业是由资源的稀缺性决定的

对于任何城市而言，经济资源都是有限的，资源的有限性使其在用于某一产业部门时就不能用于其他产业部门，所以，如何使有限资源发挥到效率最高、效能最优，用既定的资源数量使整个城市的经济发展状态达到最优，就成为产业转型过程中的首要任务，即如何有效地选择新兴接续主导产业。

(3)政府调控与市场调节相结合的产业转型方式决定了新兴接续主导产业的重要性

自发、盲目的市场调节使选择主导产业的时间成本增大，延长了主导产业成长的进程，但是政府的政策引导和行政压力能提高选择新兴接续主导产业的自觉性和积极性，同时政府还通过各种调控手段鼓励新兴主动产业的发展,进而加速资源型城市产业转型的进程。

(4)主导产业的长期性决定了选择新兴接续主导产业的重要性

影响产业发展的因素有很多,因此任何一个城市在一个新的经济发展阶段都在主导产业的选择上花费了巨大的时间和经济成本。资源型城市的主导产业多为资源型产业,资源型产业已渐渐步入衰退期,因此新兴接续主导产业的选择就更为重要和关键,只有接续主导产业的选择是正确的,资源型城市的产业转型才有成功的可能。

2. 新兴接续主导产业的选择过程

资源型城市在选择新兴接续主导产业的时候,既要以国家选择主导产业的理论为基础,又要从资源型城市自身的实际情况和特点出发,找到适合其自身选择主导产业的原则、标准和方法。

资源型城市选择新兴接续主导产业要遵循的原则:

(1)顺应区域分工原则

资源型城市在选择新兴接续主导产业的时候,不仅要顺应产业发展的一般规律,还要考虑整个国民经济的总体产业布局和地域分工,以找准城市在其区域经济乃至整个国民经济中的定位。因此,要把资源型城市在区域经济发展中的地位和产业分工作为选择新兴接续主导产业的依据。

(2)兼顾产业结构合理化的原则

如果资源型城市不具备某一产业发展所必需的人力、资本、技术等条件,即使该产业再优异也不能选择为主导产业,因为对缺乏必备条件的主导产业投入,只能造成资源的浪费和闲置,从而造成培育新兴主导产业的失败。所以,资源型城市在选择新兴接续主导产业时,一定要根据自身实际情况,不能冒进。

(3)兼顾中短期发展和长期发展需求的原则

资源型城市在选择新兴接续主导产业时,关注其对城市产业整体的支撑和拉动作用,但与此同时也要看到资源型城市面临的资源枯竭、生态破坏严重等难题,因此在选择新兴主导产业的时候还要尽可能选择那些能更多地吸纳劳动力、生态破坏小的产业。

(4)资源型城市选择接续主导产业的标准

①比较优势标准

资源型城市在发展的每一个阶段都拥有某种比较优势,是城市经济发展的重要基础和支撑条件。比较优势是形成资源型城市接续主导产业的必要条件,只有具有一定的基础和潜力等比较优势的产业,才能在投入人力、物力和财力以后通过市场运作逐步发展壮大起来,最终使资源得到最有效的利用。因此,比较优势成为资源型城市选择接续主导产业的一个重要标准。

②产业关联度标准

接续主导产业是带动资源型城市经济实现再度腾飞的核心力量,主要原因有两方面:其一,在新兴接续主导产业的发展和壮大过程中会形成新的关联产业,成为资源型城市经济新的增长点;其二,新兴接续主导产业的发展还会带动其他相关产业的发展,加速城市产业结构的调整,以带动整个城市经济的全面协调发展。因此,资源型城市在确定接续主导产业时要严格遵循产业关联度的标准,只有选择关联度高的产业才能影响和带动其他产业的发展,成为城市产业转型的主要推动力。

③市场需求的标准

目前来讲，资源型城市虽然开发了一部分非资源型项目和产品，但是大多不能有效地满足市场需求，造成产品的大量积压，从而加重了资源型城市的包袱。因此，资源型城市在选择新兴接续主导产业时，必须要遵循市场需求的标准，选择有市场前景和发展潜力的产业作为接续主导产业。

④就业与生态标准

资源型城市的资源型主导产业开始步入成熟期后期或者衰退期，有的企业甚至破产，从而造成城市失业人员增多，城市面临的就业问题严重。此外，资源型主导产业造成的环境污染和生态破坏都较严重，不利于地区经济的可持续发展。因此，资源型城市要遵循就业与生态标准，选择吸纳劳动力较多、生态效益较好的产业作为新兴接续主导产业，以实现该城市经济和生态环境的协调发展。

(5)资源型城市选择接续主导产业的方法

任何一个资源型城市都不可能只有一种主导产业选择方案，必须要对众多备选方案进行挑选，经过对各方面因素的分析和权衡，从中选出最优方案。在选择新兴接续主导产业的问题上，资源型城市在不同的发展阶段有不同的选择策略和选择方法，具体有两种基本选择类型。

①预先转型方法

资源型城市的资源型主导产业处于成长期或者成熟期，还有较强的市场竞争力，此时城市在选择新兴接续主导产业时适合采用预先转型的方法。

预先转型的方法以资源型产业为核心，同时以延伸产业链实现资源深加工产业、资源综合开发利用产业和资源高新技术产业为外部推动力，从而形成资源型城市的资源型主导产业群。但是此时也要考虑到由资源枯竭问题造成的资源型主导产业群的衰退，所以在形成资源型主导产业群的同时还要选择一个未来非资源型主导产业或者产业群，并把其作为未来接续主导产业来大力发展。预先转型的方法可以用图 11－1 展示出来。

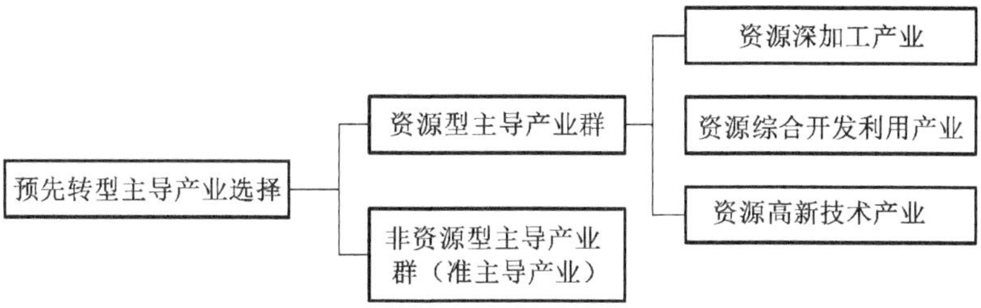

图 11－1　预先选择主导产业方案图

②事后转型方法

资源型主导产业已经进入衰退期的城市，选择接续主导产业属于事后转型的方法。这时，资源型城市就必须要放弃原来资源型产业的主导地位，并且要选择新的接续产业代替原来资源型产业的主导地位。

事后转型方法中在选择主导产业的开始阶段，选择 1 个主导产业群的同时，还要选择 1～2 个准主导产业群作为未来主导产业重点培养。资源型城市从众多产业中选择 1～2 个产业作为准主导产业发展，既能在一定程度上解决选择主导产业的难题，又给城市未来转变发展方向留有充分的余地，对于已经处于衰退的资源型城市来讲是一种现实可行的选择策略。事后转型的方法可以用图 11－2 展示出来。

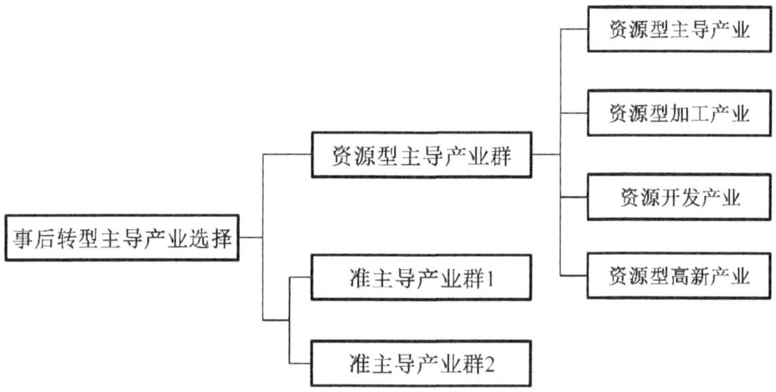

图 11－2　事后转型主导产业选择方案图

3. 新兴接续产业选择时期有关技术创新的产业政策

资源型城市的技术创新活动是为其转变经济增长方式服务的，是城市实现产业转型的重要支撑系统。但是转型各个阶段的经济和技术条件有所差别，因而造成技术创新在各个阶段应该有不同的发展重点。只有率先在重点产业、重点产品等方面实现技术突破，才能整体上带动各产业、各产品层次等领域的技术创新。以下将具体分析产业转型初期即新兴接续主导产业选择时期技术创新的重点。

(1) 以新兴接续主导产业技术创新为主

从技术创新资源配置、产业分布的角度来看，在转型初期，技术创新活动应该以新兴接续主导产业及其相关配套产业的创新为主。此时，应该将技术创新资源主要分配到新兴接续主导产业和相关配套产业上，因为新兴接续主导产业的发展是城市产业转型成败的关键因素。

(2) 大力发展适用技术

城市转型初期，一般会以技术引进为主。通常，引进的新技术一般比较适用于资源型城市的基础条件，便于推广和普及，从而使技术创新成果商业化见效较快。此时，工业、农业和服务业方面先进适用技术的推广能在一定程度上改变资源型城市技术落后的现状，进而实现技术水平和经济效益的提升。

(3) 用高新技术改造传统产业

资源型城市不是没有高新技术产业，就是高新技术产业尚处于萌芽阶段，城市的多数产业属于传统产业，而资源型主导产业更是传统产业中的主导产业。要想资源型城市实现产业结构调整和产业水平的提升，就必须加大传统产业技术创新的力度，用高新技术改造传统产业，通过新技术的应用使传统产业的水平得到提升，并使传统产业的优势得到进一步发挥等。

(4) 将高新技术产业作为先导产业

先导产业指的是在产业总体中的比例不高、却能影响整体产业的发展，并且能带动和引导其他产业的发展，需要优先发展的那些产业。例如新材料、新能源等高新技术，不仅能发展成独立的高新技术产业，还能将技术成果渗透到传统产业，从而在整体上提升传统产业的技术水平和经济效益。

11.2.2 发展、壮大新兴接续主导产业

新兴接续主导产业也会经历产业逐步成长和壮大的历程，只有接续主导产业发展好了以后，城市产业转型才可能取得成功。

1.资源型城市培育新兴接续主导产业的路径

新兴接续主导产业的成长就是构成该产业的各个企业的成长过程，而企业的成长又表现为产品种类的增加、市场占有率的提升和企业经济效益的提高等。因此，新兴接续主导产业的成长过程包含了产业、企业和产品三个层面的成长。

(1)产业层次

资源型城市新兴接续主导产业的成长和壮大具体表现在四个方面：

①产业规模逐步壮大

随着新兴产业的发展，进入该新兴产业的企业越来越多，且企业生产规模逐步扩大，生产能力也有所提高。

②产业技术水平提高。

新兴产业发展的过程中通常会伴随着技术创新的行为，即新兴产业多采用高新技术进行生产，这样可以降低能耗、提高资源利用率，提升产品性能，最终使产业面貌有所改观。

③产业体制创新

新兴产业内的企业在进行技术创新的同时，也会对企业组织形式和运行机制进行创新，使企业未来的发展能顺应新兴产业的需要，从而推动新兴接续产业的成长和壮大。

④新兴产业的关联带动作用增强

新兴产业创造的GDP在资源型城市中所占的比例上升，且该产业经济效益有所提高，对相关产业的导向和带动作用也逐步增强，从而形成各产业相互扶持、协调发展的局面。

(2)企业层次

从企业层面来讲，新兴接续主导产业的发展和壮大主要表现在三个方面：

①龙头企业的涌现

随着新兴产业的发展，企业的平均生产能力和规模不断壮大，从众多中小企业中涌现出一批生产能力较高、效益较好的大型企业，成为新兴产业中的龙头企业。

②企业技术和管理水平的提升

新兴接续主导产业中的大型骨干企业在生产和管理过程中采用国内外先进的高新技术设备和先进的管理制度、方法等，从而使骨干企业的技术和管理水平在同一行业处于龙头的位置。

③企业竞争力的提升

大型骨干企业采用先进的技术设备和生产管理方法，用品牌开拓市场，市场占有率不断提高，从而提升企业的竞争力。

(3)产品层次

从产品层次来讲，新兴接续主导产业的成长和壮大主要表现为：企业在发展过程中已经形成自己独特的产品品牌、产品的附加值高、产品市场占有率高、竞争力强、有广阔的市场空间等方面。产品是市场需求的最终反映形式，是企业和产业发展的基础，而企业又是新兴接续主导产业发展的载体。因此资源型城市在培育和壮大新兴接续主导产业时，要以

产品为切入点，从企业的生产和管理入手，只有这样才能抓住新兴接续主导产业的根本，才能促进新兴产业更好、更快地成长。

2. 资源型城市新兴接续主导产业的培育方法

由上一节的分析可知，资源型城市新兴接续主导产业的成长和壮大主要体现在产品、企业和产业三个层面上，因此，本节将从产品、企业和产业三个方面讨论培育资源型城市新兴接续主导产业的培育方法。

（1）产业层面

从产业层面来讲，培育新兴接续主导产业应从三个方面入手。

①培育相关产业

接续主导产业的关联产业指的是，与该产业前向或者后向关联性较强的产业。接续主导产业与关联产业的相关性程度与其发展成正比，关联性越强相关产业的发展越快。一方面，关联性越强，接续主导产业越能推动关联产业的发展；另一方面，关联产业又能为接续主导产业的发展提供资源或者技术条件等，对主导产业的发展壮大有制约作用。因此，从资源型城市全局来看，在培育新兴接续主导产业的同时也要保证关联产业的协调发展，只有这样才能延伸产业链、保证接续主导产业的顺利发展，进而更好地促进资源型城市经济的发展。

②市场调节与政府宏观调控相结合

资源型城市在培育新兴接续主导产业的过程中，要以市场导向为基础，辅之以政府调控。企业要充分利用市场调节机制，政府要充分发挥宏观调控职能，将市场调节和政府调控结合起来，才能有效解决新兴接续主导产业培育过程中的“市场失灵”“市场失效”的问题，从而保证新兴主导产业更好、更快地发展。

③完善城市相关产业政策

资源型城市在产业转型过程中，要根据自身实际情况制定新兴接续主导产业的发展规划和相应的鼓励政策，比如税收政策、信贷优惠、人才激励机制等。政府通过优惠的政策信息引导核心企业向能满足市场需求、有更大市场空间的新兴接续主导产业转变，从而进一步推动城市的产业转型。

（2）企业层面

企业是资源型城市实现产业转型的主体，企业转型成功与否直接影响到城市转型的效果。因此，企业要准确把握自己在同行业当中的比较优势，以项目为平台，通过加强项目管理支持新兴接续主导产业的发展。同时政府也要为企业营造较好的创新环境，具体有两种形式：一是为企业技术创新行为创造较好的硬件设施，诸如完善的信息政策、技术研讨场所等技术创新行为所必需的基础设施；二是数据服务，诸如技术标准、技术创新奖励机制、国际最新技术动向等。

（3）产品层面

企业应开发满足市场需求的新产品，提升自身的品牌竞争力。企业要想提升竞争力，就要从粗放型的经济增长方式向集约型增长方式转变，通过技术创新行为提高产品的附加值和品牌竞争力。同时还要加大开发市场的力度，提升新产品市场的规模，使产品发展成为支撑城市经济发展的重要力量。

3. 新兴主导产业发展时期有关技术创新的产业政策

(1)技术创新以二次创新为主

资源型城市过去的发展模式决定了其技术水平和研发力量不理想,因此这些城市要想实现可持续发展就必须利用“后发优势”,即在引进先进技术的基础上再次创新,从而实现技术跨越的基本发展形势。二次创新的实现路径:引进技术→掌握技术原理→掌握技术→形成自主研发能力→改进原有产品和工艺等。因此,二次创新是资源型城市赶超发达城市、成功实现产业转型的关键和必由之路。

(2)兴办高新技术产业开发区

高新技术开发区是为实现技术创新、促进高新技术产业的形成而建立的特定区域。高新技术产业开发区是科技创新的发源地,是创新成果专业化的最好场地,是区域创新活动的集聚中心,对周边地区的创新活动有较强的辐射作用,因此,高新技术产业开发区对城市创新活动和城市经济发展的影响是至关重要的。

(3)注重技术创新成果的扩散

技术创新成果的商业化转化、扩散,是技术创新活动的重中之重,但是当前我国资源型城市的科技转化率和创新成果商业化运用率普遍较低。因此,在发展壮大新兴接续主导产业的时期,要培育完善的技术创新成果转化机制,建立技术创新示范区,做好创新成果的宣传、通过大规模推广等方法促进技术创新成果的商业化转化等。

11.2.3 转移衰退主导产业

资源型城市是依靠大量开发资源发展起来的,资源型产业是此类城市经济发展的重要支撑,但随着经济发展和生态环境要求的日益提高,资源型产业已逐步成为衰退产业。本书将衰退产业定义为资源型城市中的资源型主导产业。资源型主导产业的成功转移或者退出,是资源型城市成功实现产业转型的重要条件。

由于新兴主导产业还没有壮大,所以资源型主导产业衰退引起的一系列经济和社会问题不能被其他产业弥补,进而引起城市摩擦,诸如下岗职工人数增多、贫富差距增大等问题。但是从长远来看,资源型主导产业的转移又能引发新一轮的经济增长,具体表现为通过技术创新、企业组织形式创新等方式,使企业乃至产业散发出新的活力,从而引发新一轮的经济增长。

1. 衰退主导产业的退出障碍

资源型城市的主导产业多为资源型产业,在退出时面临着多方面的障碍,主要表现在:

(1)政企不分的管理体制

资源型城市的经济主体是国有大中型资源型企业,这些企业也构成了地方政府财政收入的主要来源,当企业效益差时,政府不能充分地发挥其社会职能,从而导致城市服务功能不完善,限制了资源型产业的退出。

(2)退出成本高

资源型企业的设备专用性强,导致其在退出时沉淀成本较高;另外资源型企业员工素质较低,使素质较低的劳动力在不同行业间实现转移的成本也较高。

(3)社会保障制度不健全

社会保障制度不健全是我国普遍存在的问题,也是资源型产业退出时面临的主要障碍和难题。

2. 衰退主导产业的转移路径

资源的日益枯竭使资源型城市不得不考虑资源型主导产业的转移，这就要求政府和企业采取有效的对策、措施，把衰退产业转移过程中带来的损失降到最低。

本书是在产业转向同城内其他产业的基础上来研究的，具体有四种形式：

(1)破产

那些规模较小、效益不高的资源型企业，在符合破产条件的基础上，通过一定的审批程序申请破产。破产后，企业部分资产用来抵债，部分被售出，并与职工解除劳动关系，给予其一定的安置费，使他们能进入劳动力市场重新择业。

(2)企业兼并、重组

城市原有的那些效益不太好的企业被同行业中规模较大、效益较好的企业兼并，对重组后的土地、资产进行改造，逐步转向其他行业的生产。

(3)企业租赁

效益较差的、没能破产的资源型企业，将企业资产租给其他行业的企业使用，这样可以在短期内获得资产收入，在一定程度上解决职工的工资问题。

(4)企业转产

规模较大的资源型企业在资源衰竭后，不再大量开采资源而是依靠自身力量，对原有的设备进行改造，转向其他行业的生产。

资源型产业在城市内部的产业转移可以用图 11－3 来表示。

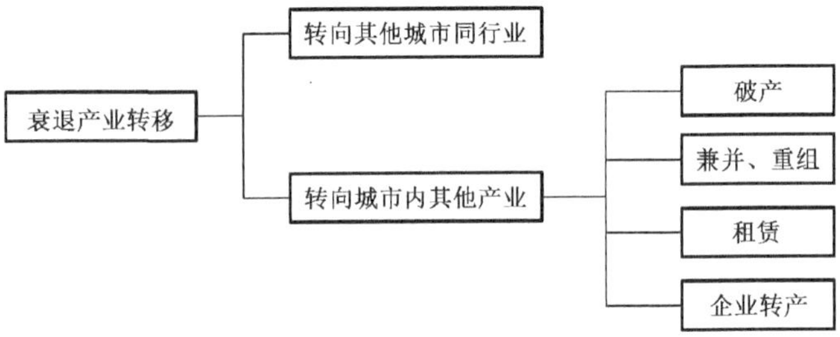

图 11－3　衰退产业转移路径示意图

11.3　本章小结

本章首先主要总结了河北省煤炭产业“去产能”的背景及取得的成果，河北省煤炭产业“去产能”后仍存在的问题：煤炭产业长期可持续性发展动力不足、煤炭产业发展与环境不和谐、要素转移障碍大，发展短板要素难补。并提出了河北省煤炭产业“去产能”后的发展思路：进一步明晰产业发展方向定位；加强河北省内煤炭及相关产业的整合；加强产业风险控制。之后，本章从供给侧结构性改革的另一个构成部分——有关资源型城市转型与产业转型的视角提出了河北省煤炭产业供给侧结构性改革的思路。

第 12 章　新常态背景下河北省煤炭产业供给侧结构性改革方向及措施建议

煤炭产业作为国家的基础性能源产业，目前发展面临着前所未有的压力和困难。河北省是典型的以工业为主的省份，河北省经济增长不可避免地依赖工业增长。煤炭作为“工业粮食”，与河北省工业的发展关联性强，凸显河北省煤炭产业的重要性。如今，河北省煤炭产业受各种因素影响，面临亏损和各种不稳定性因素。供给侧结构性改革是煤企今后发展的必选路径，如何通过顺利转型实现煤炭产业的良性健康发展是值得探讨的现实和长远问题。

12.1　河北省煤炭产业转型探索实践

煤炭产业转型主要有两种模式，产业链延伸模式和新产业植入模式。目前，河北省两大煤炭集团均在产业转型模式上进行了探索和实践[52]。

开滦集团从“十一五”开始探索转型升级问题。期间，在唐山矿区探索了煤焦化、煤电热、现代物流等转型方式，实现了开滦的“做大”。2011 年《开滦(集团)有限责任公司“十二五”发展规划纲要》指出：“力争将开滦建设成为主业突出、结构合理、多元经营、科学发展的跨地区、跨行业、跨所有制、跨国的现代化大型企业集团，打造‘中国的鲁尔’，探索出一条资源型老企业成功转型、可持续发展之路。构建‘一基、七业、一区’的产业发展新格局。”其中的“七业”是指现代煤化工、现代物流、高端装备制造、文化旅游、节能环保、精品钢铁、新一代电子信息。目前，开滦集团已建成一个集煤炭生产、洗选加工、煤化工、现代物流、金融服务、装备制造、电子信息、文化旅游、节能环保等多产业并举的大型企业集团。2012 年，开滦集团入选世界 500 强，2014 年在世界 500 强中排名 394 位。2011—2014 年，开滦的煤化工、物流、金融等新型非煤产业盈利水平提高了 4.08 倍，其中，现代物流业、金融业等现代服务业是发展重点。2014 年，开滦集团非煤产业收入比例占 90%。在煤炭产业遭遇低谷背景下，非煤产业对于开滦集团所起的作用异常重大。

冀中能源集团的转型速度快、效率高，两种转型升级模式均已采用，以“新产业植入模式”最为突出。2008 年冀中能源集团成立；2009 年 6 月，重组了华北制药集团；2010 年 6 月，组建了河北航空投资集团及河北航空公司。2011 年，冀中能源挺进世界 500 强，实现了“做大”的目标。目前，冀中能源集团已发展成为以煤炭为主业，医药、化工、电力、装备制造、现代物流等多产业综合发展的特大型现代企业集团。下属峰峰集团有限公司是“产业链延伸模式”的典型代表，对煤炭产业链分别进行了纵向延伸和横向衍生。采用的纵向延伸模式是：煤炭生产—洗选—发电；横向衍生模式是：涉足基础设施建设、机械制造等行业。

邢台集团也进行了产业链的横向衍生,涉及煤炭、化工、电力、医疗、科研、教育等行业。

12.2 河北省煤炭产业转型困难

由于河北省两大煤炭企业在产业转型方面均进行了前期的探索,但受发展大环境的影响,目前继续转型显得极其必要又极其艰难[52]。

煤炭产业转型遇到的主要困难有:

12.2.1 资金困难

2011—2014 年末,开滦集团、冀中能源集团的资产负债率持续增长,均处于 70% 以上,整体负债水平较高。

河北省煤炭企业在行业内部转型问题上,起步不晚。但由于市场需求变化是煤炭企业始料未及的,所以在转型问题上日显被动。目前,低迷的煤炭市场导致两大集团亏损严重,存在较大的生存压力。在企业亏损、现金流缺乏、银行加息及收紧贷款额度的背景下进行转型,困难之大难以想象。

不断下跌的煤价、日益收紧的银行贷款和日益增长的银行利息,是煤企能否度过危机面临的首要风险。

12.2.2 专业技术人才缺乏

河北省两大煤炭企业,历史积淀较深,但人员结构不尽合理。正常经营状态下,企业人员专业结构应与企业的实际需要相匹配。由于当前煤企仍主要以采、选为主,所以目前人员更多的是分布在采矿、洗选方面,这与当前的转型(电、化)方向难以匹配。专业技术人员尤其是高水平的专业人才的引进比较困难,制约企业的转型。

能否顺利引入关键性高水平专业人员(尤其是发展现代煤化工所需人才)将成为转型必须面对的风险。

12.2.3 要素退出障碍

煤炭产业转型的本质是各种生产要素的重新调整,也必然涉及产业过剩产能调整问题。而产能调整困难的主要原因是固定资产专业化程度高、企业规模相当,再加上产品结构单一、肩负的社会责任重大(税收、就业及社会稳定责任)、煤炭产业从业者对煤炭的感情和心理障碍大。从业人员的大规模分流与退出会给社会带来不稳定隐患。

12.3 河北省煤炭产业转型措施建议

河北省煤炭产业转型既是形势所迫,又是发展必由之路。为使河北省煤炭产业顺利转型,建议采取如下措施[52]。

12.3.1 解放思想,克服畏难情绪

在当前以及今后很长一段时间,世界及我国国内经济增长速度难以上升甚至更缓慢,需求快速恢复的可能性很小,煤炭企业作为煤炭产业的主要承担载体,将长期面临低价竞

争及环境压力的新常态，为此，煤炭企业经营者应做好充分的思想准备，认识到行业发展面临的现实困难和发展趋势，解放思想，积极主动谋划，克服“等、靠、要”的惰性心理，增强改革的决心和信心，通过采取各种手段，努力调整自身企业的适应能力，提高市场竞争力。

转型涉及的思想转变问题，上至国家层面，下至企业普通员工。面对煤炭行业全面亏损的局面，对煤炭产业转型必要性的认识，上下意见不难一致。当前我国煤炭产业转型的难点在国有煤企，多年形成的国企员工身份的优越感、国企给予的良好的社会保障以及国企的信用让员工不愿离职，这与煤企转型必需的“瘦身健体”二者之间存在尖锐的矛盾。所以，当务之急是通过各种方式帮助员工接受这种必需的身份放弃的现实。思想转变的另一个重要方面是对纠正转型过程中的认识误区：

1.“转型”等于“转行”

转行与转型之间没有必然联系，转行未必就能转型，要转型未必就要转行。转型的核心是转变增长的“类型”，由粗放型转为集约型，而不是单纯的转行。

2.“升级”等于“奔向第三产业”

产业升级分为产业间和产业内升级。产业间升级是指跨越一、二、三产业界限；产业内升级是指产业内部的加工和再加工程度逐步向纵深化发展。从煤炭行业所处的实际状况来看，进入第三产业并无明显优势，所以应以产业内升级为主。

3. 消极转型

主动转型的特征通常是：植根于企业的长远战略中，培育在企业的日常运营中，体现在某一时刻点，转型的过程自然有序，所以有人说“战略就是讲故事”。被动转型区别于主动战略转型的最重要一点是转型背景不同，完全出于无奈，只能是危中寻机，类似于打一场无准备之仗，既没有充分的思想准备，又没有充足的要素资源准备，因此，转型难度极高，成功的概率较低，只能寄希望于机会。也正是这样的原因，容易引发经营者缺乏自信，消极面对，更强调不利的外部环境，尤其对于国有企业更是如此。所以转型过程中，企业领导人不能缺位于主要责任承担者地位。

12.3.2　重新评估、科学论证发展方向和路径

理论分析表明，基于煤本身的转型主要是产业链的纵向延伸，非焦、即电。因此，河北省煤炭产业在转型过程中，理应按照这两个基本思路考虑。

1.“煤—焦—化”之路

煤炭产业方面，通过资源扩张、兼并重组，提升资源拥有量。通过产品结构调整和科技创新，安全发展，做强做大做精煤炭产业。煤化工产业方面：以“调结构、转方式”为主线，围绕构建“以煤为基、以焦为辅、以化为主”的产业格局，推进重点项目建设，加强煤化工子公司的经营管控，促进煤化工产业的持续健康发展。当前，河北省煤炭产业供给侧结构性改革已经在这两个方向进行了探索，取得了一些成果。有些煤炭企业已经走在煤化工的路上，尤其是已经跨入了现代煤化工领域，并且已经取得了一些可喜的成绩。例如，在环保已经达标的情况下，企业内部产业上下游实现顺畅衔接，己二酸、环己醇等产品在行业内具有一定的影响力，在煤炭主业普遍亏损情况下为企业创造现金流和利润。但是也存在一些问题，例如聚甲醛的生产技术及产品质量等问题。因此，在企业接下来的发展问题上，需要进一步评估：产业转型方向在新常态下是否依然正确，产业转型远期发展战略方向是什么，如何增强当前已经存在的产业链的弹性，近期生存问题如何解决，中长期竞争力培育问题如

何等。这些问题不仅关系企业的生存与发展,关系员工的就业和社会稳定,关系产业转型能否完成,关系河北省经济发展是否转型成功以及经济发展的后劲。

这是转型工作的重中之重,需要企业根据自身条件重新进行战略决策。

由于煤炭产能过剩,当前及以后一段时间,尚未停产的煤企会普遍选择煤化方向为转型方式,进一步加大转型投入,这可能会使企业从面临煤炭产能过剩变成面临煤化工产能过剩,经营风险依然很大,煤企之间的竞争将演变为从“煤”到“焦”进一步到“化”的竞争。产业发展路径中,“化”将成为控制和消化煤炭过剩产能并且在竞争中获胜的砝码。

2.“煤—电”之路

煤电的利益之争已持续多年,如今仍在继续。动力煤的消耗量中,发电用煤占到70%左右。正因为这个比例非常大,所以煤与电矛盾长期存在,当然从目前来看,电已获胜。尤其是在当前煤炭产业内部处于无序竞争以及进口煤炭冲击情形下,大有发电企业迫使煤谈企业降价跌跌不休之势,以求从中获得更多的利益。面对市场的残酷,煤炭企业应清醒地看到:在自己具有发电的技术经济性时,发电将是有效的煤炭企业转型方式。尤其是像唐山这样电力尚缺乏的城市,可优先考虑火电或者热电。

总之,虽然转型是煤炭企业的必然选择,但有些企业却因“盲目转型”而陷入绝境,所以在转型方向的确定上,需要慎之又慎。在转型过程中,要加强行业内部的跨省合作;积极引入风险投资者;积极推动混合所有制的发展;加强产业发展资金的使用监督,不断提高资金的使用效率。

煤炭产业转型升级过程中,还应关注基于煤炭产业自身的工业旅游的发展方向。位于鄂尔多斯市伊金霍洛旗、由中国神华能源股份有限公司神东煤炭分公司投资建设而成的神东煤海工业旅游区是典型的“全国工业旅游示范点”,开发与治理互相结合,重视生态建设和环境保护,是绿色、环保的新型矿区。值得关注的典范还有河北唐山的南湖旅游区,是全国4A级旅游区,景区面积超过西湖,将采煤塌陷区成功打造出适合旅游休闲之地,并以此为核心旅游资源,于2016年成功承办世界园艺博览会,主题为“都市与自然,凤凰涅槃”;河北省唐山市还基于唐山集煤炭、钢铁、水泥史为一身的资源优势,已经打造出北方工业旅游城市模型。山西煤炭企业从2014年起开始向旅游业转型,到2014年年底,山西省全省有215家资源型企业投资开发旅游景区、星级饭店、休闲度假区和娱乐设施等,总投资高达320亿元。徐州贾汪潘安湖湿地公园是贾汪采煤塌陷区综合整治的典范项目,得到习主席视察时的积极肯定。煤炭企业或煤炭资源型城市向工业旅游发展的还有:淮北矿区、福建省福能矿山公园项目、河南省矿山旅培育等。

12.3.3 认真寻找亏损源,积极采取止血措施

根据河北省煤炭运销协会公布的有关数据,截至2015年6月,全行业亏损19.64亿元,同比增亏6.97亿元,增幅55%。如此严重的行业亏损现象,亟须寻找亏损原因并采取必要的短期急救措施。

截至2015年6月,开滦、冀中能源两大集团累计外欠煤款达52.35亿元,且以承兑汇票为主。由于承兑时间限制,如集团急需现金支出,不得不进行贴现,从而加大了财务成本,结算方式成为亏损源之一。换言之,煤炭企业虽然亏损,但是却给银行业带来了丰厚的回报。针对性的止血措施是:企业应加强对承兑汇票的管理,尽可能将其转嫁给利益相关方;或者在市场销售产品时,对部分客户作出理性选择。“劣质客户”也是煤炭企业陷入绝境的

因素之一,煤炭企业应以此为戒。

截至2015年6月,河北省煤炭企业营业收入为1 823.49亿元,同比增长0.98%。相比之下,工业增加值为123.64亿元,同比下降29.40%。这一增一减,明显地刻画出煤炭产业的艰难处境。应交税金总额34.17亿元(其中,增值税22.6亿元,资源税2.85亿元),两税种占比74%。尽管煤炭企业普遍亏损,这些税还是必须上缴的。换句话说,煤炭企业虽然亏损,但是对国家、对地方财政的贡献还是很大的。

采煤成本与卖煤价格呈倒挂状态,极大地伤害企业采煤积极性,但由于国企出于维持员工就业的考虑,采煤产量并没有因倒挂出现巨幅下降。随着煤炭企业经营状况的继续恶化,可以预见:煤企未来理性选择的结果是较大规模减产,尽量减少倒挂损失。目前中央提出的全国范围内的去产能已经说明了这一问题。随之而来的是大规模分流员工。2015年9月21日,黑龙江龙煤集团已经宣布了3个月分流10万人的止血目标。

12.3.4 社会保障部门须做好充分的准备

根据河北省煤炭运销协会公布的有关数据,河北省内两大煤炭企业承担办社会费用约20亿元左右。按照中共中央、国务院2015年8月24日的《关于深化国有企业改革的指导意见》,煤炭产业应列入竞争性产业。再加上煤炭企业日益严重的亏损,今后一段时间,除了艰难转型之外,煤炭企业的必然选择还会有各种生产要素的重新调整,最直接最早出现的将是劳动力的转移。前期减员增效主要是针对临时雇佣人员,而今后将面对正式职员。这一点是可以预期的,典型例子“龙煤集团三个月分流10万人”。所以,煤炭企业的竞争需要减负,需要真正按照市场机制来运行。河北省社会保障工作将不得不面临很大的挑战,社会保障工作也是对煤炭企业减负进而公平参与市场竞争的有效支持。

12.3.5 煤炭产业转型升级的关键主体是煤炭企业

煤炭产业转型是一场战略变革。战略变革分为提前性、反应性、危机性变革。目前煤炭企业的战略变革属于危机性变革类型(企业已经存在根本性的危机,再不进行战略变革,企业将面临倒闭和破产这样的致命后果),这是一场被迫的变革,只有猛药才能取得变革的成效。企业要分析自身的症结所在。需要考虑的问题是:什么是实质性问题;转型方向是什么;为解决这个问题要做什么样的改变;如何衡量变革成功与否,其中转型方向的确定必须依据企业内外部环境作出极其慎重选择,否则后果就是企业倒闭。

12.3.6 煤炭产业转型升级所需创新驱动力量的形成离不开政府的保护

基于中国的能源供给特点及需求状况,煤炭依然是不可替代的第一大能源来源。正是基于这样的共识,政府必须重视对煤炭产业遇到的转型困难。从全球低碳趋势和我国环保角度分析,煤炭产业转型必须走绿色能源之路,这给煤炭产业转型明确了发展方向。煤炭产业之所以被各国所诟病,原因在于过去使用上的非洁净。从提供非洁净煤到洁净煤虽一字之差,但对煤炭产业转型升级却是严峻的考验,需要创新驱动,而新技术的开发和利用有利于全人类,从这个意义上分析,创新驱动力量需要在一国之内甚至各国之间进行多维合作形成。科技创新有很大的风险,中国煤炭产业转型所需技术也不例外,需要严谨的论证过程,绝非一蹴而就,需要集全行业的力量、作为一个严肃的课题被政府积极推动,应区别于一般的企业基于市场行为的研发活动。

煤炭产业转型的瓶颈因素是关键技术、设备和资金。我国的资源禀赋结构决定了短时期内中国的能源结构仍然以煤为主。所以，尽管目前我国煤炭产能过剩，也不能在减产能上走极端，过犹不及。因此，如何在保证国家能源安全的同时，保持煤炭使用的灵活多样性将是一个需要永久性探索的课题。发展煤制油、煤—焦炉气—甲醇—烯烃等新型煤化工不仅是出于经济性考虑的煤炭产业链延伸问题，更是出于社会经济可持续发展、能源结构稳定转型和能源安全的考虑。推进煤炭综合利用技术的研发以及市场化需要政府重视和支持，甚至比推动其他替代能源发展更具有现实和长远意义。政府应尽快集中人力、财力突破瓶颈因素，这是煤炭行业转型成功的核心保障措施，可重点扶持前期已经具备一定研发基础和研究成果的企业进行深入研发和转化。顶层引导、转型成本由全社会承担应该是最现实的选择。

12.3.7 理性对待产能调整问题

1. 彻底关闭一批煤矿

关闭企业与企业破产的共同特征是企业不继续存在，但二者存在本质的不同。关闭属于政策性措施，破产属于经营行为。所以关闭应予以合理的补偿和安置。关闭工作应该考虑到中央和地方政府的财政能力，按阶段有序进行。对于经营性亏损，暂不应予以补偿，关闭与破产的差别待遇有可能诱使企业会主动申请关闭，权威机构应在审查后，予以答复。对于资源枯竭型城市矿井（大多数也是安全隐患较大的矿井）优先彻底关闭。在关闭煤矿的问题上，全国应一盘棋，统筹规划。

2. 支持煤炭企业进行重组，实现规模经济

在市场和政策法规的约束下，积极营造环境推动煤炭行业内部的跨地区跨产权性质的兼并重组，支持企业做大做强，打造行业内的航空母舰，切实提高产业集中度，改变市场结构，培育核心竞争力，进而增强国际竞争力。

12.3.8 构建人才支撑体系

1. 实施十大人才引进、培育工程

人才是产业顺利转型发展的最关键要素。人才要素是流动的要素，人才支撑体系构建就是构建培养、引进和使用的平台，聚集科技创新、经营、管理、服务、制造、营销等各类具有专长的人才队伍。要以培养、吸引和留住各类高层次、高技能人才和急需人才为目的，在软硬环境建设上创造人才引得进、留得住、用得好的条件。在住房、户籍、科研、奖励、医疗等方面制定和落实相关配套政策，优化人才吸引环境，推进人才和智力集聚。推进实施“百千万”（百名院士、千名博士、万名硕士）高端人才引进培养工程；推进领军人才选拔培养工程；推进实施海外高层次人才引进工程；实施急需紧缺专业人才超常招聘工程；实施万名专家柔性引进工程；实施唐山市与重点高校大联姻工程；实施“1+3”（高校+职校、技校、社会培训机构）实用人才培养培训工程；实施人才创新创业十大平台扩规模增效益工程；实施优秀人才重奖工程；实施人才机制再创新工程。

2. 加大企业家队伍和专业人才的培养

加强企业家和高级管理人员队伍建设，建立和完善职业经理人机制，在实践中培育和造就一大批善经营、会管理、勇于开拓、敢于创新的企业家，不断壮大创新型企业家队伍。强化企业技术人才和技能性员工培育、培训工作，规划建设专门的教育实训园区，引进国内

外优质培训资源和实训理念，培养、培育一大批满足和适应企业发展需要的技术研发骨干和高素质的企业职工队伍，为企业持续、快速发展提供坚实的人才支撑。

3. 提高人才资源市场化配置的效率

整合人才服务资源，创新服务机制，推动人才中介服务的专业化。按照现代产业各类人才的成长规律，探索、创新人才分类服务、科学配备方式，营造人才发展的良好氛围。加快各领域人才的专业能力水平认证，推进国际公认的职业资格认证工作，逐步建立体现行业特色、职业特点和岗位要求的科学规范的人才评价标准。建立完善统筹城乡的就业制度，健全覆盖城乡的公共就业服务体系，强化职业技术教育基础能力建设，建立与产业发展相适应的社会化劳动力培训体系。

4. 完善人才服务环境

营造良好的人文环境，增强外来人才的文化认同感，搭建各类人才载体和平台，为高层次人才施展才华提供用武之地。注重关怀，感情留人，进一步建立和完善引进高层次人才的政策和措施，做好政策引人工作。同时，将进一步做好管理和服务，重点是积极做好各类人才特别是高层次人才各类评奖的推荐和职称评审工作，进一步改善其生活服务环境。

12.3.9　完善科技创新体系

本部分内容结合唐山市市情进行设计。

1. 建立健全产业技术创新体系

大力推进重点实验室、科技成果转化中心、高新技术产业孵化中心、各技术中心、工程技术研发中心等创新平台建设，积极探索政产学研企协同创新机制，重点解决行业共性技术和关键技术。

(1)新兴战略产业规模化支撑技术体系

唐山市着眼于构建未来发展的战略支撑的宏伟目标，提出加快发展以新能源、环保、生物医药产业为重点的战略新兴产业，目前已经形成了初步发展基础，特别在高端装备制造产业中已形成唐山轨道客车有限公司、住友建机道路工程机械等一批骨干企业310家，铁路客车、高强度皮带运输机、大型水泥成套设备、汽车变速器、工业锅炉、自动焊割机等优势产品在国内外市场具有较高知名度和市场占有率。节能环保产业、新材料产业也具有了较好发展基础；生物医药产业、新能源产业、电子信息产业和新能源汽车产业发展速度较快，但在区域内的总体竞争力还亟待提高。

唐山市发展战略性新兴产业的有关企业竞争力总体上还普遍不强，具有自主知识产权的核心技术少，发明专利更是微乎其微，对产业发展的支撑作用还不够显著。

唐山市在先进轨道交通装备、节能与新能源汽车领域都具有比较优势，为此，唐山市重点强化对动车技术的创新能力培养，促进动车技术产业链延伸，推动“唐山制造”向“唐山智造”“唐山创造”转变。

唐山具有产业基础且技术创新能力较强的现代装备制造业，技术创新的方向是研发、转化符合产业寿命周期阶段特征的产品和工艺技术，完善核心产品技术体系、服务体系，形成具有唐山竞争优势的技术体系，其目标是推动新兴战略产业规模化发展，克服碎片化的创新和孤立性产业难以发展的缺点。新型战略产业技术创新支撑体系的构建内容主要体现在：创新环境建设、创新研发平台建设、研发以及经营生产技术人才队伍建设、创新要素集聚机制、科技创新资源配置机制以及新兴产业商业模式创新、组织模式创新等方面。

(2)传统产业+互联网技术体系

以互联网、物联网、大数据等为代表的信息技术革命,将推动新的工业革命的到来。新的工业革命的实质是推动传统工业与信息技术的融合。在新的工业革命中,传统工业的出路就是推动传统的工业向互联网平台上融合。即传统工业+互联网。唐山传统工业产业升级,产业结构的优化的最大机遇,就是主动融入互联网+的大潮,科技创新改造提升传统主导产业的主导方向是推动互联网技术改造传统产业。

①传统工业+互联网模式

a. 模式之一:钢铁产业+互联网技术创新

唐山市是钢铁大市,钢铁产业在唐山市经济总量中占有举足轻重的作用。钢铁产业转型升级是带动全市产业升级最重要的一环。在互联网的大势下,钢铁转型面临机遇,也面临严峻挑战,关键是抢占先机,打造"传统钢铁行业+互联网=互联网钢铁业",是摆脱目前钢铁产能过剩困局,缓解资源瓶颈的有效途径。加快钢铁工业化与互联网化的深度融合,必然给唐山市传统钢铁产业带来巨大的变革。

传统钢铁产业+互联网,就是促使钢铁企业由制造商向服务商转型,依托互联网、物联网、大数据和移动互联,搭建生态型服务平台,集供应链服务为一体,实现生产商、贸易商、物流方、仓储方、加工方和金融方的多方主体共生共赢。

这一模式将带动钢铁产业商业模式和管理模式的融合创新。钢铁商业模式创新和转型,将会带来钢铁产业采购模式、营销模式、管理模式、盈利模式的深刻变化,提高整个产业链的运作效率,降低产业和企业的运行成本。钢铁业和互联网"混血",诞生出来的钢铁电商,正在不断改变钢铁行业的产业布局。

智慧钢铁制造将促进钢铁业在机器人应用、多工序关联优化模型、多基地产销协同等领域开展智慧制造;同时面向钢铁产品全生命周期,通过应用智能化感知、人机交互、决策和执行技术,实现制造装备、全供应链管控、分析决策过程智能化。

互联网+钢铁产业是推动唐山钢铁大市转变为钢铁强市的有效路径。加速推进互联网+钢铁技术的研究、推广和平台建设。依托唐钢、首钢和唐宋钢铁服务信息网和电商平台,打造唐山钢铁+互联网模式,是"十三五"期间唐山科技创新的重点任务。

b. 模式之二:装备制造+互联网

《中国制造2025》提出通过政府资金引导、整合资源,推动实施国家制造业创新中心建设、智能制造、工业强基、绿色制造、高端装备创新等五项重大工程,这对未来中国装备制造业的健康发展、由制造大国向制造强国迈进具有深远的意义。装备制造业是唐山市产业转型的重点方向。面临互联网+的大潮,不仅仅是一个机遇,更是一个挑战。

唐山市制造业历史悠久,基础雄厚,但观念落后。要依托北车、百川等制造业与信息技术领导者,着力强化"互联网+"与装备制造业的深度融合,加快传统制造向"现代智造"转型。应及早应对工业4.0变革浪潮,对接"中国制造2025",利用唐山市重型装备制造、互联网应用、港口和发达的立体交通网络和实施京津冀协同发展国家战略的条件,抢先发展新一代智能互联物联生产制造系统的新技术、新模式、新业态。

推动"两化"深度融合,加快工业互联网建设,利用互联网技术帮助传统制造业优化生产环节和供应链、提高生产效率,促进工业生产及装备制造智慧化升级,大力发展智能制造、智能机器人及智能装备。

鼓励制造业企业通过对接电子商务平台,加快基于互联网按需定制的制造模式变革。

c. 模式之三:煤炭、化工、建材、电力等产业 + 互联网

依据各个产业的特点研究本产业与互联网结合的技术创新,是唐山传统产业焕发青春的根本途径。组织重点企业和大专院校、科研院所谋划一批两化融合的科技、管理重大课题,探索这些产业与互联网结合的技术、商业模式,推动唐山产业的快速转型。

②现代服务产业 + 互联网技术创新

现代服务业是唐山的薄弱环节,产业规模小,产业业态跟不上时代步伐,是现代信息科技研发和应用的重要方向。唐山应着力培育"互联网 + 服务"的新兴业态,提升服务业智慧化水平。

深化电子商务与实体经济的融合,依托京津冀专业市场优势壮大提升网上交易市场,加快移动电子商务的应用,培育发展 O2O(线上线下)电子商务,鼓励建设跨境贸易电子商务服务平台。

大力发展互联网信贷、第三方支付、众筹等互联网金融新业态发展,鼓励互联网企业跨界进行金融创新,引导金融机构开展互联网技术平台创新。

加快发展"智慧物流",重点建设唐山现代物流公共信息平台,壮大第三方物流,支持发展专业物流和第四方物流。

③互联网 + 产业生态系统

唐山产业分布主要集中在工业集聚区和沿海新区。产业园区间分工协作的潜力很大,产业生态系统结构不合理,关联性差,产业效率不高。所以,唐山在"十三五"期间,应着力构建"互联网 + "产业生态系统,形成创新型产业集群网络。以开放式的互联网平台为基础,促进产业链的纵向贯通和横向链际整合,推动各行业产品制造链与流通链、生产生活服务链的有效衔接,打造"平台 + 终端 + 内容 + 服务"跨界融合的产业生态系统。通过"互联网 + "产业生态系统,促进生产网络扩展和产业集群演化,更充分地实现产业链的高效整合及创新资源的优化配置,推动唐山传统优势产业集群的升级改造,形成"互联网 + "产业创新区。

(3)经济、社会持续发展支撑技术体系

唐山经济转型伴随着资源环境压力不断增强。科技创新不仅担负着引领和支撑产业转型发展的重任,同时,还肩负着改善环境、恢复生态、资源持续利用等战略重任。经济社会持续发展,需要谋划重大技术创新课题作为今后技术创新的重点。

①新一代低碳、绿色钢铁技术

a. 绿色、可循环钢铁制造流程技术

以优质、高效、节能、环保、低成本为目标,通过钢铁流程结构优化和物质流、能量流、信息流网络集成构建,对涉及高炉 - 转炉长流程和废钢 - 电炉短流程的关键界面匹配、二次能源高效转化、低品质余热回收利用、低碳绿色制造工艺、钢铁流程 3 个功能的价值提升等关键技术进行深度开发,其范围涵盖整个钢铁制造过程,是在各项单体技术研发基础上的系统集成、优化和匹配。

b. 低碳钢铁制造技术

包括高效节能减排和清洁生产技术、全生命周期能耗和二氧化碳排放评价导向下的生态钢铁材料生产工艺技术、碳俘获与存储(CCS)技术、废钢回收工艺的精细化研究、替代能源(太阳能、生物能、原子能等)非碳冶金技术等。

c. 高效资源开发及综合利用技术

以节能降耗为原则,面向深部、复杂难采选资源,发展安全高强度采矿技术与特色选矿工艺;强化综合利用与资源循环、铁矿露天转地下开采和深部开采以及低品位难选矿综合利用技术。

d. 高效、节能、长寿综合冶炼技术

包括高炉的高顶压、高风温、高富氧、高喷煤、高利用系数和长寿化技术,高炉专家系统应用技术(包括智能操作指导和监测技术),高效 TRT 技术,开发实用高档耐火材料技术等。同时,积极探索非高炉炼铁技术,争取在直接还原(气基、煤基)及熔融还原技术方面有所突破。

e. 高效、低成本洁净钢生产系统技术

主要由铁水预处理技术、转炉(电炉)冶炼与高精度终点控制技术、快速－协同的钢水精炼技术、高效恒速的全连铸技术这四项基础支撑型技术,以及优化—简捷的流程网络和动态－有序运行的物流技术这两项集成技术组成。重点是进一步深入研究以多工序“动态－有序”“连续－紧凑”“协同－稳定”运行为核心的洁净钢平台系统技术,实现整个体系更加高效率、低成本运行。深入进行各种铁水预处理工艺和装备的适用性研究及技术经济比较;深入进行二次精炼(包括吹氩)工艺和装备的适用性研究及技术经济比较;大力推进真空精炼装备和技术优化,特别是高效 RH 精炼技术研究;大力推进连铸工序的高效恒速技术优化研究;在炼钢厂新建或改造的设计过程中,要高度重视平面布置图的合理化研究等。

f. 高性能、低成本钢铁材料设计与制造技术

主要包括:低成本、高性能微合金化技术,组织和性能精确控制技术,表面质量控制技术,细晶化和均质化技术,特种成型技术,大型锻件生产技术,高等级特钢型材、不锈钢无缝管、高质量合金钢生产技术以及应用、成型、防腐等加工技术。

g. 高精度、高效轧制及热处理技术

主要包括以下共性技术:高精度轧制技术、高性能交直交轧机主传动技术、新一代控轧控冷技术、多功能柔性超高强钢冷轧板连续退火生产技术、在线热处理技术、特种钢板热处理技术、三辊轧机/高精度棒线材定减径机组技术、直接轧制技术、温度梯度轧制技术、变截面轧制技术、低温增塑轧制技术、无头与半无头轧制技术以及长材绿色制造技术。

h. 复合材料制造技术

复合材料是一种节材、节能、节约资源的绿色材料,对于提高材料综合使用性能和利用效率有重要意义。基于钢铁材料的复合材料制造目前主要应用机械、爆炸、爆炸/轧制等传统复合方法,生产效率低,品种少,质量差。需要进一步研究与开发高效率、高界面强度、特殊用途的复合材料产品,并得到工程应用,关键技术包括:材料设计及高效率组坯技术、复合界面相变与组织控制技术、界面扩散阻隔材料设计与性能控制技术、特殊用途金属间化合物轧制复合与热处理制备技术、全轧制过程协调变形与控制技术、粉末复合轧制技术以及复合材料的成形技术。

i. 面向全流程质量稳定控制的综合生产技术

开展新一代的钢铁生产过程控制技术研究，包括钢水精炼的精准控制、连铸坯料质量控制技术、全流程板形及表面质量控制技术、精准热处理技术、基于智能建模及数据挖掘的产品质量优化及决策支持、微观组织性能在线闭环控制、生产异常检测及故障诊断，解决控制系统在生产批次之间、品种规格之间的适应性问题，大幅提高复杂工况下产品质量的控制能力和稳定性。

②特殊条件下的煤炭资源开发技术

开滦矿区所属煤矿煤层数量多，煤层厚薄兼备，煤种主要为气煤和肥煤，洗选后为优良的炼焦用煤，煤质优良。但是，省内接续资源匮乏，开滦矿区“三下”压煤量高达80%，埋藏深度在1 200 m以下的资源量达10亿吨以上，深部开采的安全问题仍是一个需要攻克的技术难题。

③废弃物再资源化开发利用技术

利用工业废料（粉煤灰、矿渣、煤矸石等）可生产水泥、砌块等材料；利用废弃的泡沫塑料生产保温墙体板材；利用废弃的玻璃生产贴面材料等。免烧水泥可以节省水泥生产所消耗的能量。高流态、自密实免振混凝土在施工中不需振捣，既可节省施工能耗，又能减轻噪音。

智能化材料具有自我诊断和预告破坏、自我调节和自我修复的功能，以及可重复利用性。吸湿放湿材料，可根据环境的湿度自动吸收或放出水分，能保持环境湿度平衡；自动调光玻璃，根据外部光线的强弱，调整进光量，满足室内的采光和健康性要求。智能化材料还具有类似于生物的自我生长、新陈代谢的功能，对破坏或受到伤害的部位进行自我修复。当建筑物解体的时候，材料本身还可重复使用，减少建筑垃圾。

生态建筑材料是节约资源和能源，减少环境污染，避免温室效应与臭氧层的破坏；容易回收和循环利用新型材料。在材料的生产、使用、废弃和再生循环过程中以与生态环境相协调，满足最少资源和能源消耗、最小或无环境污染、最佳使用性能、最高循环再利用率要求设计生产的建筑材料。

④现代物流技术

现代物流系统技术创新的目标是实现物流系统的集成化、智能化、标准化、柔性化和社会化。

2. 重塑大型企业技术创新主体地位

重塑大中型企业技术创新的龙头地位，鼓励技术力量强、辐射范围广的企业组建行业共性技术和关键技术研发中心、服务中心和产品检测检验中心，促使其成为技术进步活动的中枢和组织者，促进新技术的广泛应用和成果共享。

3. 大力支持中小创新创业型企业发展

围绕推动科技型中小企业发展，认真贯彻落实省政府《关于支持科技型中小企业发展的实施意见》（冀政〔2013〕43号）精神，推动唐山市科技型中小企业发展，进一步加强对科技型中小企业的组织领导和统筹协调。积极组织开展科技型中小企业认定调研、宣传以及培训等工作。围绕推动高新技术企业发展，主动开展高新技术重点培育企业调研工作，有针对性地对企业进行高新技术企业申报辅导，不断加强企业自主创新能力的建设和自有知识产权的培养。

4. 大力支持技术创新成果产业化

为进一步鼓励企业加大技术创新投入力度，今后应加大政策扶持力度，鼓励技术创新成果产业化，企业开发的新产品，投产后形成一定规模（如生产销售达1 000万元以上），或技术含量高，生产销售市场认可度高、单台价值高的成套设备（如达100万元以上），给予奖励，以鼓励和促进企业技术创新产业化的力度，形成高市场占有率的自主开发产品。

5. 完善区域科技创新平台建设

区域创新能力集中体现在各类科技平台和载体建设上，要发挥后发优势，必须推进各类科技平台和载体建设，合理布局，围绕新兴产业、工业聚集区开展工作。要把加速科技成果转化作为平台建设的出发点，依托平台积极开展研发和创新活动；要积极指导和支持企业的研发机构建设，培育后续力量，实现平台建设工作的可持续发展。通过加强科技创新研发平台建设，助推发展方式转变；通过加强科技创新合作平台建设，聚集京津优质科技资源；通过加强科技创新服务平台建设，推动科技成果转化；通过加强科技创新产业化平台建设，加快高新技术产业化。

6. 推进科技企业孵化器建设

（1）投资主体社会化

改变以往由政府主导的单一投资结构，撬动社会资本，吸引更多社会力量参与。鼓励大学科研机构、大企业、社会团体等机构投资建立孵化器，积极向各风险投资机构、风险基金和风险投资家推荐优秀的在孵企业，及时获得资金支持。对于一个初创期的科技企业来说，资金往往是发展壮大的拦路虎，绕不过去的坎，扩大融资渠道对于科技企业孵化器的发展至关重要。基于此，政府应主动作为，积极推动金融体制改革，探索从资本市场获取资金的路径，促进银行为孵化器信贷开通“绿色通道”，简化流程，缩短时限，为孵化器发展营造良好的政策环境。

（2）管理方式企业化

以政府为主导的孵化器发展运作模式缺陷日益显现，已经无法适应时代进步、满足经济发展的需求，管理机制的变革势在必行。科技企业孵化器实质上就是一个企业，健康运行的中小企业是它所提供的产品。因此，实行企业化运营模式是其必然选择，追求利益最大化是其经营目标。政府应主动转变职能，由建设者、管理者向服务者、监督者转变。具体来说，盘活存量，用好增量，对正在运营的科技企业孵化器，以出租或出售的方式交由私人或社会组织运作管理，引入激励和监督制度，逐步实现其他商会力量参与负责。政府以购买服务、监督服务质量的方式促进孵化器持续健康发展。在这种运作模式下，孵化器的经营应由具备开创和发展企业能力的管理者承担，政府主要对孵化器发展提供必要的政策和行业规范以及发展导向，制定有针对性的扶持政策，构建一个公开透明、平等竞争的制度环境，为孵化器提供坚实的发展基础。

（3）“互联网+科技企业孵化器”

经济进入新常态后，“互联网+”模式逐渐成为经济发展新动力。在工业4.0阶段，互联网已经不再是传统意义上的信息网络，而是一个物质、能量与信息相互交融的物联网，从设计、生产、销售到售后的全流程对传统产业进行改造。加快促进互联网与科技企业孵化器融合发展，实现孵化器转型升级，才能跟紧时代步伐，引领科技创新。依托互联网技术，立足孵化器自身现实，以研发数字化、服务智能化、管理信息化为突破口，着力破解“互联网+科技企业孵化器”难题，助力科技企业孵化器发展更加生态、更加高效、更具活力。

(4)加大资源整合力度根据科技企业孵化器发展的国际趋势

现代科技企业孵化器本质上是一种科技创新资源链接组织,是人才、资金、技术、服务等要素的集聚平台。任何系统或主体所拥有的资源都是有限的,系统或主体必须依赖于支撑环境来弥补自身的不足。孵化器本身所拥有的资源相对于科技企业的创新需求是十分有限的,但通过孵化器的中介作用将创新企业与投资者市场智力资本所有者相链接,则可使创新企业获取充足的创新资源和动力。科技企业孵化器通过整合制度、资本市场、中介服务、技术和人力资源,更加有力地给予科技型中小企业支持,提高初创企业成活率,促进企业成长。例如,制定专门针对孵化器的产业政策、财税政策、投融资政策,营造适合新创企业成长的制度环境;在技术方面,要积极吸引科研实力雄厚的企业机构入驻,大力引进人才与技术,促进技术交易与转让,同时要加强行业间、企业间以及国际范围内的技术交流与合作。加强资源整合能力,提供涵盖政府、大学、研究机构、金融机构、技术交流机构、产权交易机构等主体的孵化网络。

(5)发展和完善利益分配机制

政府、企业、科研人员、投资者利益诉求不同,没有一个完善的利益分配机制,就难以调动各方积极性,资源配置效率也无法提高,孵化器的发展必然面临困境。充分重视各方利益诉求,创新激励约束机制,比如建立合理的股权分配机制,可参考以色列的股权结构:发明者拥有50%的股权,孵化器期间被托管,不能交易或转让;孵化器占有20%的股份;职工占10%的股份;投资者占20%的股份。当然,各方的持股比例,应当按照市场价值分配、统筹考虑多种因素最终确定,实现权、责、利的有效统一。在这种分配机制下,孵化器从业人员能够享受在孵企业的股权增值收益,创业创新激情就会大大提高,全力为在孵企业的发展努力,从而极大提高创新速度,迅速形成较强的竞争力。

(6)创新用人机制

从我国企业创新实践看,创新人才短缺成为制约创新的突出问题。科技企业孵化器,作为一个知识含量较高的服务行业,一般的从业人员难以满足在孵企业对专业知识和综合素质的高要求。用人机制创新,已成为孵化器企业体制机制改革和突破的最理想的切入点。科技企业孵化器应打破制约,向全社会优秀的人才开放,积极引进海内外创业团队,让有创新想法、有科研能力的人进入孵化器这一平台,共享孵化器的所有资源,提高资源使用效率,更好地把创造的知识和技术转化为现实生产力,服务国计民生。

(7)推动孵化器专业化、多样化

不同类型的科技企业对资金、技术、人才等要素的需求也会不同,为了解决这一难题,应当推动孵化器多元化,逐步建立专业孵化器,集聚同领域项目与技术,促进同领域间交流,分享经验和信息,甚至结成业务伙伴,形成一条完整的产业链。同时,从近两年企业创新实践看,特别是随着互联网自身的演进,高新技术不再是创新的关键决定因素,创新不再"高大上",只要有好的想法,融合互联网,就可能会颠覆一个传统产业、形成一种新业态。因此,要建设及引入多家企业孵化器和多种形式的孵化器,对于符合园区标准的企业孵化器应该均等地给予优惠政策,这样可以通过多家孵化器共同利用园区资源,通过各自的服务水平和孵化能力为入园企业提供更好的支持。

7.加大创新人才队伍建设

应进一步加强"特邀院士工作站""企业博士后科研工作站""归国留学人员创业园"等创新创业平台建设,全面推进"科技服务企业""大学生创业活动"等创新活动,进一步扎实推进教育体制改革，加快市内高等教育资源的重组。具体措施包括加强高层次创新型人才引进，加快实施高端人才、国际性人才、领军型人才和创新创业团队的引进工程；加大创新型人才培养力度，促进企业、高校及科研机构的合作共赢；完善人才共享、流动、激励机制，促进创新型人才集聚等。

12.4 本章小结

河北省煤炭产业的供给侧结构性改革表面上是河北省煤炭产业的自身集体选择，但站在更高的视角看，河北省煤炭企业能否成功进行供给侧结构性改革影响河北省的产业结构转型任务的完成，对建设经济强省、美丽河北的潜力产生影响，影响河北省的民生，影响河北省的社会发展质量。河北省煤炭产业供给侧结构性改革不仅需要煤炭企业自身的努力，也需要河北省政府在政策、资金、关注度等方面给予企业大力支持。

第 13 章　河北省代表性资源型城市煤炭产业供给侧改革评价与预警

产业的发展过程是一个资源、环境、社会经济、人口诸因素相互作用的,相互耦合的过程。产业转型的目的是避免“矿竭城衰”,实现城市的持续发展。资源型城市的可持续发展,实质上是产业的转换和演化问题。牛文元在论述有关可持续发展原理时认为,可持续发展评价强调的是结构的平衡、生产链的协调、供需关系的平衡、社会管理的有序。徐君、曾旗在视矿区城市是由资源、环境、经济和社会诸子系统组成的一个复杂巨系统(REES)的基础上,对矿区城市可持续发展指标体系进行了的研究;陈旭升、綦良群从城市人口、经济、社会、城市环境、基础设施等方面,对资源型城市可持续发展指标体系进行了研究。齐建珍构建的产业转型评价指标体系,反映了经济－社会－资源－环境复合系统内四大子系统的发展现状和变化趋势。

13.1　资源型城市的内涵及特征

13.1.1　资源型城市的界定

资源型城市是以本地区矿产、森林等自然资源开采、加工为主导产业的城市(包括地级市、地区等地级行政区和县级市、县等县级行政区)。目前,学术界对于资源型城市的概念已达成的一些基本共识是:资源型城市是依托自然资源而兴起和发展壮大,以资源型产业为支柱产业的工业城市,具有以下两个主要特征:一是资源型产业占支柱或主导地位;二是资源型城市的主要功能是提供资源型产品,资源型产业对城市的兴衰有着决定性影响。

关于资源型城市的标准和数量,学术界的认识也很不一致,王青云、王元、李建华等对此进行了分析,主要有以下几种观点:

王青云认为,资源型城市须具备四个条件:采掘产业占工业总产值 10% 以上;采掘业产值规模,县级市应超过 1 亿元,地级市应超过 2 亿元;采掘业从业人员占全部从业人员比例在 5% 以上;采掘业从业人员规模,县级市应超过 1 万人,地级市应超过 2 万人。根据定性分析与判断,确定资源型城市共 118 个,其中典型的资源型城市 60 个。

王元认为,劳动就业人口在资源型产业中就业比例占全社会就业人口的 40% 以上的城市,可称为资源型城市。

李建华认为,资源型城市可用三种方法来划分:一是以资源初级开发为主的第二产业占工业产值的 50% 以上,且在工业产值结构中初级产品占绝对优势的城市;二是有 40% 以上的人口以直接或间接的方式从事同种资源开发、生产和经营活动的城市;三是某种资源的采选业在城市工业总产值中所占的比例在10%以上的城市。凡符合上述三种划分方法之一者,即为资源型城市。

长期以来,资源型城市一直把主要力量用在发展矿产开采、加工业上,为国家经济发展作出了巨大贡献,在工业化和城市化过程中占据突出的地位。具体表现为:

(1)为工业化提供了物质、资金和人才。

(2)增强了国家的经济实力,促进了区域经济的发展。资源型城市的兴起与发展在很大程度上改善了区域经济的格局,促进了区域经济的协调发展。

(3)提供了大量的就业机会,对改善人民的物质生活、促进社会稳定发挥了重要作用。

(4)加速了城市化进程。因资源而生的城市多是在非城市地区兴起,使得资源开发地的农业人口迅速转化为非农人口、城市人口,区域内的城市数目和城市人口不断增加;因资源而兴的城市,伴随资源的开发,城市人口也迅速增长,城市人口在全国和地区人口中比例不断增加,大大加快了城市化进程。

至2013年,我国资源型城市共计262座,见表13-1,其中,11.8%处于成长期,53.8%处于成熟期,25.5%处于衰落期,8.9%属于再生型城市。这25.5%左右的处于衰落期的资源型城市因可供开发的后备资源不足,面临"矿竭城衰"的严重威胁,即使目前处在成长(或青年)期、鼎盛(或壮年)期的资源型城市,若不吸取教训及早采取措施,也存在"矿竭城衰"的风险。

表13-1 全国资源型城市名单(2013年)

所在省(区、市)	地级行政区	县级市	县(自治县、林区)	市辖区(开发区、管理区)
河北(14)	张家口市、承德市、唐山市、邢台市、邯郸市	鹿泉市、任丘市	青龙满族自治县、易县、涞源县、曲阳县	井陉矿区、下花园区、鹰手营子矿区
山西(13)	大同市、朔州市、阳泉市、长治市、晋城市、忻州市、晋中市、临汾市、运城市、吕梁市	古交市、霍州市、孝义市		
内蒙古(9)	包头市、乌海市、赤峰市、呼伦贝尔市、鄂尔多斯市	霍林郭勒市、阿尔山市*、锡林浩特市		石拐区
辽宁(15)	阜新市、抚顺市、本溪市、鞍山市、盘锦市、葫芦岛市	北票市、调兵山市、凤城市、大石桥市	宽甸满族自治县、义县	弓长岭区、南票区、杨家杖子开发区
吉林(11)	松原市、吉林市*、辽源市、通化市、白山市*、延边朝鲜族自治州	舒兰市、敦化市*	汪清县*	二道江区、九台区

表 13－1（续 1）

所在省（区、市）	地级行政区	县级市	县（自治县、林区）	市辖区（开发区、管理区）
黑龙江（11）	黑河市＊、大庆市、伊春市＊、鹤岗市、双鸭山市、七台河市、鸡西市、牡丹江市＊、大兴安岭地区＊	尚志市＊、五大连池市＊		
江苏（3）	徐州市、宿迁市			贾汪区
浙江（3）	湖州市		武义县、青田县	
安徽（11）	宿州市、淮北市、亳州市、淮南市、滁州市、马鞍山市、铜陵市、池州市、宣城市	巢湖市	颍上县	
福建（6）	南平市、三明市、龙岩市	龙海市	平潭县、东山县	
江西（11）	景德镇市、新余市、萍乡市、赣州市、宜春市	瑞昌市、贵溪市、德兴市、庐山市	大余县、万年县	
山东（14）	东营市、淄博市、临沂市、枣庄市、济宁市、泰安市、莱芜市	龙口市、莱州市、招远市、平度市、新泰市	昌乐县	淄川区
河南（15）	三门峡市、洛阳市、焦作市、鹤壁市、濮阳市、平顶山市、南阳市	登封市、新密市、巩义市、荥阳市、灵宝市、永城市、禹州市	安阳县	
湖北（10）	鄂州市、黄石市	钟祥市、应城市、大冶市、松滋市、宜都市、潜江市	保康县、神农架林区＊	
湖南（14）	衡阳市、郴州市、邵阳市、娄底市	浏阳市、临湘市、常宁市、耒阳市、资兴市、冷水江市、涟源市、宁乡市	桃江县、花垣县	
广东（4）	韶关市、云浮市		连平县	高要区

表 13－1(续 2)

所在省(区、市)	地级行政区	县级市	县(自治县、林区)	市辖区(开发区、管理区)
广西(10)	百色市、河池市、贺州市	岑溪市、合山市	隆安县、龙胜各族自治县、藤县、象州县	平桂管理区
海南(5)		东方市	昌江黎族自治县、琼中黎族苗族自治县*、陵水黎族自治县*、乐东黎族自治县*	
重庆(9)			垫江县、城口县、奉节县、云阳县、秀山土家族苗族自治县	南川区、万盛经济开发区、铜梁县、荣昌县
四川(13)	广元市、南充市、广安市、自贡市、泸州市、攀枝花市、达州市、雅安市、阿坝藏族羌族自治州、凉山彝族自治州	绵竹市、华蓥市	兴文县	
贵州(11)	六盘水市、安顺市、毕节市、黔南布依族苗族自治州、黔西南布依族苗族自治州	清镇市、遵义县	开阳县、修文县、松桃苗族自治县	万山区
云南(17)	曲靖市、保山市、昭通市、丽江市*、普洱市、临沧市、楚雄彝族自治州	安宁市、个旧市、开远市、晋宁市、香格里拉市*	易门县、新平彝族傣族自治县*、兰坪白族普米族自治县、马关县	东川区
西藏(1)			曲松县	
陕西(9)	延安市、铜川市、渭南市、咸阳市、宝鸡市、榆林市		潼关县、略阳县、洛南县	
甘肃(10)	金昌市、白银市、武威市、张掖市、庆阳市、平凉市、陇南市	玉门市	玛曲县	红古区
青海(2)	海西蒙古族藏族自治州		大通回族土族自治县	
宁夏(3)	石嘴山市	灵武市	中宁县	
新疆(8)	克拉玛依市、巴音郭楞蒙古自治州、阿勒泰地区	和田市、哈密市、阜康市	拜城县、鄯善县	

13.1.2　资源型城市的分类

张萌根据聚类结果将资源型城市划分为4个类型:新生型资源型城市、成熟型资源型城市、衰退型资源型城市和再生型资源型城市,分类结果如表13－2所示。通过聚类处理模拟资源型城市发展规律以及探索资源型城市在各个发展阶段的相应特征,进而为资源型城市经济转型提供科学依据,也为资源型城市转型研究打下了理论基础。

表13－2　资源型城市分类

发展阶段	资源型城市
新生型资源型城市	朔州市、呼伦贝尔市、鄂尔多斯市、松原市、贺州市、南充市、六盘水市、比节市、昭通市、延安市、咸阳市、琥威市、庆阳市、陇南市
成熟型资源型城市	张家口市、承德市、邢台市、邯郸市、大同市、阳泉市、长治市、晋中市、临汾市、运城市、吕梁市、赤峰市、吉林市、延边朝鲜族自治州、黑河市、大庆市、鸡西市、牡丹江市、湖州市、宿州市、亳州市、淮南市、滁州市、池州市、宣城市、南平市、三明市、龙岩市、赣州市、宜春市、东营市、济宁市、泰安市、莱芜市、三门峡市、鹤壁市、平顶山市、鄂州市、衡阳市、郴州市、邵阳市、娄底市、云浮市、百色市、河池市、广元市、广安市、自贡市、攀枝花市、达州市、雅安市、安顺市、曲靖市、保山市、普洱市、临沧市、渭南市、宝鸡市、金昌市、平凉市、克拉玛依市
衰退型资源型城市	乌海市、阜新市、抚顺市、辽源市、白山市、伊春市、鹤岗市、双鸭山市、七台河市、淮北市、铜陵市、景德镇市、新余市、萍乡市、枣庄市、焦作市、濮阳市、黄石市、韶关巾、泸州市、铜川市、白银市、石嘴山市
再生型资源型城市	唐山市、包头市、鞍山市、盘锦市、葫芦岛市、通化市、徐州市、宿迁市、马鞍山市、淄博市、临沂市、洛阳市、南阳市、丽江市、张掖市

13.1.3　资源型城市的特点

资源型城市发展轨迹与其他类型的城市不一样,主要体现在以下几方面。

1.发展有较强的阶段性

资源型城市的发展有较强的阶段性。一般会经历过初建期、增长期、繁荣期、下滑期直到衰退的过程,这个过程与资源开采的周期相似。有学者将大部分资源型城市生命周期划分四个阶段:第一阶段是预备期,即资源开发的初期准备阶段;第二阶段是成长期,资源开采投产达到预计规模阶段;第三阶段是成熟期,成长期的继续发展阶段,延伸主导产业链条,发展相关联的产业,资源矿区的规模逐步加大;第四阶段是成熟期,资源性产业的主体地位逐渐下降,向综合性的工商业城市转型。

有学者用图13－1和图13－2来形象描述资源型城市发展周期。

以上表示不同的资源型城市生命周期,图13－1表示城市随着资源的衰竭而衰退,图13－2表示城市在繁荣期发展接续产业,跳过衰退期走上可持续发展道路。以上两幅图表明,资源型城市如果能够充分利用资源产业积累的技术、资金和人才优势,适时找到替代的接续产业,逐步完成主导产业的更新,能够减少对资源的依赖,跳过一般的资源型城市生命周期。

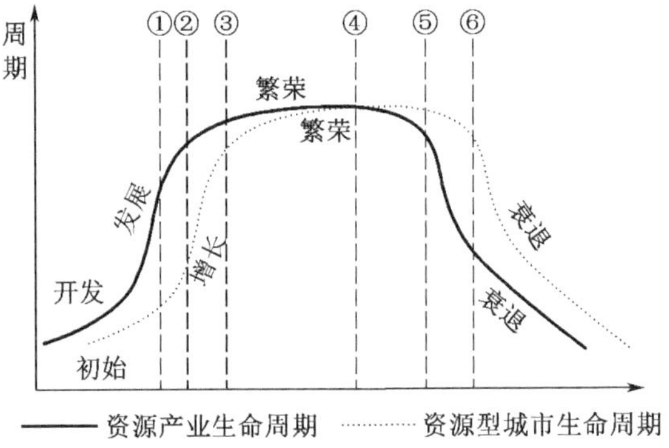

图 13－1　资源型产业和资源型城市生命周期曲线

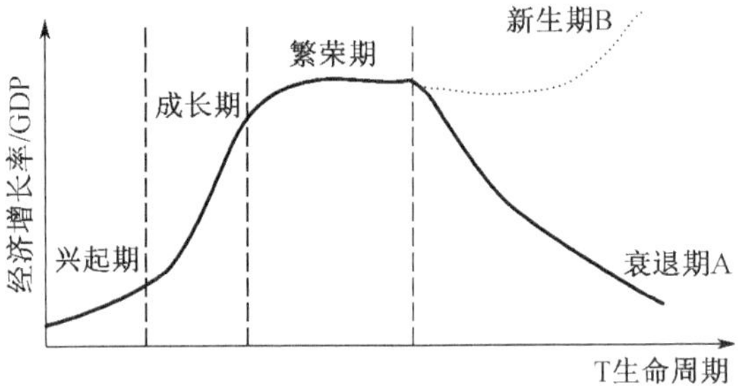

图 13－2　资源型城市生命周期模型

2. 资源依赖性

资源型城市是通过对自然资源开发兴建的,区域内其他产业基本都与资源型产业高度关联,如淮南市本地的机械加工制造企业与矿业集团高度关联。资源型城市在繁荣期应及早转型发展,否则会“矿竭城衰”。

3. 经济结构趋同性

大部分资源型城市将资源开发作为发展经济的动力,在成长期往往会忽视其他产业发展,导致产业结构和产品结构相对单一。由于产品结构趋同,附加值和技术含量低,导致产品的质量和价格都较低,不利城市经济健康发展。

4. 对生态环境的破坏性

城市的资源过度开采,不仅会加速资源枯竭,损害当地的自然环境,最终影响城市长期可持续发展。

准确把握资源型城市的生命周期变化特点,对于正确制定城市转型发展规划和战略,实现资源型城市转型发展,缩短新型工业化进程极其重要。

13.1.4　资源型城市产业结构特点

资源的天然禀赋是资源型城市产生的初始原因,这些以不可再生资源的开发而发展起来的城市由于其固有的特殊性,使得产业结构的发展也有其特殊性。具体表现如下:

1. 产业结构单一

资源型产业在城市产业结构中占据主导或支柱产业的地位，资源开采及其加工业占工业总产值的比例几乎都在30%以上，相当多的城市在50%甚至80%以上。造成第一、第二、第三产业比例失调，基本上以第二产业为主。第三产业发展缓慢、层次较低，且只是为资源型企业服务的商业和餐饮业，向旅游、金融、广告、保险等还处在初级阶段。由此沉积而成的固定、呆板的板块式产业结构不仅不利于提高经济效益，而且制约着城市综合发展，给城市建设带来诸多的矛盾和困难。

2. 生产方式粗放

资源型城市从它建立开始就决定其生产方式是粗放的，由于当时生产力发展水平较低，机械工业化程度较差，导致资源的利用率极低，如鞍山市矿产资源的回收率不到40%，比世界水平低20个百分点。不仅造成资源的浪费，同时也造成了环境污染。这是与经济的可持续发展的思路相悖的。

3. 产品结构不合理市场的适应性弱

产业结构以劳动密集型产业为主，因此其产品结构表现为初级产品和基础原材料为主的粗放型特点，产品技术含量、附加值低，因此面对市场的变化如不能及时地调整产品结构，将难以适应市场体制的需要。

4. 产业结构布局分散

由于资源型产业的发展受资源赋存条件及地理因素的限制，使得城市内部布局较为分散，给城市集中发展和居民的生活、交通带来诸多不便。

5. 产业组织单调

所有制结构主要以全民所有制企业较多，而集体企业、私营企业较少；在企业规模上表现为大中型企业较多、而小型企业较少；在组织结构上综合化的大企业较多，而专业化分工协作的企业或企业集团较少；另外，上市公司、外资企业发展薄弱，科技结构和人才结构单一化。

6. 产业结构的调整效益比较低

资源型城市的经济增长方式粗放，产业结构的趋同化严重；产业的成长对资源的依赖较强，配套产业群难以形成规模，资源产品的加工深度不够，资源的利用程度不高、附加值低，从而导致经济效益低。

经济的发展与产业结构有着十分密切的联系（图13－3），资源型城市产业结构的特殊性影响和制约着城市的建设和经济发展，并且对经济社会的各方面带来一系列的矛盾和问题。

7. 经济系统脆弱，易受影响

人们常说："不要把所有鸡蛋放进同一个篮子"，资源型城市经济结构的问题，恰似"将鸡蛋放进了同一个篮子"，整个经济系统脆弱，极易受客观条件影响，主要体现于两个方面：

（1）资源可继续开采年限

各资源型城市经过多年开采，剩余可开采年数一直被密切关注，例如克拉玛依油气开采已50余年并稳定在年产量1 000万吨，预计可继续开采约50年，大同煤炭则预计继续开采约73年。一旦资源枯竭却转型未果，资源型城市将失去任何生存机会，实际上这也是转型最后期限。

(2)资源价格波动

资源型城市经济收入仅来源于个别产业,极易受市场价格影响,例如而近些年煤炭产能过剩,导致市场低迷,行业利润降至极低,截至2014年,全国形成煤炭总产能约40亿吨,产能超前建设近3亿~4亿吨,市场供大于求,库存连续30多个月在3亿吨以上,同时前8个月煤炭行业利润同比下降46%,近70%的大中型煤炭企业亏损,所在地区经济亦受影响。

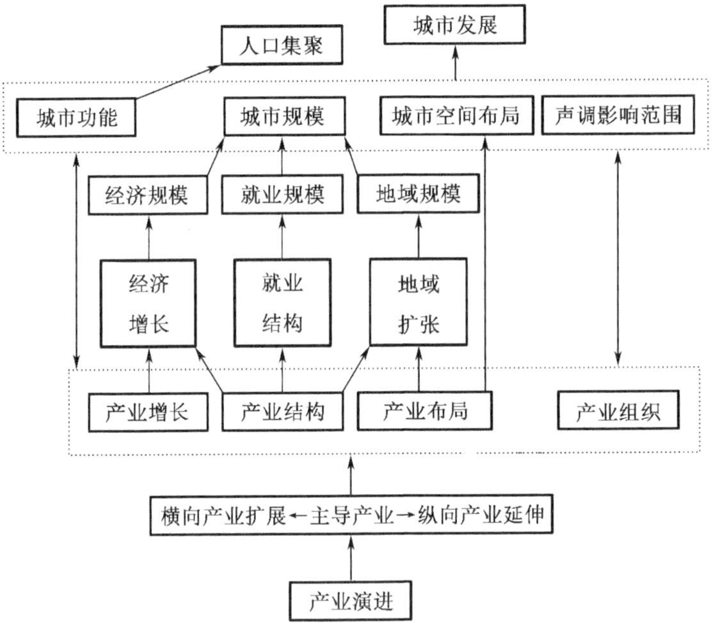

图13-3 产业演进与城市发展的相互作用机制

13.2 河北省代表性资源型城市煤炭产业供给侧改革评价

资源型城市的发展有两个共性:一是矿产资源决定城市发展的周期性;二是产业结构优化是资源型城市可持续发展的主要方向。据统计,我国390多座以采矿为主的资源型城市中,12%处于衰落期,面临“矿竭城衰”的严重威胁,产业转型是资源型城市避免“矿竭城衰”的唯一选择。

目前,我国共有262座资源型城市,唐山市是河北省5个资源型城市代表之一,唐山市的经济发展转型发展迫在眉睫。唐山位于河北省东部,北依燕山,南临渤海,地理位置优越。唐山地区是中国乃至世界最重要的工业区之一,工业门类齐全,拥有钢铁、石油、化工、陶瓷、机械制造等支柱产业,因煤而生、因钢而兴,是北方的重要的资源型重工业城市,被誉为中国近代的工业摇篮。而作为典型的资源型城市,唐山市也同样会按照资源型城市:建设—繁荣—衰退—转型振兴或消亡的规律去发展。同时,各种资源的开采、利用也给唐山带来了严重的环境污染问题。因此,唐山市在其产业转型的过程中亟须创造出一条长期、有效、环保的增长经济的新途径。唐山是中国最早进入工业化进程的城市之一,丰富的煤铁矿资源使其成为中国最大的钢铁城市。然而,进入新的发展阶段,在钢铁市场进入深度调整、环境治理强度提升等影响下,唐山进入转型发展阶段。唐山长期过度依赖资源的粗放式经营已成为制约城市进一步发展的主要瓶颈。目前,唐山市煤炭保有储量只有19亿吨，按现在的开采能力，还能维持 50 年；铁矿石可开采量 33 亿吨，按每年开采 6 700 万吨计算，还可再开采 49 年；石灰石资源按目前水泥行业 3 319 万吨的产量，还能维持 27 年。迫于目前的资源状况，大部分资源企业已转入深部开采，开采难度越来越大，开采成本越来越高。因此，如果不能进行发展方式的转型，继续依靠过度消耗资源谋增长求发展的传统模式，必然将陷入"无矿可采、无煤可挖、无水可用"的困境。

如何摆脱资源型城市的枷锁，走上生态文明建设之路，是唐山发展面临的首要问题，因此，唐山在众多转型资源型城市中，无疑具有一定的代表性和典型意义。本书选取唐山市作为河北省典型资源型城市进行实例研究，以探究资源型城市转型模式和途径，并将其推广、运用的其他资源型城市中去，实现资源型城市的新常态下的可持续发展。

目前，唐山市煤炭保有储量只有 19 亿吨，按现在的开采能力，还能维持 50 年；铁矿石可开采量 33 亿吨，按每年开采 6 700 万吨计算，还可再开采 49 年；石灰石资源按目前水泥行业 3 319 万吨的产量，还能维持 27 年。受目前的资源状况所迫，大部分资源企业已转入深部开采，开采难度越来越大，开采成本越来越高。因此，如果不能进行发展方式的转型，继续依靠过度消耗资源谋增长求发展的传统模式，必然将陷入"无矿可采、无煤可挖、无水可用"的困境。

13.2.1　产业转型度的内涵

资源型城市转型大都是被迫转型，而此时进行产业转型，一方面需要培育和发展有竞争力的接替产业，另一方面需要解决由于原主导产业衰退带来的失业、经济衰退和财政收入下降等难题。而要解决这些问题单凭市场机制进行调整已不可能，政府不得不介入其中，以巨额的财政投入和一定程度的效率牺牲为代价，实施产业转型。可见，产业转型的时间越晚，越积重难返，并将为此付出高昂的代价。资源型城市出现"结构性的危机"常常具有某种先兆，表现为某些宏观经济指标的下降、城市综合排名落后、城市财政收入增长迟缓、人民生活质量下降等，另外，接替产业的选择、具体项目的准备都需要时间，因此转型工作必须在资源型产业开始衰退前进行。根据市场需求、生产成本、储量和地质条件变化及环境恶化等因素对衰退开始的时间进行科学预测。所有这些问题须通过构建产业转型的必要性评价系统，用一定的数学模型来计算产业转型度进行评价，适时地采取相应的对策，实现产业顺利转型、城市的持续发展。资源型城市产业转型度（RZI），是指资源型城市产业转型必要性程度，是用来衡量产业发展状况、判断资源型城市产业转型必要性的指数。

13.2.2　产业转型度评价指标体系构建

1. 设计思路

产业的发展过程是一个资源、环境、社会经济、人口诸因素相互作用、相互耦合的过程。资源型城市的可持续发展，实质上是产业的转换和演化问题。对于资源型城市的可持续发展的定量评价，国内外已经作过一些深入的探讨，建立了多种评价指标及体系。但对于资源型城市产业转型度评价系统的研究，相关文献还比较少。徐君、曾旗在视矿区城市是由资源、环境、经济和社会诸子系统组成的一个复杂巨系统（REES）的基础上，对矿区城市可持续发展指标体系进行了研究；陈旭升、綦良群从城市人口、经济、社会、城市环境、基础设施等方面，对资源型城市可持续发展指标体系进行了研究。齐建珍构建的产业转型评价指标体系，反映了经济—社会—资源—环境复合系统内四大子系统的发展现状和变化趋势。

资源型城市传统发展模式为：社会系统与自然系统之间资源、能量交换关系局限于不可再生资源产品的单一性。当地的自然系统具备向社会提供自然产品生产的可能性，社会则通过劳动的付出开采自然资源，二者之间交换的结果是生产出自然资源产品。然而，由于资源的不可再生性，此循环不具有永恒性。当城市因资源型产业的开发而发展起来之后，就应该注意产业的转型，逐步摆脱对资源的依赖，调整产业结构，避免“矿竭城衰”，确保城市的可持续发展。产业结构变动的因素主要有需求、技术、资源、国际经济、经济政策等。相对于其他城市产业发展的指标体系，资源型城市产业发展指标体系更侧重产业结构、城市环境污染、科技进步等与资源型城市密切相关的指标。鉴于以上分析，研究产业转型度必须树立系统的、可持续发展的观点，以产业顺利转型、实现城市的可持续发展为目标，兼顾代表性、系统性、通用性、动态性等原则。

2. 指标体系的组成

产业转型度的评价指标体系，由反映资源—环境—经济—人口符合系统内四大系统的发展现状与变化趋势的指标构成。资源子系统追求资源的耗竭速率降低和社会承载能力的增强；经济子系统以经济量的增加和效益最大化为目标；环境子系统追求的是环境质量的改善和环境承载能力的增强；人口子系统追求的是公众参与的机会均等和城市社会文明程度的提高。只有四个子系统相互协调，才能使产业顺利的发展，否则就会导致城市的衰退。

13.2.3 产业转型度的指标体系模型

产业转型度的指标体系模型为

$$RRZI = f(Q_1, Q_2, Q_3, Q_4, S, T) \qquad (13-1)$$

式中，RRZ 为产业转型度，Q_1 为资源子系统，Q_2 为环境子系统，Q_3 为经济子系统，Q_4 为人口子系统，S 为空间变量，即处于不同空间的城市，T 为时间变量，即发展的不同阶段，空间和时间可用一定指标来反映。

每个子系统又由多个指标体现，即

$$Q_i = (Q_{i1}, Q_{i2}, \cdots, Q_{in}) \quad i = 1, 2, 3, 4 \qquad (13-2)$$

1. 资源子系统

自然资源禀赋在很大程度上制约着一个地区的产业结构，资源等级系数反映资源产业的市场竞争力。随着矿产资源的变化，城市发展的基础条件也随之变化。通常用资源储采比、矿产资源开发利用率、人均可开采储量、人均耕地面积和人均水资源量来衡量资源对产业发展稳定性的支撑度；另外，人口增长过快和规模过大就会超过城市的资源、环境等的承载能力，就会加快资源开发的步伐，从而加快资源枯竭的速度，以至于容不得进行产业结构的调整。可用地理条件系数、人口压力系数（人口自然增长率）、开采成本年增长率等表示产业的发展成本。

2. 环境子系统

矿业开发与生态环境相互制约。选取塌陷土地复垦率、固体废弃物综合利用率、万元产值污水排放量、万元产值废气排放量、万元产值灰尘排放量、废水排放达标率等指标反映产业发展过程造成的环境污染，同时选用“三废”综合治理达标率等指标反映在环境治理和保护方面的努力。

3. 经济子系统

用以反映经济发展的综合水平和能力。经济发展是实现资源型城市持续发展的物质基础,离开了经济发展,社会发展、环境保护及资源开发利用都无从谈起。经济发展水平的综合指标是传统的 GDP,尽管人们认识到用它作为衡量发展水平的唯一指标是片面的,但它仍是迄今为止反映人类经济活动最重要的综合性指标。另外经济结构、经济发展能力是对经济发展水平的必要补充,选用接续产业增加值占 GDP 比例,第三产业产值占 GDP 比例,固定资产投资增长率等。此外,增加对外经济联系的指标,以充分反映资源型城市面临的经济全球化形势。

4. 人口子系统

产业转型要突出以人为本的原则,通过转型要达到促进人的全面发展的根本目的。另外,作为资源型产业发展倚重的不可再生性资源型总有一天会枯竭,必定向别的产业发展;与发展新的产业所需的资金、技术、市场等因素相比,人才因素是关键性的因素。人才匮乏,以及由人才的缺乏所引起的技术开发能力弱、经营管理水平较低是产业转型所面临的一大困难。因此,不能单纯地用经济指标来衡量是否进行转型,必须由一系列的反映现代城市人生活水平和质量及人口素质的指标来进行衡量。由于有关人的指标涉及范围很广,这里仅选用了与产业转型密切相关的部分重要指标。据资料和数据采集的可靠性和准确性,以唐山市为例,设计了产业转型度评价指标体系(表 13 - 1),分成三级,其中一级指标 1 个,二级指标四个,三级指标 10 个,四级指标 33 个。

表 13 - 1　唐山市产业转型度指标体系

系统层	子系统层	约束层	指标层
产业转型度评价系统(A)	资源子系统(B1)	C1 资源禀赋	X1 资源等级
		C2 矿产资源的利用与潜力	X2 采掘业占 GDP 比例
			X3 原煤产量年增长率
			X4 钢产量年增长率
			X5 地理条件系数
		C3 资源产业发展成本	X6 人口自然增长率
			X7 人均耕地面积
			X8 人均生活用水量
	环境子系统(B2)	C4 环境污染	X9 万元产值污水排放量
			X10 万元产值废气排放量
			X11 万元产值粉尘排放量
			X12 万元产值固体废弃物排放量
		C5 环境治理	X13 环保投资占 GDP 比例
			X14 工业废水排放达标率
			X15 工业固体废物综合利用率

表 13－1(续)

系统层	子系统层	约束层	指标层
			X16 建成区绿化覆盖率
			X17 国内生产总值增长指数
			X18 地方财政收入增长率
			X19 人均 GDP
			X20 失业率(就业率)或全市就业人数增长率
	经济子系统(B3)	C6 经济发展	X21 固定资产投资占 GDP 比例
			X22 利税总额增长率
			X23 第三产业从业人员比例
			X24 万元产值能耗
		C7 经济绩效	X25 万元产值水耗
			X26 重工业产值占 GDP 比例
			X27 第三次产业产值占 GDP 比例
		C8 经济结构	X28 实际利用外资
			X29 技术改造投资增长率
			X30 人均可支配收入
	人口子系统(B4)	C9 生活收入状况	X31 人均住房面积
			X32 恩格尔系数
		C10 人口素质	X33 万人科技人员比重或人才密度

13.2.4 各子系统之间的关系

资源、环境、经济、人口四个子系统目标是不同的。资源子系统追求资源的耗竭速率降低和社会承载能力的增强;经济子系统以经济量的增加和效益最大化为目标;环境子系统追求的是环境质量的改善和环境承载能力的增强;人口子系统追求的是公众参与的机会均等和城市社会文明程度的提高。只有四个子系统相互协调(图 13－4),才能使产业顺利的发展,否则就会导致城市的衰退。

13.2.5 部分指标与产业转型必要性的关系说明和计算

1. 资源

矿产资源属于不可再生性资源,资源的潜力(指标 1－4)体现了现有资源存量对未来经济发展的支撑能力,产业的持续发展对于矿产资源的要求是有效的开采和高效的利用。

$$矿产资源承载力 = (总供给量/总需求量) - 1$$

$$资源采收率 = (采出及回收总量/矿井可采储量) \times 100\%$$

$$采储比率 = (计划采出量/资源总储量) \times 100\%$$

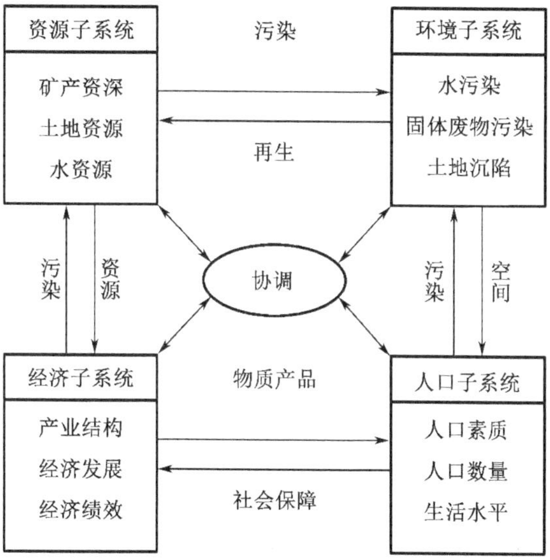

图 13－4　资源型城市产业转型系统结构图

矿产资源回采率＝（城市矿石采出量/城市消耗的工业储量）×100%

资源型产业产值占 GDP 比例＝[（资源采掘业产值＋资源粗加工工业产值）/GDP]×100%

该指标反映资源型城市产业结构的变化情况，体现了资源型产业对城市经济的贡献度。

人均耕地面积＝可耕地面积/总人口数

该指标反映土地资源的状况。粮食的生产依赖于适宜耕作的土地数量与质量。因此，选取人均耕地面积作为农业资源丰度的指标。

万元产值能耗＝工业消耗的各种能源折算成标煤/工业总产值

万元产值能耗反映了经济增长对能源的依赖程度的变化趋势。

万元产值水耗＝工业总取水量/工业总产值

该指标反映了工业企业在生产过程中对水的消耗程度。

人口密度＝人口总数/城市土地总面积

合理的人口密度应与本地的资源承载力相适应。对于承载力，许多学者进行了研究，比较一致的看法是：资源承载力是指以一定的自然条件为基础，以特定的技术、经济和社会发展水平及与此相适应的生活水准为依据，在保持生态系统的结构和功能在合理的状态下，某个地区利用自身的资源所能持续供养的人口总数。

2. 环境

环境方面的指标：环境污染和生态破坏是我国目前产业、经济发展的重要制约因素之一，这一因素在资源型城市中十分突出。

塌陷土地复垦率＝（已复垦的总亩数/塌陷总亩数）×100%

固体废弃物综合利用率＝（已综合利用固体废弃物总数/固体废弃物排放总量）×100%

万元产值污水排放量＝（污水排放总量/工业总产值）×100%

万元产值废气排放量＝（废气排放总量/工业总产值）×100%

万元产值灰尘排放量＝（灰尘排放总量/工业总产值）×100%

废水排放达标率 =（废水排放达标总量/废水总排放量）×100%

上述指标反映了经济增长与环境污染强度之间的关系，指标降低表示产业结构和技术朝有利于环境保护的方向发展，反之则说明产业的发展是以牺牲环境为代价，就需进行产业结构的调整，实施产业的转型。

环境治理、保护是实现经济、环境协调发展的有效措施，其相应的指标计算如下：

“三废”综合治理达标率，该指标反映了工业废水、废气、固体废物的综合治理水平。

“三废”综合治理达标率 =（工业废水排放达标率 + 工业废气排放达标率 + 工业固体废物处置利用率）/3。其中：

工业废水排放达标率 = 达到国家或地方排放标准的外排工业废水量/工业废水排放总量 ×100%

工业废气排放达标率 =（达到国家或地方排放标准的消烟除尘工业废气 + 达到国家或地方排放标准的净化处理工业废气）/工业废气排放总量 ×100%

工业固体废物处置利用率 = 各工业企业处置利用的工业固体废物量之和（万吨）/各工业企业产生的工业固体废物量之和（万吨）×100%

环保投资强度用指标——治理污染投资占 GDP 的比例（%）= 年环保投资总额/年 GDP ×100%。

城市绿化覆盖率 = 城市绿化覆盖面积/城市建成区面积 ×100%，用于衡量环境的改善程度。

3. 经济方面

三次产业产值比例 = 三次产业产值/总产值 ×100%

三次产业从业人员比例 = 三次产业从业人数/总从业人数 ×100%

（用以上两个指标来衡量产业结构的合理性）

人均 GDP = 城市国民生产总值/城市总人口数，人均国内生产总值反映的是一定区域内的经济发展水平

工业利税增长率（%）=（报告期工业利税总额 - 上年同期工业利税总额）/上年同期工业利税总额 ×100%

（该指标反映了工业利税增长的动态过程）

固定资产投资占 GDP 比例 = 年固定资产投资总额/年 GDP ×100%

（反映了投资对经济增长的拉动作用，保持一定的投资增长率是进行产业结构调整的重要保证，用以衡量城市扩大再生产的能力，因此将其作为经济系统的指标）

技术改造投资增长率（%）=（报告期工业技术改造投资 - 上年同期工业技术改造投资）/上年同期工业技术改造投资 ×100%

（加大对工业企业技术改造投资是当前资源型城市应当高度重视的问题，是实现产业持续发展的要求）

（7）实际利用外资总额

实际利用外资总额即指政府、部门、企业和其他经济组织通过对外借款、吸收外商直接投资以及用其他方式实际筹措到的境外现汇、设备、技术等。是反映城市开放程度的一项重要指标，对产业转型来说是一个资金的来源渠道。

4. 人口

(1)人均可支配收入

人均可支配收入是指城镇居民在支付个人所得税之后,所余下的实际收入。反映全市城市居民家庭生活水平的指标。

(2)贫困人口比例,即

贫困率 = 城市贫困线以下人口/城市人口 ×100%

是反映贫困状况和公平状况的重要指标。资源型城市在转型时期,贫困人口相对增多是一个普遍的现象。因此该指标是衡量是否转型的关键指标之一。

(3)人均生活用水量

人均生活用水量 = 城市生活用水总量/城市居民人数

该指标反映生活水资源的情况。水是保障人类生存和社会不断发展的重要资源。

(4)人均住房面积

该指标反映了城市居民的生活状况。

(5)恩格尔系数

恩格尔系数 = 食品支出/消费总支出

恩格尔系数是反映居民富裕程度和生活水平及质量的重要指标,一般来说,居民收入水平越高,其恩格尔系数越小。根据国际经验,人均 GDP 在 3 000 美元左右时,居民消费的恩格尔系数均在 30% 上下。

(6)万人科技人员相对密度

该指标既反映了现有人口的技术素质,又反映了产业转型所需人才的压力。

(7)人均受教与年限

人均受教与年限 = 人们受各类教育年限综合/人口总数

该指标反映城市人口素质。人口素质是影响资源型城市产业转型重要方面,与发展新的产业所需的资金、技术、市场等因素相比,人才因素是关键性的因素。

13.2.6　产业转型度评价

1. 权重的确定方法

近年来层次分析法(The Analytic Hierarchy Process,AHP)在赋权方面得到了广泛应用,是一种定性与定量相结合的多目标、多准则决策分析技术。AHP 赋权法中尽管有主观性的成分,但因其数学本身的逻辑性而可以对确定的权数进行“滤波”和“修复”处理,可剔除主观成分,符合客观事实,而且可避免对大量指标同时赋权的混乱和失误,从而大大提高评价的准确性。因此,根据本书研究的对象,选择层次分析法(AHP)对产业转型必要性指标进行赋权。

(1)建立判断矩阵

我们用 Dephil 法聘请5 位相关领域的专家,对两两元素进行比较打分,并按表 13 -2 中 1 ~9 标度含义对指标的重要程度赋值,求得比较矩阵。

表 13-2　标度对照表

标度	含义
1	表示两个因素相比，具有相同重要性
3	表示两个因素相比，前者比后者稍重要
5	表示两个因素相比，前者比后者明显重要
7	表示两个因素相比，前者比后者强烈重要
9	表示两个因素相比，前者比后者极端重要
2,4,6,8	表示上述相邻判断的中间值
倒数	如因素 i 与因素 j 的重要性之比为 r_{ij}，那么因素 j 与因素 i 重要性之比为 $r_{ji}=\frac{1}{r_{ij}}$

设评价目标为 A，r_{ij}为第 i 个因素（即指标）对第 j 个因素 a_j 的相对重要性数值，则判断矩阵 $\boldsymbol{R}$ 为

$$\boldsymbol{R}=[r_{ij}] \tag{13-3}$$

（2）层次权重值的确定

依据判断矩阵求解各层次指标子系统或指标项的相对权系数（重）按公式（13-4）计算。

$$\boldsymbol{RW}=\lambda_{max}\boldsymbol{W} \tag{13-4}$$

式（13-4）中，$\boldsymbol{R}$ 为判断矩阵，λ 为特征根，$\boldsymbol{W}$ 为特征向量。解出 λ_{max}所对应的最大特征向量归一化，就得到下层指标相对于上层指标的相对重要性的权重值。

（3）一致性检验

本书采用式（13-5）、式（13-6）检验判断矩阵的一致性。

$$CI=(\lambda_{max}-n)/(n-1) \tag{13-5}$$

$$CR=CI/\boldsymbol{RI} \tag{13-6}$$

RI（表 13-3）是与阶数无关的平均随机一致性指标。当 $CR<0.10$ 时（$n\geqslant3$ 阶的判断矩阵），可确认判断矩阵具有令人满意的一致性。

表 13-3　1~9 阶判断矩阵 ***RI*** 值

1	2	3	4	5	6	7	8	9
0.00	0.00	0.58	0.90	1.12	1.24	1.32	1.41	1.45

定性指标部分要建立专家系统，根据所监测的资源型城市产业发展状况和对其产生影响的各层次因素，建立阶梯层次结构和判断矩阵，各专家依据知识和经验，填写专家问卷。再根据专家问卷计算各因素权重，通过逻辑运算，算出专家评估指数，从而判定指标对产业转型的影响程度。

总之，为提高评价的精度，通过定量与定性相结合，发挥定量和定性的各自优势，进而确定资源型城市产业转型的必要性指数。

2. 判断矩阵及权重计算

需要说明的是，唐山市是一个的综合性城市，是京津冀区域内的一个经济增长极。因此，在指标的选取上和指标权重的设置上，要充分考虑唐山市具体实际情况，对两两元素进行比较，对指标进行赋权。

（1）总系统（A）判断矩阵及其权重计算

表 13－4　转型必要性评价系统各子系统的权重计算

A	B_1	B_2	B_3	B_4	M_i	$\sqrt[n]{M}$	W_i
B_1	1	1/3	1/5	4	0.2	0.67	0.12
B_2	3	1	1/3	3	3	1.32	0.25
B_3	5	3	1	5	75	2.94	0.55
B_4	1/3	1/3	1/5	1	0.02	038	0.07

$$\lambda_{max}=4.175, CI=0.065, CR=0.058$$

（2）各子系统的判断矩阵及其权重计算

①资源子系统（B_1）

唐山市地处环渤海中心地带，是环渤海经济圈中重要的重工业城市。区位优势明显，独特的地理位置，为唐山的发展带来了极为便利的交通条件，特别是曹妃甸港口的开发，资源的可以异地导入。优越的地理环境位置和良好的外部条件，将可以使其充分利用国内国外两种资源。

表 13－5　资源子系统的权重计算

B_1	C_1	C_2	C_3	M_i	$\sqrt[n]{M}$	W_i
C_1	1	1/3	1/5	0.125	0.5	0.13
C_2	3	1	1/3	1	1	0.25
C_3	5	3	1	15	2.47	0.62

$$\lambda_{max}=3.06, CI=0.0517, CR=0.03$$

指标一：资源禀赋（C_1）

通过调查和专家综合评定，计算最后得到唐山市的资源禀赋赋值为 0.7。

指标二：资源潜力（C_2）

表 13－6　资源潜力约束层的权重计算

C_2	X_2	X_3	X_4	M_i	$\sqrt[n]{M}$	W_i
X_2	1	1	1	1	1	0.33
X_3	1	1	1	1	1	0.33
X_4	1	1	1	1	1	0.33

$$\lambda_{max}=3, CI=0, CR=0$$

指标三:产业发展成本(C_3)

表 13-7 产业发展成本的权重计算

C_3	X_5	X_6	X_7	X_8	Mi	$\sqrt[n]{M}$	Wi
X_5	1	3	1/5	1/7	0.08	0.54	0.10
X_6	1/3	1	1/5	1/5	0.01	0.34	0.06
X_7	5	5	1	1/3	8.33	1.7	0.29
X_8	7	5	3	1	105	3.20	055

$$\lambda_{max}=4.225, CI=0.075, CR=0.0833$$

②环境子系统(B_1)

不同的资源型城市的功能定位不同,对各方面的要求也不同,指标的权重的设置也会因此而异。对于唐山市来说,产业转型必要性评价更注重的是产业、经济的发展已超出了环境的容量,环境的破坏已严重阻碍的城市的进一步发展,因此环境污染(C_4)、环境治理(C_5)的权重分别为:0.6,0.4。

指标一:环境污染(C_4)

表 13-8 环境污染指标权重计算

C_4	X_9	X_{10}	X_{11}	X_{12}	M_i	$\sqrt[n]{M}$	W_i
X_9	1	3	3	3	27	2.28	0.49
X_{10}	1/3	1	1	1	1/3	0.76	0.17
X_{11}	1/3	1	1	1	1/3	0.76	0.17
X_{12}	1/3	1	1	1	1/3	0.76	0.17

$$\lambda_{max}=4.025, CI=0.008, CR=0.01$$

指标二:环境治理(C_5)

表 13-9 环境治理指标权重计算表

C_5	X_{13}	X_{14}	X_{15}	X_{16}	M_i	$\sqrt[n]{M}$	W_i
X_{13}	1	1/5	1/5	5	0.2	0.67	0.12
X_{14}	5	1	1	7	35	2.43	0.42
X_{15}	5	1	1	7	35	2.43	0.42
X_{16}	1/5	1/7	1/7	1	1/245	0.25	0.04

$$\lambda_{max}=4.17, CI=0.056, CR=0.0629$$

③经济子系统(B_3)

表 13－10　经济子系统的权重计算

B_3	C_6	C_7	C_8	Mi	$\sqrt[n]{M}$	Wi
C_6	1	2	1/3	2/3	0.87	0.24
C_7	1/2	1	1/5	0.1	0.46	0.15
C_8	3	5	1	15	2.47	0.61

$$\lambda_{max}=3.07, CI=0.035, CR=0.060$$

指标一:经济发展(C_6)

表 13－11　经济发展指标权重计算表

C_6	X_{17}	X_{18}	X_{19}	X_{20}	X_{21}	X_{22}	X_{23}	M_i	$\sqrt[n]{M}$	W_i
X_{17}	1	3	5	3	7	4	5	6 300	3.48	0.36
X_{18}	1/3	1	1/3	1/3	5	2	1/3	0.12	0.74	0.07
X_{19}	1/5	3	1	1/5	3	1/4	1/5	0.018	0.56	0.06
X_{20}	1/3	3	5	1	7	5	2	3.5	2.31	0.23
X_{21}	1/7	1/5	1/3	1/7	1	1/3	1/7	0.000 06	0.25	0.03
X_{22}	1/4	1/2	4	1/5	3	1	1/5	0.06	0.67	0.07
X_{23}	1/5	3	5	1/2	7	5	1	52.5	1.76	0.18

$$\lambda_{max}=7.34, CI=0.056, CR=0.042$$

指标二:经济绩效(C_7)

表 13－12　经济绩效指标权重计算表

C_7	X_{24}	X_{25}	M_i	$\sqrt[n]{M}$	W_i
X_{24}	1	2	2	1.414	0.6
X_{25}	1/2	1	0.5	0.707	0.4

指标三:经济结构(C_8)

表 13－13　经济结构指标权重计算表

C_8	X_{26}	X_{27}	X_{28}	X_{29}	M_i	$\sqrt[n]{M}$	W_i
$X26$	1	5	2	3	30	2.34	0.49
X_{27}	1/5	1	3	3	1.6	1.12	0.24

表 13－13（续）

C_8	X_{26}	X_{27}	X_{28}	X_{29}	M_i	$\sqrt[n]{M}$	W_i
X_{28}	1/2	1/3	1	1/3	1/18	0.48	0.11
X_{29}	1/3	1/3	3	1	1/3	0.76	0.16

$$\lambda_{max}=4.26, CI=0.086, CR=0.096$$

④人口子系统（B_4）

表 13－14　人口子系统的权重计算

B_4	C_9	C_{10}	M_i	$\sqrt[n]{M}$	W_i
C_9	1	2	2	1.414	0.6
C_{10}	1/2	1	0.5	0.707	0.4

指标一：生活、收入状况（C_9）

表 13－15　生活、收入指标的权重计算

C_9	X_{30}	X_{31}	X_{32}	M_i	$\sqrt[n]{M}$	W_i
X_{30}	1	5	7	35	3.27	0.73
X_{31}	1/5	1	3	0.6	0.84	0.18
X_{32}	1/7	1/3	1	1/21	0.36	0.09

$$\lambda_{max}=3.04, CI=0.034, CR=0.02$$

指标二：人口素质

人才密度权重即为 1。

由此，得到各指标对资源型城市产业转型必要性评价系统的权重。

3. 指标分数的确定

资源型城市的产业转型必要性系统是一个复杂的巨系统，从不同侧面对产业转型必要性进行评价的指标不仅数量多，而且属性不同，量纲不一，数量级不同，有的是比例，有的是金额，要使众多指标能够构成一个数值，并能对不同时期资源型城市产业转型必要性进行评价，就必须考虑用多指标合成的综合测评方法。为使计算方便、预警结果直观，需要对原始数据（X_i）进行标准化，即将指标数值转化为统一标准的评价分值，以便将各方面的指标值进行综合。通过标准化，既消除计量单位影响、数量级又相同并包含原指标的评价信息。

（1）定量指标的量化

①对负向指标即越小越好的指标，取 1990—2003 年中数值最小的为 1 分，最大者为 0 分。

指标分数为

$$X_i'=\frac{X_i-\max X_i}{\min X_i-\max X_i} \tag{13-7}$$

①对正向指标，取1990—2003年中数值最大的为1分，最小者为0分。

指标分数为

$$X_i' = \frac{X_i - \min X_i}{\min X_i - \max X_i} \tag{13-8}$$

标准化后的数据就被限制在了0—1的区间，“1”表示指标的正效应贡献最大，“0”表示指标的正效应贡献最小或者没有贡献。

(2)定性指标的量化处理

在资源型城市产业转型的预警指标中，存在着较多的无法直接考核和评价的定性指标，这些指标不能直接定量地表示出来，需要先进行量化处理。该类指标的评价主要是通过相关领域的专家根据知识、经验及逻辑推断能力，得出某项指标的结论，基于心理学测度的原理，将定性评分指标量化数值分为5个级别，对很好、好、较好、一般、差五个等级，给予1,0.8,0.6,0.4,0.2分。对分类变量也分别用数字码0,1,2,3,4表示。

由参加项目周期评价的专家们根据评分标准分别对相应的指标进行评分；之后，将评价专家的评分值进行综合统计，求出每一评价指标的评分平均值。计算公式为

$$D_x = \frac{\sum_{k=1}^{N} X_{xk}}{N} \qquad x = 1,2,\cdots,p \tag{13-9}$$

式中　k——参加评价专家排列序号；

N——参加评价专家的总人数；

X——评价指标项。

13.2.7　产业转型必要度类别

产业转型度的评价主要是根据评估指标数据，计算产业转型度指数(RZI)。参考产业可持续发展度的划分，将产业转型必要度RZI在(0,1)范围内划分为五类，作如下界定：

$RZI=0.1\sim0.2$ 产业转型度高；

$RZI=0.2\sim0.4$ 产业转型度较高；

$RZI=0.4\sim0.6$ 产业转型度一般；

$RZI=0.6\sim0.8$ 产业转型度较弱；

$RZI=0.8\sim1.0$ 产业转型度弱。

对产业转型度评价，应把所确定的指标按照其含义分成不同的层次，用AHP法定出各个指标的权数。对每一指标根据其值的大小与标准进行比较，从而确定出它的分数，最后算出各子系统的RZI及总系统的RZI。

$$RZI = \sum B_i \delta_i \tag{13-10}$$

RZI大小取决于各子系统指标的大小和各分量的权重值，RZI越小，表示产业转型度越高；B_i为资源型城市产业转型度子系统构成指标值，这里为资源、环境、经济、人口各子系统，δ_i为相应的权重。

13.2.8　案例分析

以唐山市1996年数据为例进行产业转型度评价。根据上面提出的模型计算RZI指数(表13-16)，唐山市1996年的转型必要性指数为0.48。同样得到1990—2003年唐山市产

业转型度指数(图 13 -5)。其中数据来源于唐山市统计年鉴或者是计算所得,与实际基本符合。

表 13 -16　1996 年各子系统的产业转型必要度指数

总系统 *RZI* 指数	子系统	约束层	*RZI* 指数
0.48	资源子系统	C_1	0.60
		C_2	0.30
	环境子系统	C_3	0.53
		C_4	9.38
		C_5	0.48
	经济子系统	C_6	0.37
		C_7	0.80
		C_8	0.44
	人口子系统	C_9	0.41
		C_{10}	0.82

唐山市产业发展在 1990—1991 年处于产业转型必要度较高的状态,1992 年开始一直处于平稳的产业转型必要度中等状态,到 2000 年处于产业发展的较好状态。作为一个资源型城市,唐山没有出现资源匮乏阻碍经济发展的问题,这一切得益于未雨绸缪和及早地进行产业转型。唐山市现在属于低矿业依存度(2001 年为 3.89%)、经济发达区,人均 GDP 为 14 379 万元。可见,通过构建产业转型度评价指标体系,采用层次分析法进行产业转型度评价,是一种客观可行的评价模型。

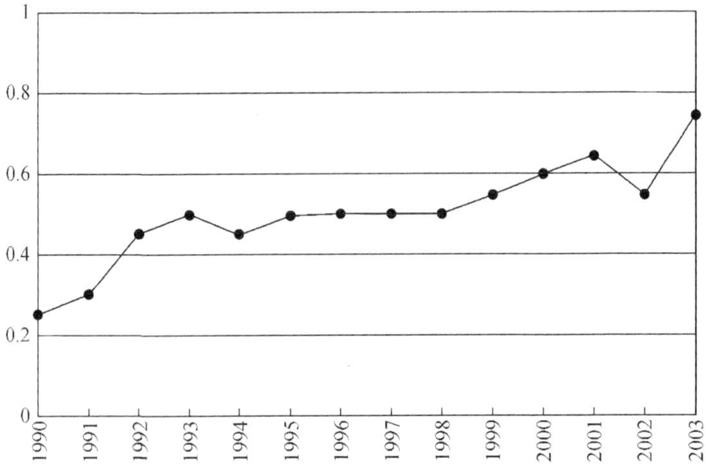

图 13 -5　资源型城市产业转型度指数图

13.3 河北省代表性资源型城市煤炭产业供给侧改革发展预警研究

为什么资源型城市会出现经济的衰退和危机，主要原因是在资源型城市开发的初期没有考虑到城市的永续性和未来性，没有做好资源预警及提前考虑接替产业的培育和发展。预警是把握转型时机、及时调整产业结构、解决和预防资源型城市衰落的基础。

国内外资源型城市转型的实践表明：转型起步较晚，转型被动，转型的效果欠佳。因此，对资源型城市产业发展中的潜在问题做好前瞻性研究——预警研究，认真地分析产业发展时刻面临来自资源、环境、市场、国际政治经济等多重风险因素的影响，深入探讨和研究资源型城市的产业转型的风险和预警管理，尽早建立一套规范、全面的预警管理程序和预警系统，建立健全资源型城市产业发展的内、外预警监督机制，做好资源型城市产业转型的预警分析，根据预警结果把握合理的转型时机，采取适宜的转型措施实现资源型城市“矿虽竭城犹荣”。

13.3.1 资源型城市产业转型预警的内涵和功能

所谓资源型城市产业转型预警，就是依据对资源型城市产业发展状况的判断，采用定性与定量相结合的方法，对资源型城市产业的发展进行过程刻画、追踪分析和警情预报，进而采取积极的产业转型措施，实现资源型城市产业结构的合理化、高度化，最终实现产业、城市的可持续发展。产业转型预警所依据的基本原则来自于可持续思想和系统观的内涵：即人的需求满足、代际公平及自然资源系统与社会系统的协调发展。建立产业转型的预警系统旨在预示因开发而导致矿产资源的耗竭或衰竭危机以及造成的环境危机，警示人们应该采取合理开采措施，注意维护生态系统的稳定。自然资源开发的临界判定依据是生态效应准则、社会需求准则和经济效率准则等。

1. 预警所依据的基本原则

产业转型预警所依据的基本原则来自于可持续思想和系统观的内涵：即人的需求满足、代际公平及自然资源系统与社会系统的协调发展。预警依据的基本原则包括：

第一，对矿产资源开发利用满足人类的需求应以可持续发展为前提。

持续发展所强调的需求满足是指基本需求及社会发展需求。就整个社会需求而言，必须首先满足生存和健康的需要，尽可能地“生产满足人们日益增长的物质文化生活需要的产品”，最大限度地增进人们的福利。

第二，对矿产资源的开发利用应考虑到代际公平。对于矿产资源来说，当前的消耗意味着减少了后代人消费的可能。

第三，对矿产资源的开发利用应在维持资源、环境系统与社会经济系统协调发展的基础上进行。

第四，矿产资源开发的临界准则。建立产业转型的预警系统旨在预示因开发而导致矿产资源的耗竭或衰竭危机以及造成的环境危机，警示人们应该采取合理的开采措施，注意维护生态系统的稳定。自然资源开发的临界判定依据是生态效应准则、社会需求准则和经济效率准则等。

2. 产业转型预警

(1)警情动态监测

通过一整套监测指标敏感地反映矿产资源开发利用中的异常情况,即警情。矿产资源开发利用可能导致的警情包括矿产资源的耗竭速度与替代能力、自然环境容量、资源开采对生态影响以及废弃物对环境的影响等几方面内容。

(2)警源分析

分析产生某种警情的根源是什么,包括资源的、环境的、经济的、人口的等因素。

(3)警兆辨识

辨识警情发生前所表现出来的各种征兆,如矿产资源承载力、资源采收率、采储比率、矿产资源回采率、人均耕地面积下降、资源型产业产值占 GDP 比例、生态环境恶化、人均 GDP 增长率、工业产值利税率等。

(4)警度预报

根据预报警情的轻重,一般可用大中小指标,也可类似于国民经济预警的蓝绿红灯区的形式来加以表示。

(5)预测决策

对上述四个方面作出最后的反应。即采取相应的对策措施解决自然资源开发利用中的问题。

3. 预警系统的功能

预警系统的功能主要有以下几个方面:

(1)正确分析资源型城市产业发展的轨迹,实现产业发展过程的动态监测,预测其发展态势。

(2)判断资源型城市产业是否需要转型。

(3)分析影响产业发展失衡的主要原因,以便对症下药,制定相应的措施,解决问题。

(4)对检测结果进行识别,即判断产业发展过程中的特征及预示着何种状态。

13.3.2 预警是合理把握转型时机的基础

为什么资源型城市会出现经济的衰退和危机,主要原因是在资源型城市开发的初期没有考虑到资源型城市的永续性和未来性,没有做好资源预警及提前考虑接替产业的培育和发展。预警是把握转型时机、及时地调整产业结构、解决和预防资源型城市衰落的基础。

1. 转型时机的选择是转型成功与否的关键因素

欧盟、日本等组织和国家的资源型城市转型大都是被迫转型,而此时进行产业转型,一方面需要培育和发展有竞争力的接替产业,另一方面需要解决由于原主导产业衰退带来的失业、经济衰退和财政收入下降等难题。而要解决这些问题单凭市场机制进行调整已不可能,政府不得不介入其中,以巨额的财政投入和一定程度的效率牺牲为代价,实施产业转型。由此可见,产业转型的时间越晚,越积重难返,并将为此付出高昂的代价。合理的转型时机能使转型更顺畅,关于转型时机的选择,应从以下几方面来综合考虑。

(1)资源型产业的发展阶段

处于不同的发展阶段,产业的适应和发展能力不同,有关研究表明:成熟期是产业转型的最佳时机。资源型城市的主导产业———资源型产业,具有两个鲜明的特点:一是对资源高度依赖性;二是资源开发成本呈递增趋势。其生命周期严格受资源储量的限制,必将经历一个由兴盛、稳定到衰退的过程,使城市的经济和社会的发展深深受制于资源型产业的发展规律,如图13-6所示。伴随着资源产业从勘探到开采、成熟稳定(鼎盛)、衰退直到枯竭的过程,城市发展将存在两种趋向,一是由兴到衰的演变过程,如苏联的巴库;二是在适当时机通过产业转型实现持续发展的过程,如德国的鲁尔等。从资源型产业和城市发展规律不难看出,若资源型城市在资源型产业进入衰退枯竭之前的 t 点开始着手产业的转型,时间 t 满足条件:资源型产业从时间 t 到衰退枯竭的时间段($Tr-t$)与新的接替产业的形成期 Sc 相当,即

$$Tr - t = Sc$$

式中 Tr——表示资源产业发展到枯竭阶段的时间;

Sc——表示接替产业的形成期。

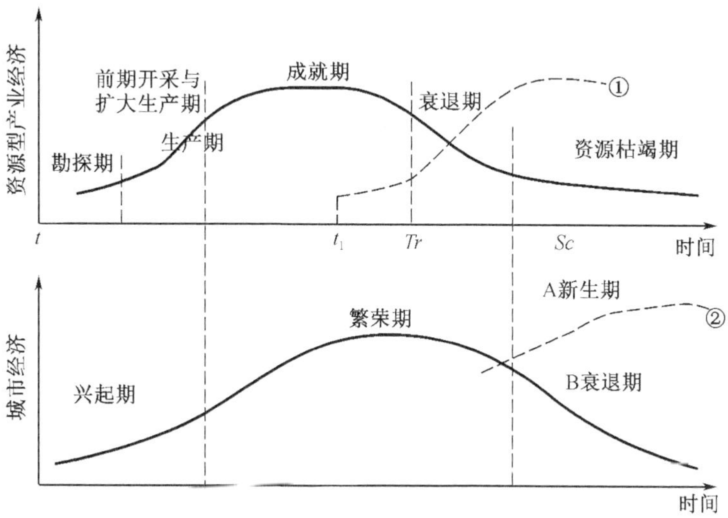

图13-6 资源型城市转型发展阶段图

可以利用积累下来的资金、技术、人才等要素,滚动式带动其他行业的发展,逐步把重点转移到培育非资源型产业上,减少对资源型产业的依赖度。在资源走向衰竭之前,城市经济形成新的增长点和支撑点,就仍能保持旺盛的生命力和经济活力,在较高的起点上,开始新一轮的经济发展,从而使资源型城市得以持续发展。

(2)国家所处的工业化阶段

发达国家的经验表明,随着工业化阶段的不断演进,工业结构将会发生重大的变化。在不同的阶段,国家的产业政策是有所侧重的。我国目前正处于工业化中期阶段,这标志着以数量扩张为主的初始阶段已基本结束,正进入以提高质量为主的新阶段,这就要求产业从粗放的扩张转移到产业的技术进步与升级上来。

(3)市场发育程度

产业转型过程中,资源型产业的退出和接替产业的培育以及社会资源的重新配置等问题是影响转型时机确定的重要因素。而这些问题解决在很大程度上依赖于本区域内的市场发育程度,发育成熟的市场能更有效地推动产业转型。

(4)接替产业的创业环境和条件

发展资源深加工、精加工产业,或是高新技术、高附加值的替代产业,都是以一定的技术和人才作支撑的。而资源型城市往往因其特殊的产生背景及资源导向,人才知识面窄、方向单一,高新技术人才匮乏,产业基础薄弱、创业风险大等是发展接替产业的制约因素。

2. 预警是合理把握转型时机的基础

资源型城市出现"结构性的危机"常常具有某种先兆,表现为某些宏观经济指标的下降、城市综合排名落后、城市财政收入增长迟缓、人民生活质量下降等,另外,接替产业的选择、具体项目的准备都需要时间,因此转型工作必须在资源型产业开始衰退前进行。这就需要根据资源型产业所处阶段、生产成本变化、储量和地质条件变化等因素对衰退开始的时间进行科学预测。所有这些问题须通过建立早期的预警系统予以诊断、预警并适时地采取相应的对策,开展产业转型工作。

13.3.3 基于BP神经网络的资源型城市产业转型预警系统

1. 资源型城市产业转型的预警过程

资源型城市产业转型的预警系统从接受任务开始,要经过一系列的过程,如图13－7所示。

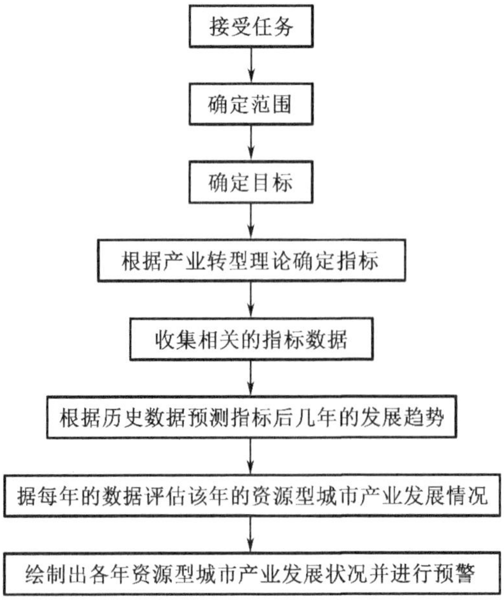

图13－7 资源型城市产业转型预警过程

2. 资源型城市产业转型的预警模块

资源型城市产业转型预警系统的基本功能是预报产业发展的趋势。每一种景气状态都对应着一种发展状态。为了提供预警信号,预警系统还必须具备其他辅助功能,其中最基本的辅助功能是实现产业发展过程的检测,其次还须对检测结果进行识别,即判定预示产业发展的态势,是否采取转型措施。

本预警系统包括输入、计算、输出三个模块组成,见图13－8。

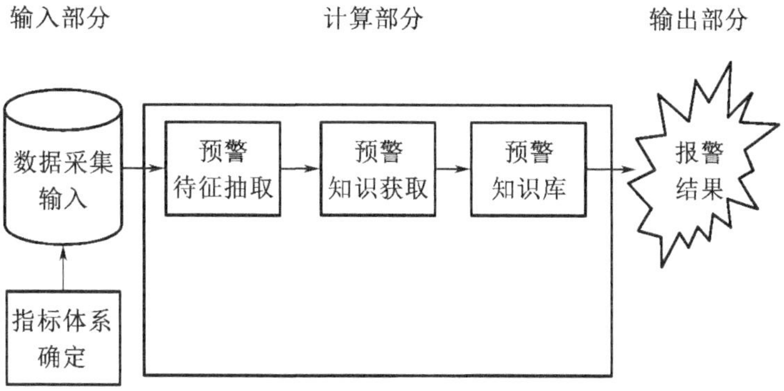

图13-8 资源型城市产业转型预警系统模块

(1)输入模块

输入模块包括初始指标体系的确定和根据所确定的指标体系形成的数据采集系统。

(2)计算模块

计算模块由预警特征抽取、预警知识获取、预警知识库三个子模块组成。该模块主要是通过对资源型城市产业发展状态的刻画、描述、推断、评价和警情预报的综合型分析,实现对产业发展态势综合检测和产业转型预警分析的功能。

①预警特征抽取子模块

该模块将输入模块所形成的基础数据,根据预警的要求,进行预警的特征抽取。

②预警知识获取子模块

预警知识获取子模块有神经网络学习算法构成,包括神经网络的结构,即网络的层数、输入、隐层、输出节点的个数。通过对预警样本的学习,得到网络权重的分布和量值,完成预警知识的获取。

③知识库子模块

知识库模块就是存有神经网络层数、隐节点数、权值等结构的数据库。知识库中的这些神经网络结构参数是预警信息和知识的结果。对于神经网络预警系统而言,知识库包括三部分内容,一部分是预警的原始数据,这是未加工的知识。一部分是BP网络训练得到的权值分布、量值,这是已加工成为结果的知识形态。另一部分是报警结果中的逻辑关系规则。

④输出模块

输出模块的主要功能是报警,也是神经网络预警的主要手段。通过有关反映城市产业发展状况的敏感性指标和对有关数据的处理,经多个指标合并成一个综合性指标,用一组类似于交通信号灯的标志,把每个指标和综合指标在每年的状态直观的表示出来,用以判断是否需要进行产业转型。

13.3.4 资源型城市产业转型预警系统流程图

在进行资源型城市产业转型预警时,采用如图13-9所示的流程。

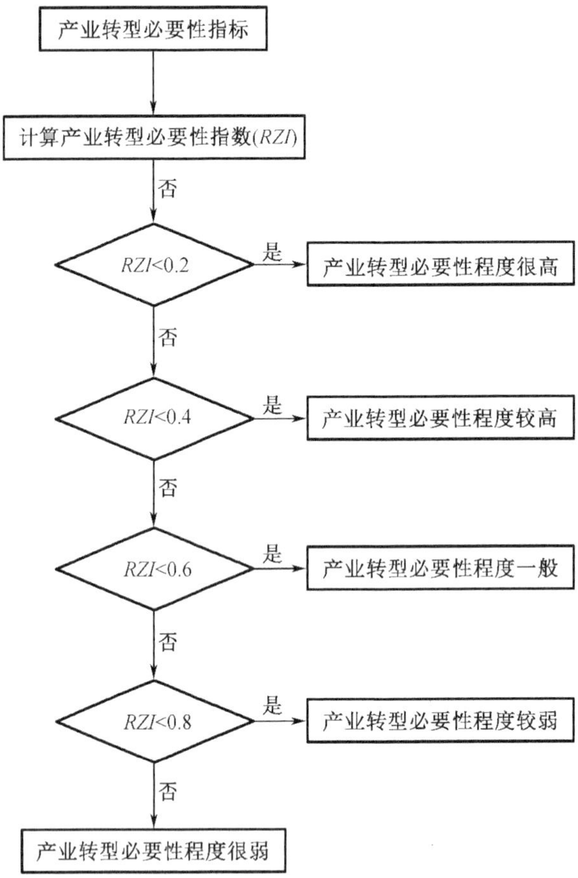

图 13－9　资源型城市产业转型预警流程图

13.3.5　唐山市各年度的产业转型必要度指数

依照上面的方法，得到唐山市 2000—2011 年的资源、环境、经济、人口子系统和总系统的产业转型必要度，如表 13－17 所示。

表 13－17　各年的产业转型必要度指数

年份	总系统 *RZI*	资源子系统 *RZI*	环境子系统 *RZI*	经济子系统 *RZI*	人口子系统 *RZI*
2000	0.60	0.69	0.43	0.51	0.56
2001	0.64	0.77	0.48	0.56	0.50
2002	0.58	0.27	0.52	0.62	0.62
2003	0.74	0.46	0.56	0.75	0.65
2004	0.63	0.48	0.60	0.68	0.61
2005	0.65	0.49	0.61	0.64	0.58
2006	0.68	0.43	0.59	0.66	0.60

表 13－17(续)

年份	总系统 *RZI*	资源子系统 *RZI*	环境子系统 *RZI*	经济子系统 *RZI*	人口子系统 *RZI*
2007	0.64	0.40	0.62	0.61	0.61
2008	0.62	0.47	0.55	0.63	0.59
2009	0.66	0.42	0.57	0.68	0.62
2010	0.68	0.40	0.59	0.65	0.64
2011	0.65	0.43	0.56	0.64	0.59

13.3.6　唐山市产业转型预警曲线

预警的最后一项工作就是预警结果的输出。预警系统建立的目的就是在警情出现时发出警报，而警报的发出正是借助预警结果的输出来实现的。本书将资源型城市产业转型预警研究的综合评价指数 *ZDI* 在[0,1]范围内划分为五类，显然 *ZDI* 越接近 1，表明预警指标 *Dx* 对应的系统运行状态处于越安全的理想状态。而 *ZDI* 越接近于 0，则其警情（或警兆）的危急程度越严重（表 13－17）。预警结果的输出采取类似于交通管制信号的红、浅红、黄、浅绿、绿五色信号灯显示系统法。利用各年度总系统转型必要度数据，绘制产业转型必要度预警曲线，如图 13－10 至图 13－14 所示："绿灯"表示无警，说明产业转型必要度低；"浅绿灯"表示轻警，说明产业转型必要度较低；"黄灯"表示中警，说明产业转型必要度中等；"浅红灯"表示重警，预示产业转型必要度高；"红灯"表示巨警，表示产业转型必要度极高。

1. 资源子系统

在唐山的能源消费结构中，"一煤独大"是唐山能源消费结构的主要特点，以 2012 年为例，终端消费量中第一产业、第二产业、第三产业的煤消费量分别为 27.40 万吨、2 463.99 万吨、141.75 万吨，煤炭在唐山的能源消费中占 90% 以上。唐山市已探明的矿种达 47 种，其中煤炭、铁矿最为丰富，石油、天然气、石灰岩储量十分可观。据中国国土资源部调查，中国已探明煤炭可利用储量 1 892 亿吨。唐山市煤炭开采始于明朝永乐年间，距今已有 600 多年的历史，大规模开采也有 100 多年的历史。官方调查统计，唐山煤炭储量 62.5 亿吨，是全国焦煤主要产区，2013 年唐山市焦煤产量为 2 834 万吨，比上年增长 2.3%。唐山铁矿石的保有量为 47.5 亿吨，是全国三大铁矿石之一，2013 年生铁产量为 8 346 万吨，比上年增长 3%。唐山市处于渤海湾，已发现 5 个油田，冀东油田、曹妃甸南堡油田为唐山市知名的油田，石油储量可观。唐山市发展目标为综合型城市，发展接续替代产业是延伸产业链条，向综合型城市过渡的必经阶段，资源的不可再生性以及资源储量的具体数字又增加了唐山市加快产业转型的紧迫性。

从资源预警子系统图 13－10 看，目前唐山市尚不在资源枯竭城市，处于中警。唐山市的煤炭资源、铁矿资源、石油储蓄量为唐山市在现有工业基础上发展接续替代产业奠定了坚实的基础，在资源未枯竭之前进行产业的转型具有较大的优势，不仅不会影响现有采掘业的生产与发展，还给唐山市产业的成功转型留有较为充足的时间。

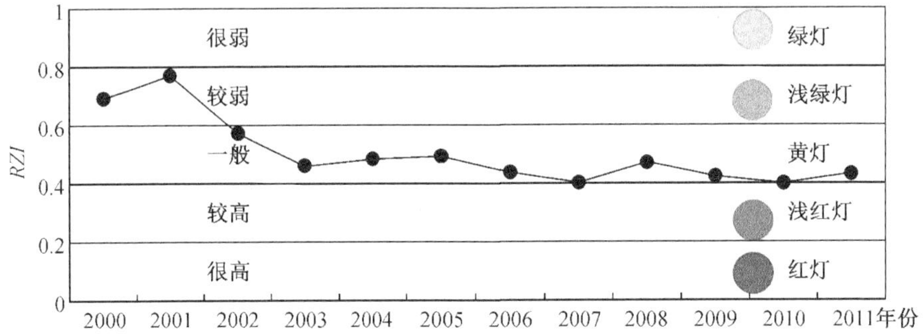

图 13-10　资源子系统产业转型预警图

2. 环境子系统

重工业型城市产业的发展“投入多,排放多”,在发展中产生了一定的环境问题。唐山市在发展重工业的过程中,对煤炭的开采导致了地表下沉、塌陷、积水;冶金、化工等产业的发展导致了废气、废水、废渣的产生和排放,对资源的浪费程度大。近年来唐山市的雾霾天气越来越多,空气质量逐渐下降,2013 年国家环保部门公布的大气污染严重的城市中,唐山市名列前茅。这些问题为唐山市的综合发展敲响了警钟,唐山市要在科学发展观的指导下进行产业转型,通过技术和制度创新、开发新能源等途径,最大限度地扩大低碳能源的生产力,走“减量化、再利用、资源化”的循环经济之路,尽量降低高碳能源消耗,减少有害气体及二氧化碳排放,实现经济发展与环境保护双赢,解决好生态环境问题。

由环境子系统产业转型预警图 13-11 看出,唐山市的环境呈改善趋势,2006 年以来,唐山市发展更加注重生态环境的保护,更加强调经济社会的绿色可持续发展,绿化覆盖率不断提高,2012 年城市绿化覆盖率达到 46.59%。生态建设取得显著成效,基本形成北部山区生态建设、中部平原生态恢复、南部沿海湿地保护的生态发展格局,2012 年森林覆盖率由 2006 年的 22.6%提高到 31.5%。2012 年工业废水排放达标率达到了 98.5%,较 2006 年提升 2.1 个百分点;2012 年工业二氧化硫排放减少至 29.6 万吨;空气质量二级及优于二级天数达到 331 天,比上年增加 2 天,空气质量有了明显改善。但是随着京津冀协同发展战略的提出和经济新常态下对环境的要求,环境问题成为京津冀协同发展的瓶颈,由于以钢铁、煤炭、化工等重工业为主的产业结构没有得到有效的调整及生态建设步伐的缓慢,唐山市污染严重、空气质量差等生态环境问题没有得到明显改善,环境转型的压力依然比较大。

3. 经济子系统

从图 13-12 资源型产业转型经济子系统预警图看,唐山市的经济发展态势缓慢。从 1999 年后进入较好的发展状态,并有一直上升的趋势,但是 2004 年以来处于转型中等状态,由于传统产业比重较高、产业结构的过于例型化,近年来转型进程比较缓慢,转型效果不是很明显。

4. 人口子系统

从图 13-13 资源型产业转型人口子系统预警图看,从 1990 年至 1995 年处于较差状态,1996 年后开始得到改善。

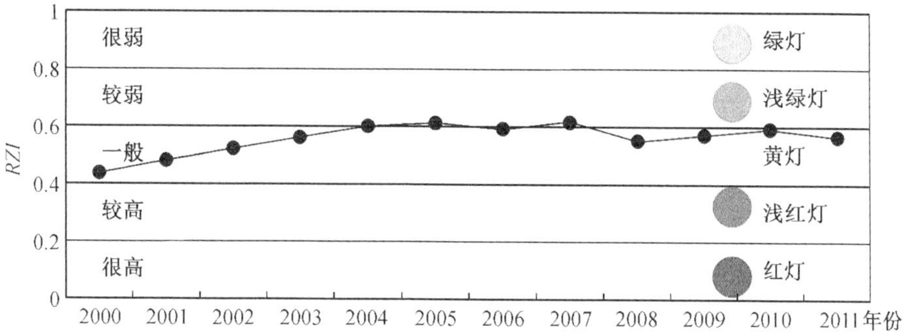

图 13－11 环境子系统产业转型预警图

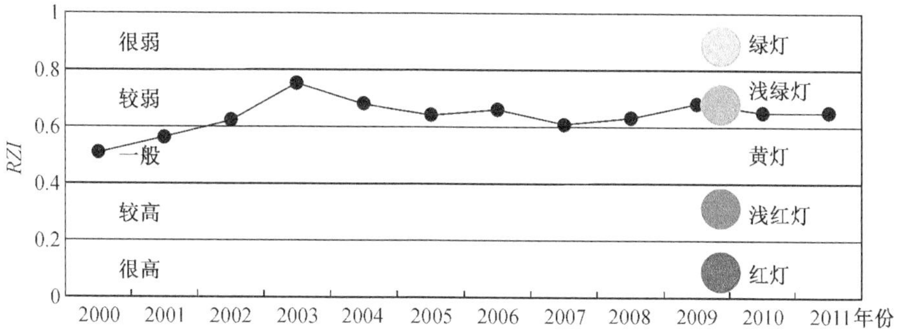

图 13－12 经济子系统产业转型预警图

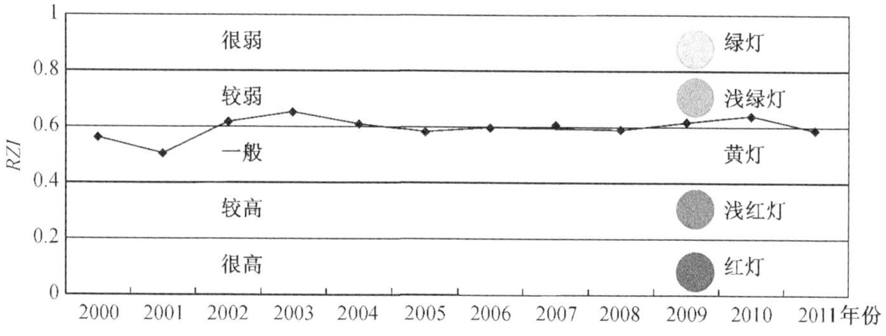

图 13－13 人口子系统产业转型预警图

5. 资源产业转型预警系统

从图 13－14 资源型产业转型系统预警图看，唐山市产业发展自 2000 年开始一直处于平稳的产业转型必要度中等状态，这得益于唐山市及早地进行了产业转型。当然总系统的状态在不同时期是由不同的子系统造成的，应分别加以分析和处理。

白雪洁等（2016）运用软件 DEA-Solver 测算的各资源型城市的转型效率研究成果。从不同类型的资源型城市来看，成长型城市的平均转型效率最高（0. 644），由于其资源开发尚处于上升期，依托其强大的资源保障潜力，加之资源的合理配置，较好地实现了城市经济与资源、环境的协调发展。再生型城市的平均转型效率次之（0. 565），这一类型的城市基本摆

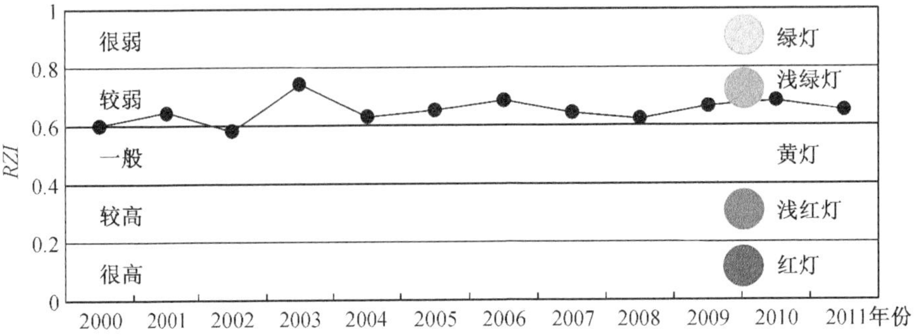

图 13－14　资源型城市产业转型预警图

脱了对资源的低水平依赖，接续产业有所发展，城市发展基本步入良性轨道，但深化转型、提升城市发展质量的压力仍然不可小视。成熟型城市的平均转型效率位列第三位(0.494)，其资源开发还处在稳定期，但其在资源、环境和经济的协调发展方面表现不尽如人意，需加强对资源的集约型利用和生态环境保护。衰退型城市的平均转型效率最低(0.401)，这一类型城市的传统自然资源趋于枯竭，新兴的产业成长点还未充分显现，经济发展与资源、环境间的矛盾越发突出，转型压力最大。

根据上面的预警结果并借鉴白雪洁等测算的各资源型城市的转型效率研究成果，可以看出唐山平均转型效率位列第三位，但其在资源、环境和经济的协调发展方面表现不尽如人意，需加强对资源的集约型利用和生态环境保护。

警情的预报为决策者提供决策参考，当亮红灯时，要及时地采取有效和可行的转型措施缓解警情，避免造成巨大损失，影响资源型城市的产业及城市的可持续发展。

13.4　本 章 小 结

本章从资源型城市的内涵及特征出发，针对资源型城市的特点制定了转型度评价指标体系，该指标体系解决了从哪些方面对资源型城市产业发展状况进行评价的问题，与其他城市产业发展评价指标体系相比，能够对资源型城市这一特殊区域的产业发展状况作出更加合理的评价，有利于发现资源型城市产业转型的真正根源，确定产业转型的主要因素，为把握合理的转型时机，制定合理的转型措施提供了依据。

环境因素和资源因素的现实条件逼迫很多资源型城市必须作出选择。建立资源减衰、环境恶化、经济低缓的预警机制，由目前的被动性转型转变为主动性转型。预警是实现资源型城市产业顺利转型的基础。资源型城市产业转型预警系统的建立可使决策部门对产业发展态势进行动跟踪监测和预警，为转型决策提供科学依据，但目前国内外学者还没有对资源型城市产业转型预警进行研究，进行产业转型预警研究可以极大地提高产业转型研究成果的前瞻性与可操作性，是产业转型研究中的新领域。

参 考 文 献

[1] 史鹤幸. 中国经济世界瞩目 2014 年“中央经济工作会议”述要[J]. 上海企业,2015(1):10-13.

[2] 程俊杰,刘志彪. 产能过剩、要素扭曲与经济波动[J]. 经济学家,2015(11):59-69.

[3] 林毅夫. 潮涌现象与发展中国家宏观经济理论的重新构建[J]. 经济研究,2007(1):126-133.

[4] 杨未宏. 煤企的自我革命[J]. 中国经济信息,2015(22):62-634.

[5] 王鑫瑀. 供给理论的历史演进及其在中国的最新发展[D]. 哈尔滨:哈尔滨商业大学,2017.

[6] LAWRENCE R, VIRGINIA L. Capacity utilization: Concept, measurement, and recent estimates[J]. Brookings Papers on Economic Activity,1973,4(3):743-764.

[7] 岳福斌. 中国煤炭工业发展报告(2010):全面提升煤炭企业综合竞争力[M]. 北京:社会科学文献出版社,2010.

[8] 岳福斌. 中国煤炭工业发展报告(2015):煤炭产能新常态与落后产能退出机制[M]. 北京:社会科学文献出版社,2015.

[9] MADDISON A. Chinese economic performance in the long run[J]. OECD Development Center,1998,68(100):279-311.

[10] 卢峰. 什么是产能过剩[J]. 财经金融实务,2010(1):35-43.

[11] 李平,江飞涛,曹建海. 产能过剩:重复建设形成机理与治理政策研究[M]. 北京:社会科学文献出版社,2015.

[12] 王岳平. 我国产能过剩行业的特征分析及对策[J]. 宏观经济管理,2006(6):15-18.

[13] 张新海. 产能过剩的定量测度与分类治理[J]. 宏观经济管理,2010(1):45-52.

[14] 周劲,付保宗. 工业领域产能过剩形成机制及对策建议[J]. 宏观经济管理,2011(10):33-35.

[15] 阮正福. 我国过剩生产能力退出障碍分析[J]. 企业经济,2000(10):24-29.

[16] 尹中立. 2012 年中国经济最大挑战是产能过剩[J]. 业界调查,2012(2):42-43.

[17] 李江涛. “产能过剩”及其治理机制[J]. 国家行政学院学报,2006(5):32-35.

[18] 王立国,张日旭. 财政分权背景下的产能过剩问题研究:基于钢铁行业的实证研究[J]. 生产力研究,2013(2):114-117.

[19] YUAN J H, LI P, WANG Y. Coalpower overcapacity and investment bubble in China during 2015—2020[J]. Energy Policy,2016(97):136-144.

[20] AMORELLI A, Li Z, Liu P. Informing choices for meeting China's energy challenges[J]. Springer Singapore,2016(8):34-38.

[21] SUDIPTO S. A real-option rationale for investing in excess capacity[J]. Managerial and

Decision Economics,2009,30(2):119 -133.

[22] AADHAAR C,MARTNEZDE A. Safety stock or excess capacity:trade-offs under supply risk [J]. Management Science,2009(8):39.

[23] 吕政,曹建海. 竞争总是有效率的吗:兼论过度竞争的理论基础 [J]. 中国社会科学,2000(6):4 -14.

[24] 杨惠馨. 从进入退出角度看中国产业组织的合理化[J]. 东南大学学报,2000(4):24 -27.

[25] KORKUT A. Overcapacity and the East Asian Crisis [J]. Journal of Post Keynesian Economics,2001(2):253 -275.

[26] 林毅夫,巫和懋,邢亦青. "潮涌现象"与产能过剩的形成机制[J]. 经济研究,2010(10):4 -19.

[27] HIDEKO T. An analysis of overcapacity problem under the decentralized management system of container ports in Japan[J]. Maritime Policy and Managemengt,2002(29):24 -27.

[28] BABl O,WILSON W W. Foreign subsidization and excess capacity[J]. Journal of International Economics,2010,80(2):200 -211.

[29] 李军杰,钟君. 中国地方政府经济行为分析:基于公共选择视角[J]. 中国工业经济,2004(4):27 -34.

[30] 国家行政学院经济学教研部课题组. 产能过剩治理研究[J]. 经济研究参考,2014(14):53 -91.

[31] 伯纳德. 经济指标解读[M]. 北京:中国人民大学出版社,2005.

[32] 钟伟,黄海南. 产能过剩:测度方法、国际比较及对中国的实证[R]. 中国平安:平安证券公司,2015:5 -15.

[33] 张言方. 我国煤炭产能过剩的形成机理及调控对策研究[D]. 北京:中国矿业大学,2014.

[34] 王兴艳. 产能过剩评价指标体系研究初探[J]. 技术经济与管理研究,2007(4):12 -13.

[35] 邱青森. 从产业价值分析视角探求化解过剩产能的路径[J]. 科学与管理,2015(1):59 -63.

[36] SUWALA W,LABYS W C. Market transition and regional adjustments in the Polish coal industry[J]. Energy Economics,2002(3):285 -303.

[37] ZHANG Y J,FENG G R,ZHANG M,et al. Residual coal exploitation and its impact on sustainable development of the coal industry in China[J]. Energy Policy,2016(96):534 -541.

[38] SWERSEY R J,Rosen M S,PANTEL R. Coal demand and supply outlook to 2000:the influence of fuel choice technology and economics[J]. Energy,1986,11(11 -12):1 283 -1 292.

[39] WANG D,NIE R. Scenario Prediction of China's coal production capacity based on system dynamics model[J]. Resources Conservation and Recycling,2016(8):238 -245.

[40] TIM W. State capacity in Contemporary China:closing the pits and reducing coal production [J]. Journal of Contemporary China,2007(16):173 -194.

[41] WOJCIECH S. Modeling adaptation of the coal industry to sustainability conditions[J]. Energy,2008,33(7):1 015 -1 026.

[42] ANDREWS S P,YANG M. The regulation of China's township and village coal mines:A study of complexity and ineffectiveness [J]. Journal of Clear Production, 2003, 11 (2):185 -196.

[43] 左小蕾. 产能过剩并非根源[J]. 中国电子商务,2006(3):23 -25.

[44] 殷保达. 中国产能过剩治理的再思考[J]. 经济纵横,2012(4):82 -85.

[45] 郭海涛. 市场势力理论研究的新进展[J]. 经济评论,2010(3):132 -139.

[46] 杨蕙馨. 中间性组织研究[M]. 北京:经济学出版社,2008.

[47] 朱洪瑞. 基于"三链"协同的资源型产业链延伸研究[J]. 商业经济研究,2016(6):195 -196.

[48] 刘艳敏. 煤炭综合价格指数体系的构建[J]. 中国矿业,2012(4):29 -32.

[49] 王少琛. 经济周期、国际贸易周期与贸易政策周期的关系研究[J]. 经济师,2015(7):63 -68.

[50] 李忠华,孙凤芹,李南,等. 我国煤炭产业转型升级实践探讨:基于国际视域[J]. 改革与战略,2017(4):126 -130.

[51] 李忠华,张艳东,陈菡彬. "去产能"背景下河北省煤炭产业发展思路研究[J]. 中国煤炭,2018(2):26 -28.

[52] 李忠华. 煤炭产业供给侧改革如何持续深化[J]. 人民论坛,2017(11):124 -125.